创新创业教育译丛

杨晓慧 王占仁 主编

创业教育与培训

〔爱尔兰〕科莱特·亨利
〔英〕弗朗西斯·希尔　著
〔英〕克莱尔·利奇

吴 瑕 汪 溢 译
王占仁 常飒飒 校

商务印书馆
The Commercial Press
2017年·北京

ENTREPRENEURSHIP EDUCATION AND TRAINING

© Colette Henry, Frances Hill and Claire Leitch 2003

Authorized translation from the English language edition published by Ashgate.

中译丛书序言

高校深入开展创新创业教育对于提高高等教育质量、促进学生全面发展、推动毕业生就业创业、服务创新型国家建设发挥了重要作用。高校创新创业教育的基本定位是培养创新创业型人才，造就"大众创业、万众创新"的生力军。为了切实提高创新创业型人才培养质量，就要把创新创业教育真正融入高校人才培养全过程，以培养创新创业型人才为核心目标，以把握创新创业型人才成长规律为基本依据，以创新创业型人才培养质量为主要评价标准，在创新创业型人才培养视域下规划和推进高校创新创业教育。

培养创新创业型人才是国家实施创新驱动发展战略、促进经济提质增效升级的迫切需要。在创新型国家建设的新形势下，国家对创新创业教育有了新的期待，希望创新创业教育能够培养冲击传统经济结构、带动经济结构调整的人才，这样的人才就是大批的创新创业型人才，以此来支撑从"人力资源大国"到"人力资源强国"的跨越。

培养创新创业型人才是世界高等教育发展的必然趋势。创新驱动的实质是人才驱动，国家需要的创新创业型人才，主体依靠高等教育来培养。但现有的高等教育体制机制还不足以满足创新型人才培养的需要，必须要进行深入改革。这种改革不是局部调整，而是系统革新。这恰好需要高校创新创业教育先行先试，发挥示范引领作用，以带动高等教育的整体转型。

培养创新创业型人才是高校创新创业教育当前所处历史方位的必然要求。我们要清醒地认识高校创新创业教育当前处于什么发展阶段？将来能够发挥什么作用？当前，高校创新创业教育已经在大胆尝试和创新中完成了从无到有的初级目标，未来发展，就是要看它能为对它有所期待、有所需要的国家、社会、高等教育和广大学生创造何种新价值。国内外创业教育的实践都充分表明，高校创业教育的核心价值是提升人们的创新意识、创业精神和创业能力，即培养创新创业型人才。这是高校创新创业教育能够有所作为并且必须有所作为的关键之处。

在我国深化高等学校创新创业教育改革的同时，世界范围内的很多国家也在大力发展创新创业教育。这其中有创新创业教育起步较早的国家或地区，已经形成了"早发内生型"的创新创业教育模式，如美国的创新创业教育。也有起步较晚的国家和地区，形成的"后发外生型"的创新创业教育模式也值得学习和借鉴，如欧盟的创新创业教育。因此，我们需要从中国创新创业教育的发展逻辑和迫切需要出发，进行国际比较研究。创新创业教育的国际比较面临着夯实理论基础、创新研究范式、整合研究力量等艰巨任务，其中一个非常重要的前提性、基础性的工作就是加强学术资源开发，特别是要拥有世界上创新创业教育相关理论和实践的第一手资料，这就需要开展深入细致的文献翻译工作。目前围绕国外创新创业教育理论及实践，学界虽不乏翻译力作，但成规模成系统的译丛还不多见，难以满足创新创业教育的长远发展需要。

正是从创新创业教育的时代背景和学科立场出发，我们精选国外创新创业教育相关领域具有权威性、代表性、前沿性的力作，推出了具有很高研究价值与应用价值的系列翻译作品——《创新创业教育译丛》（以下简称"译丛"）。译丛主要是面向创新创业教育领域的研究者，帮助其开阔研究视野，了解全世界创新创业教育的发展现状；面向教育主管部门的决策者、中小学及高校从事创新创业教育的工作者，帮助其丰富教育方法，实现理论认知水平与教育水平的双重提升；面向创新创业教育专业及其他专业的本科生与研究生，在学习内容和学习方法上为其提供导向性支持，使之具备更为广阔的专业视角和更为完善的知识结构，从而为自我创业打下坚实的基础并能应对不断出现的种种挑战。

基于以上考虑，译丛的定位是体现权威性、代表性和前沿性。权威性体现在译丛选取与我国创新创业教育相关性大、国际学术界反响好的学术著作进行译介。既有国外相关领域知名专家学者的扛鼎力作，也有创业经历丰富，观点新颖的学术新秀的代表性著作。代表性体现在译丛选取并介绍了在全球创新创业教育领域位居前列的美国、芬兰、英国、澳大利亚和新加坡等国家，着重介绍创新创业教育在各国的教学理念、教育模式、发展现状，有力展现了创新创业教育理论研究与实践探索的最新现实状况及前沿发展趋势。前沿性体现在译丛主体选取2000年以来的研究专著，确保入选书目是国外最新的研究力作。在研究主题上，入选书目聚焦了近年来学界集中关注的热点难点问题，紧扣我国创新创业教育发展的重大问题，把握国外创新创业教育理论与实践的最新动态，为深化创新创业教育改革提供前沿性理论支撑和实践引导。

译丛精选了十二本专著，计划分批翻译出版，陆续与广大读者见面。分别是《本科生创业教育》《研究生创业教育》《创业教育与培训》《创业教育：美国、英国和芬兰的争论》《创新与创业教育》《创业教育评估》《国际创业教育》《广谱式创业生态系统发展》《广谱式创业教育》《创业教育研究（卷一）》《创业教育研究（卷二）》和《创业教育研究（卷三）》。

译丛坚持"以我为主、学习借鉴、交流对话"的基本原则，旨在丰富我国创新创业教育在国外译著、理论研究与实践探索等方面的学术资源，实现译著系列在学科定位、理论旨趣以及国别覆盖上的多重创新，为推动学术交流和深度对话提供有力支撑。

杨晓慧
2015年12月25日

作者中文版序

近年来,作为独立的学科领域,创业教育日益受到学术界人士、政策制定者和从业者的广泛关注。最初,创业教育因其对经济发展的贡献而受到重视。如今,以"创业教育和培训"形式存在的创业教育更因其能够培养和提高毕业生的就业技能而得到大家的认可。因此,人们对创业教育价值的认识也随之提高。

本书为大家呈现了就创业教育和培训效果进行的历时研究。自从开展实证研究法以来,创业教育的重要性显著增强。与此同时,研究者们也致力于将创业教育与非商业学科(如科学、技术、工程和医学等)和专业学科(如兽医学、药剂学和会计学等)相结合——这也进一步显示出大家对创业教育在各行各业所发挥的巨大作用的认可。

就近期对创业教育进行的学术研究而言,我注意到有两个关键领域发展态势良好。在我看来,我们有必要围绕这两个领域展开进一步的研究和实践,并给予政策上的关注。第一个领域是女性创业:随着女性开始自己的创业之旅,她们会面对很多非同寻常的挑战。因此,我们有必要考虑这些挑战,并专门为女性设计一些创业教育和培训项目。第二个领域是如何取得期望的项目效果,以及应该如何准确地(且巧妙地)衡量创业教育和培训项目的影响。

在此期间,我完成了最初的研究,并为大家介绍了新的、覆盖面更广且更加复杂的评估框架。毫无疑问,从那时起,创业教育和培训领域有了显著的发展。再次回顾我最初提出的评估框架(该框架为项目开始前、项目进行中和项目完成后各个阶段的构成要素提供了一些建议),我深刻地意识到现在可以为这个框架添加其他一些要素。在评估框架的第一阶段，我们应该更深入地考虑那些个体项目参与者（有抱负的创业者）的不同需求。考虑到"众口难调"，参与者的背景、技能的欠缺、资源需求以及性别差异等因素都应该给予充分的重视。我们需要根据每个项目参与者来分析培训需求，并随着项目的深入不断丰富和完善培训需求。在评估框架的第二阶段，我们可以为参与者提供机会，使他们在创业服务中心提供的安全、支持性环境中，真正去实践自己的创业设想。在评估框架的第三阶段，我们可以进一步扩展历时研究，以便在项目结束几年后对项目参与者进行跟踪调查，从而评估创业教育和培训给他们带来的全面影响。在此期间，我们不仅要衡量成功案例，也要分析失败案例。如果可能的话，应该邀请失败的创业者重返培训项目再进行一次尝试。毕竟，任何一件事都需要通过尝试才能知道是否可行。

有趣的是，即使从失败中我们可以学到很多，我们往往还是倾向于在生活中关注自己成功而非失败的尝试。然而，创业既关乎成功也关乎失败。我曾有幸见到过一位生前非常成功的全球创业家，在此我想引用他的话：

"尽管创业者常常因成功而振奋，但真正给他们启迪的却是失败！"

希望本书能给您（可能还有您的学生）一点启发，去反思那些失败的尝试，从中吸取教训，重新尝试一次。

科莱特·亨利教授
英国皇家艺术学院院士
爱尔兰唐道克理工学院人文商学院院长
特罗姆瑟大学—挪威北极圈大学创业教育客座教授

目 录

图 ·· viii
表 ·· ix
卷首语 ·· xi
致谢语 ·· xiv

第一部分　理论基础 ··· 1

第一章　创业与经济发展 ··· 3
第二章　有关创业者的理论——传统方法 ············· 28
第三章　有关创业者的理论——其他方法 ············· 72
第四章　创业教育与培训项目 ································ 94

第二部分　效果研究 ·· 119

第五章　研究方法 ·· 121
第六章　创业培训项目对比分析 ···························· 132
第七章　项目参与者简介 ·· 160
第八章　创业教育与培训——效果评估 ················ 171
第九章　结论 ·· 196

参考文献 ··· 209
译后记 ··· 234

图

图 9-1 创业培训项目的开发框架 ············· 197

表

2-1	心理研究法认同的人格特质	35
6-1	项目内容对比分析	155
6-2	项目持续时间、成本和产出对比	156
7-1	创业理念或行业部门	163
7-2	想要创建企业的原因	165
7-3	参与者的期望(参与调查的人数为 102 人)	166
7-4	创业特质的自我评定(参与调查的人数为 102 人)	167
7-5	创业特质的观测值和期望值(来自调查小组 1 的参与者——项目 A)	168
7-6	商业技能和知识水平的自我评定(参与调查的人数为 102 人)	169
8-1	实验组(项目 A)参与者特质的总结	173
8-2	对项目带来的收获的看法(参与调查的人数为 32 人)	176
8-3	获取的新技能和知识(参与调查的人数为 32 人)	177
8-4	商业技能和知识水平方面的提高——配对样本 t 检验结果(实验组——项目 A)	178
8-5	指导和评价课程的评分	179
8-6	项目结束一年后的收获(参与调查的人数为 32 人)	182
8-7	就业情况变化(实验组——项目 A)	184
8-8	实验组(项目 A)参与者的跟踪调查	184

表

8-9　实验组、控制组和对照组创业倾向测验总成绩的平均值 ········· 187
8-10　未配对样本 t 检验和创业倾向测验结果的对比 ················ 188
8-11　组间比较 ·· 189

卷首语

在经济合作与发展组织（Organization for Economic Cooperation and Development，简称OECD）的《博洛尼亚宪章》（Bologna Charter）里有这样一段关于中小型企业政策的话：中小型企业在"经济增长、创造就业机会、促进区域和地方发展以及增强社会凝聚力等方面"发挥着越来越大的作用；同时，"富有创业精神和充满活力的中小型企业部门在经济重组和消除贫穷方面也起到非常大的作用"；"全球化、科技的进步和创新不仅为中小型企业创造了机遇，也使其不得不面对转型成本问题和新的挑战"；"虽然中小型企业政策有助于促进可持续发展和进步，我们仍然需要根据国家和部门的环境和优先权对其进行调整"。

此外，《博洛尼亚宪章》也指出了一些可以提高中小型企业竞争力的因素。第一，需要有"一个不对中小型企业施加过多压力，并有利于培养其创业、创新和发展的监管环境"。第二，需要"一些教育和人力资源管理政策：促进创新和创业文化的形成，并提供持续的培训和终身学习的机会；鼓励人力资源的流动；通过改善教育和劳动力市场需求之间的平衡关系来缩小技术上的差距"。第三，能够"有效利用金融服务，尤其是包括创新的金融手段在内的原始资金、营运资金和发展资金，从而降低贷款给中小型企业所带来的风险和交易成本"。第四，要有"支持中小型企业开发和传播新技术的环境，使其能够充分利用知识经济"。第五，能够"巩固公私合作伙伴关系，促进就领土和制度方面展开的政治和社会对话，使之成为信息交流、知识运用和政策制定的工具"。第六，"确保中小型企业政策的经济效益，使之与其他国家政策和现有国际项目保持一致"。

上面提到的这些领域现在乃至将来仍会是我们进行学术研究和讨论的主题。例如,目前很多文献里都提到:与大型企业相比,中小型企业作为创新者和创新的采纳者,对创新做出了卓越的贡献。目前也有很多研究者就这些新兴技术型企业的产生,它所扮演的角色以及它的特点做了很多调查。同时,资本市场的运营和资金在中小型企业部门的流通也已经成为许多研究关注的焦点。这些研究涉及很多方面,如银行体系的运营、风险资本的供给、天使投资的经营和发展以及非正规的风险资本和市场等。人们逐渐开始关注中小型企业在经济和社会领域对提供就业机会、创新、经济发展和社会融合等方面所做的贡献,这种关注也体现在公共和私营部门为促进和支持其发展而提出的政策措施上。这些政策措施涉及的范围很广,包含了本土、国内以及超越国家的各个层面。就学术层面而言,这种兴趣和关注也促进学者们致力于继续完善学术研究和丰富文献的内容。

随着研究的深入,我们逐渐了解了中小型企业部门的经营策略、它们在经济发展中所起的作用、影响其部门未来发展的问题以及阻碍其发展的障碍。然而,仍然有一些重要的领域并没有引起我们足够的重视。我们对这些领域中的中小企业部门的运营情况知之甚少,而"在创业和中小型企业背景下人力资源的形成"问题更是我们很少涉足去研究和讨论的领域,这并不是因为这些问题(如教育和人力资源管理政策、促进创新创业文化的形成、持续培训和终身学习、人力资源流动性以及技术上的差距等)不重要。

相反,只有这些企业的所有者和管理者具有天赋、能力和技能去把握或创造企业发展的机会,他们才有可能提高中小型企业部门的创新表现和能力以及提高中小型企业和创业公司的融资效率。诚然,其他政策措施的实现(如改善融资渠道、提高创新能力以及缓解监管压力从而促进中小企业发展等)需要部门人力资本水平的提高,否则其他干预和扶持机制无法达到预期的效果。同样,通过一系列的举措——如鼓励创业文化的发展、宣传有效和成功的范例、消除失败的耻辱感、为高等教育机构和学校引进创新教育和创新意识、消除步入创业生涯时遇到的各种真正（假想）的障碍，以及提高创新性以支持企业的生存和发展等——我们可以提高新企业的创新能力和整体水平。因为这些企业刚刚起步，确实需要有效的机制以支持人力资本的形成。

  这是一个学术研究滞后于实践活动的领域。目前我们就投资中小型企业培训带来的影响做了一些研究，但这些研究大多使用横向共时数据而不是纵向历时数据，这意味着我们很难判断投资的回报。然而，大多数研究者和政策制定者（如果他们不是中小企所有者或管理者）仍相信有效且合理的培训可以（而且应该能）对企业业绩产生影响，这也是我的观点。我们对"创业学习"现象的兴趣仍然有增无减，但除了关于在中小型企业和企业集团内开展的培训和学习干预和项目的简要描述外，我们并没有多少文献资料。然而，这些现有的资料至少可以使我们换个视角去思考和解决一些相关问题，如应该提供什么类型的培训（由此我添加了教育和学习需求推广）、由谁提供、输出渠道是什么、目标客户群体是谁以及会达到什么样的预期效果。尽管如此，与其他管理学领域的研究一样，就创业教育而言，教育和培训问题仍未得到应有的重视，现在也不过是刚开始走出"阴影"。因此，我们需要进一步完善创业教育和培训方案的研究和评价，力求做到全方位、跨国界，因为在预启动阶段行之有效的措施不一定在公司建立后仍然合适。只有到那时我们才能开始完全理解如何在地方、区域以及国家经济发展中迎接挑战，使创业活动的贡献最大化。

理查德·哈里森

迪克森集团创业与创新主席

爱丁堡大学管理学院

2002年11月

致谢语

我们衷心感谢所有参与研究的同仁们,没有大家的帮助,本书不可能付梓。

理查德·哈里森教授对本书最初框架的构建提出了有价值的建议和指导,在此我们致以真诚的感谢。我们尤其要感谢巴拉·奥辛艾德教授就研究结果的内容和展示提出的富有建设性的建议,这对本书的撰写和最终的完成至关重要。

最后我们要感谢格里·卡罗尔和海伦·麦基翁两位读者对本书提出的宝贵建议。

第一部分

理 论 基 础

第一章　创业与经济发展

引言

近几个世纪以来,创业和新企业的创建在经济中所扮演的重要角色,已经成为人们普遍关注的话题。一直以来,经济学家总是把创业与利润、投资及风险联系在一起(Cantillon,1755;Say,1803;Schumpeter,1934),认为创业可以促进经济的增长(Weber,1930;Say,1803;Schumpeter,1965;Cole,1965)。然而,在当今社会,创业的作用似乎变得更为重要。一些学者认为,创业活动可以构建更强大的经济基础并创造更多的就业机会,从而对地区经济的发展起到积极的带动作用(Hisrich & Peters,1998,第17页)。

对于很多人而言,创业能力及它对经济的繁荣和发展所起到的促进作用是毋庸置疑的。有许多文献记载,创业是促进绝大多数国家经济发展的"驱动力",它可以帮助这些国家发展新产业,创造更多的就业机会和财富(Keats & Abercombie,1991;Gorman et al.,1997;Jack & Anderson,1998)。事实上,长久以来,新企业的创立对经济复苏的重要性一直是大家争论的焦点,因为正是在创业的过程中,产业基础得到了巩固,经济结构得到了优化。因此,十分重要的一点是,我们应该鼓励创业和创建新企业,从而促进经济的进一步发展和繁荣。

研究的目的

本书的研究目的在于从干预的视角探索创业。从本质上讲,是为了研究创业教育与培训项目的性质和效果。更为重要的是,希望通过研究,对创业培训领域做出有价值的贡献。在这个背景下,研究的第一个主要目标是,通过强调创业对经济的重要性,并回顾以往关于各种赞同和反对干预的观点,吸引大家参与关于干预的讨论,这也是本章的主旨。

研究的第二个目标是,回顾研究创业特质(entrepreneurial personality)的传统方法,把传统和新产生的理论结合起来,使大家能够更好地理解创业的过程,进而了解现有的创业理论。研究的第三个主要目标是促进大家对创业教育和培训项目的本质的理解。为了达到这个目标,我们还会回顾和介绍一些迄今为止其他人所做的有关创业教育效果的研究。

研究的第四个目标是加强大家对有抱负的创业者的理解。有抱负的创业者被定义为"那些想独自创业的个体,那些或许处在不同准备阶段以及创业初期的人"。我们选择创业教育培训项目的参与者来代表本研究中的有抱负的创业者。而提供这些创业者的资料不仅可以更新之前的资料信息,还能突出强调在提供培训项目时需要考虑的一系列特质变量。

另外一个主要的研究目标是,通过比较在欧洲进行的创业培训项目多方面的投入和产出,更好地促进关于创业培训效果的讨论。然而,效果研究的主要作用体现在:通过历时研究,考查某个特定的创业教育培训项目的有形和无形的结果。控制组和比较组的使用能够强化研究的结果;鉴于这个领域的性质,控制组和比较组也越来越难寻找。其他这个领域的研究,通常会使用一系列有限的方法,侧重于定性或定量的输出,而每种方法都有一定的局限性。然而,本研究综合了很多包括定性和定量研究的方法,更利于分析有形和无形的研究结果。在这一方面,研究的主要目标则是描述项目参与者的观点。

研究的最终目标是强调和突出项目设计和实施时需要考虑的因素,并提供一些可以改进项目效果的实用性建议。因此,本研究最终会得出结论,并以一系列指导和建议的形式呈现给大家,从而为创业教育项目的设计提出一个框架。这个以研究结果为基础的框架将适用于更广的领域。我们希望,创业教育领域中包括学术研究人员、教师和学者在内的国际读者都会对本书感兴趣。与此同时,实证研究的结果也会吸引政策制定者和那些从事设计、提供以及资助创业教育和项目的人。

  本书实际上包括两个主要部分,第一部分(第一章到第四章)旨在通过回顾这个领域的起源为实证研究提供理论依据,从而使大家能够更好地理解创业教育的过程。在这部分,我们将讨论创业教育研究的各种传统的方法,同时也会探索一些新方法。其次,我们也会兼顾创业伊始所涉及的一系列事情,因为这些都是有抱负的和知名的创业者在接受教育和培训时的需求。再次,我们也会突出强调创业教育和培训的不同之处,将侧重点放在从事创业教育和培训的人的需求上,摒弃传统的教学方法,推崇更接近现实生活情境的教学方法。

  第二部分(第五章到第九章)的侧重点在于在实践中探讨创业培训的效果。在此,我们将对比多个欧洲创业教育培训项目在目标、结构、内容和输出等方面的不同,同时也会研究有抱负的创业者的不同特质。此外,我们也会利用小范围的、有侧重的历时研究,用三年的时间跟踪研究一些项目的参与者,分析他们的观点和经历,进一步探讨培训的效果问题。最后,我们参考研究结果得出本书的结论,使创业教育培训项目的设计者、提供者和资助者了解在此过程中需要考虑的主要因素,并为他们提供一些比较实用的、可以提高项目效果的建议。同时,我们也会确定一些在创业教育和培训领域内值得进一步调查和研究的问题。

  第一章主要讨论的是创业对经济和社会的贡献,从而引发大家去思考我们是否需要支持性的、有组织的干预以及这种干预带来的好处是什么。同时,我们也会讨论小型企业的发展问题,以及促进其发展的原因。我们也会为大家呈现围绕新创企业的发展过程中的干预而展开的各种讨论,以及这些支持和反对干预的观点。接下来我们会谈到各种干预策略和美国、英国、爱尔兰等国家正在实施的企业政策。

创业对于经济的重要性

费特(Fiet,2000b,第102页)认为,人们对创业教育的持续兴趣不仅仅是一时的流行,而且反映了一种新兴的经济环境。这种经济环境是由企业界、新科技和新兴世界市场发生的各种变化的融合而产生的。的确,学术界人士、政治家和政策制定者现在开始接受和认同创业教育对经济的潜在贡献(Bruyat & Julien,2000)。他们认识到创建新企业对就业水平的积极影响,以及与大型企业相比小型企业拥有的竞争优势(Scase,2000)。

从文献资料我们可以看出,就"创业对健康经济是有益且必不可少的"这一观点,学者们似乎已经达成了共识(Bolton,1971;Keats & Abercombie,1991;Hisrich & Peters,1998;Gorman et al.,1997;Jack & Anderson,1998)。事实上,创业教育在维持经济发展和促进经济繁荣方面的作用已经得到广泛的认可(Musson & Cohen,1996;Jack & Anderson,1998)。例如,布鲁亚特和朱利恩(Bruyat & Julien,2000)特别参考了美国的情况,指出"创业领域被认为是对我们的经济起着至关重要的作用"。此外,也有人指出,高水平的创业可以创造就业机会并且促进就业的发展(Economist,1998)。有证据显示,在美国,新企业创立的增长速度紧随经济增长的速度(IPPR,1998)。根据就业机构的研究表明,苏格兰工商委员会(Scottish Enterprise,1993)也支持这一观点,并且得出这样的结论:新企业的高速创建是健康经济发展的必要条件(Economist,1998,第29页)。其他人也支持这个观点,他们认为,事实上美国、英国和欧洲所有新的就业机会都是由新创建的企业或壮大了的公司带来的(Daly,1991;Timmons,1994;Storey,1994)。此外,迪金斯(Deakins,1999)指出自20世纪80年代以来,小型企业部门在总就业率中所占比例稳步增长。尤其需要指出的是,微型企业(如员工不到十人的企业)的重要性与日俱增。在20世纪80年代,这些企业的数量似乎已经增加了一倍,而且还在持续增加。

在英国,新成立的企业和微小企业创造的就业机会几乎占整个行业的三分之二(Daly,1991),而且和1979年的100万这个数字相比,本世纪初小型企业约有360万个(Johnson et al.,2000)。在下文我们会详细地讨论这个增长趋势及其产生的原因。然而,首先还是让我们给"小型企业"下个定义。

小型企业的界定

为小型企业下定义并不容易,这为统计分析和与其他国家的比较带来了困难。这些年来,我们曾使用过很多定义。比如,博尔顿委员会(the Bolton Committee,1971)按照特定行业部门,为小型企业做了一系列的定义。这些定义综合了不同的营业额和就业率统计,如上限为200名员工的制造业和营业额为5万英镑的零售业。根据布里奇等人的观点(Bridge, et al.,1998,第101页),英国贸易工业部(Department of Trade and Industry)为小型企业定义的标准如下:

- 1至9名员工　　　　　　微型
- 10至49名员工　　　　　小型
- 50至249名员工　　　　 中型
- 250名以上员工　　　　 大型

美国小企业管理局(US Small Business Administration)为中小型企业(Small and Medium-sized Enterprise,简称SMEs)员工设定的数量限制是在500人以下;然而在过去,欧盟委员会(European Commission,简称EC)曾经使用250名员工这个数字来定义中小型企业,而如果公司员工数量超过250人则归类为大型企业。之后,欧盟委员会(EC,2001)把小型企业定义为员工少于100人的企业(Storey,1994),并开始使用微型企业这个词来指代员工不到10人的企业。因此,就中小型企业修改后的定义对小企业的划分有所区别:

- 1至10名员工　　　　　　微型
- 11至50名员工　　　　　 小型(营业额不超过700万欧元)

- 51 至 250 名员工　　　中型（营业额不超过 4 000 万欧元）
- 250 名以上员工　　　大型（营业额超过 4 000 万欧元）

有些研究者更喜欢用一个比较接地气的词为小型企业定义。根据流行的产业格局和这些小型企业参与的经济活动，参与研究的特定行业部门代表被问到他们是如何理解"小"这个概念。然而，上文提到的修改后的欧盟委员会给出的定义似乎是如今大家公认并广泛使用的定义。

小型企业部门的发展

自博尔顿报告以来（Bolton Report，1971），新企业的创建对经济和社会发展的重要性逐渐成为人们关注的焦点。然而，博尔顿报告也曾预测过小型企业在英国的消失。

> 从长远角度看，无论是在英国还是在其他发达国家，小型企业对国民产值和提供就业机会的贡献都在下降。英国现存的小型企业的数量也在减少。产生这一系列数据的原因无疑是小型企业所面临的日益严峻的形势。事实上，我们很难找到一些有利于小型企业发展的因素（Bolton，1975，第 75 页）。

博尔顿报告质疑小型企业在经济发展中所起的作用，并得出结论说这种作用和贡献都在减弱。根据报告显示，总体来看，虽然小型企业似乎还存在，但从全世界范围来看，它们在经济活动中所占的比例在下降，而在英国这种情况比其他国家严重。

很讽刺的是，在上世纪 60 年代末 70 年代初，英国小型企业部门的衰落情况基本结束。与此同时，小型企业在制造业的就业率所占的比例却有上升的趋势。斯坦沃茨和格雷（Stanworth & Gray，1991，第 4—5 页）所引用的数据显示，英国制造业的员工数量从 1968 年的 1 421 万人增至 1971 年的 1 565 万人，这表明小型企业在制造业的就业比例从 19.2% 增长到21.0%。而在英国的制造业中,小型企业中新创企业的数量也从1968年的五万八千个增至1971年的71万个。然而,如前面提到的,这种上升趋势在几年之后尤其是在博尔顿报告发表之后,就不那么明显了。

在研究中,斯坦沃茨和格雷(Stanworth & Gray,1991)提到了班诺克和戴利(Bannock & Daly,1990)曾做的研究。研究指出,小型企业,尤其是在1979年到1986年期间的私营企业,数量和就业比例都显著增加。在此期间,小型企业的数量从179万个增加到247万个。

值得一提的是,小型企业和微型企业数量的增加十分显著。虽然这个类型的企业增长显著,但是大型企业的数量却减少将近一半。在同一时期,小型企业的就业比例也有所增加,而大型企业的就业比例却有所减少,这再次显示了小型企业部门日益重要的地位。

迪金斯(Deakins,1999)指出,小型企业部门的增长情况不仅发生在英国。纵观整个欧盟,员工数量少于100人的小型企业的数量也在显著增加,在1988年到1993年期间创造了300多万个就业岗位(European Observatory for SMEs,1994)。迪金斯(Deakins,1999)总结道:小型企业数量的增加是发生在欧洲范围内的,而起到促进作用的原因如下:

- 英国制造业的衰退和服务行业的发展,而后者倾向于小型企业;
- 小型企业对小规模生产的适应性,因而更具灵活性和更敏锐的市场反应速度;
- 政府政策和宏观经济政策的变化更加倾向于小型企业;
- 私营企业部门鼓励创业的一些提案;
- 上个世纪80年代的高失业率。

斯托里(Storey,1994)认为,上个世纪80年代绝大多数发达国家的小型企业数量有所增加;与此同时,他认为这种趋势在英国最为明显。他把这一切归因于供和求两个因素。在供给方面,斯托里列举了许多因素,如技术革新、成本优势、失业问题、政府政策和物价;在需求方面,他列出的因素有结构变化、宏观经济状况和经济发展(第35页)。

伽拉万等人(Garavan et al.,1997)指出,从上个世纪70年代起,小型企业提供的就业机会只增不减,而大型企业则只减不增。支持这一观点的包括《欧洲中小型企业观察》所做的研究,该研究指出75%的非第一产业的就业机会都是由中小型企业创造和提供的。博奇(Birch,1994)所做的研究表明,在1969年到1979年期间,员工数量不到20人的企业带来了美国超过三分之二的就业率的净增长,而在此期间大型企业却流失了超过250万个就业机会。其他学者也注意到小型企业提供了很多就业机会这一现象(Fothergill & Gudgin, 1979; Storey & Johnson, 1987; Daly, 1991),其中加拉格尔和米勒(Gallagher and Miller,1991)称,这个趋势会持续到20世纪80年代末。据欧盟委员会关于《创造一个创业型的欧洲》(EC, 2001)的报告所说,1 800万个非农业市场的欧盟企业中99%是中小型企业,他们占总就业率的66%和欧盟总收入的55%(第17页)。

一场经济的争论——为何要干预?

赫里斯和奥辛艾德指出(Hisrich & Ó Cinnéide, 1985)指出,创业有利于国家提出新观念、创建新企业和促进经济发展,它对一些失业率较高的企业和本土的制造业公司的生存和发展尤为重要(第1页)。夏皮罗(Shapero,1982)也赞同这个观点,他认为创业者对于一个逐渐发展的经济环境来说至关重要。他的创业事件模型(详见第三章)指出要有"潜力",比如要有接受新机遇的准备,还要有采取行动的决心。正如克鲁格尔和布雷泽尔(Kruegel & Brazeal, 1994)所说,这个模型假定在出现干扰和替代物之前一直是惯性指引着人的行为,而这种替代本身可能是积极的也可能是消极的。创业事件要求要有在被替代之前创立新企业的"潜力"。夏皮罗认为适应力很重要,因为它是成功的社会和组织应具备的特点。因此,我们需要源源不断地发掘和鼓励潜在的创业者。然而,正如凯尔德、斯托里和迪金斯(Caird,1989; Storey, 1994; Deakins, 1999)等研究者所说,围绕着"创业在经济的健康和发展中的作用和重要性"展开的讨论不可能避免分歧的产生。科尔(Cole,1965)和熊彼特

(Schumpeter,1965)指出,创业只能存在于经济实力比较分散的社会中;然而,与此同时,创业必须能够贯穿于所有发展中的经济形式中(Aitken,1965;Kirzner,1978)。

因此,关于是否应该鼓励和支持创业,尤其是小型企业部门的创业,一直都存在着争议。在接下来的几个章节中,我们会探讨一些赞同和反对干预的观点。

赞同干预的观点

创业对于宏观和微观经济的发展都有益处。一方面,创业为经济和社会的发展带来好处;另一方面,创业也有益于个体实现自我,因为创业者打破了阶级、种族和性别的界限和障碍(Stanworth & Curran, 1971)。吉布和科顿(Gibb & Cotton, 1998)很赞同这个观点,即创业带来了宏观和微观的收益。他们从全球、社会、组织和个人所面临的变化和压力角度解释这些收益。

从全球的层面看,贸易壁垒的降低和欧元的现状,再加上电信业、科技和交通的发展与进步,都为全世界带来了更多的机遇和不确定性。从社会的层面看,私有化、解除管制、新的管理方式、逐渐增强的环保意识和少数民族逐渐扩大的权利,都为社会带来了更大的复杂性和更多的不确定性。

从组织机构的层面看,分权化、裁员、公司重组、战略联盟、公司合并和对劳动力的适应能力的需求日益增长,都是造成这种充满了不确定性氛围的原因。最后,再从个人的层面看,每个人正面临着更多的就业选择,面临着以组合式工作岗位就业的可能性,也面临着更多工作上的责任和更大的压力。此外,就个人层面而言,现在的人似乎很可能成为单身父亲(或母亲),他们为了未来的生活会在信贷管理和理财方面承担更多的责任(Gibb & Cotton, 1998,第8—9页)。

综上所述,显然在各个层面,人们都需要具备创业技能和能力去应对现在和未来人生的挑战和不确定性。而且,无论他们的就业选择和个人情况如何，他们都能在这些过程中获益：如学着用创新的方法解决问题、更乐意接受变化、变得更加自立、通过创业研究培养他们的创造力等。毫无疑问，在任何经济环境下，这样的学习对于社会而言，都具有深远的影响。因此，我们对创业教育和培训的需求从未如此强烈。

此外，我们坚信，如果有政府扶持，创业可以得到不断的发展，从而即使是经济最贫困的地区也能得到发展。赫里斯和彼得斯（Hisrich & Peters，1998）认为"创业在经济发展中所起的作用不仅仅是人均产量或收入的增加，还包括企业和社会结构方面发生的变化"（第14页）。他们强调指出，我们需要理解产品发展的过程，而侧重点应放在通过创业活动使之商业化的创新上。对于赫里斯和彼得斯而言，这个产品发展的过程始于科学、热力学、流体力学、电子学和科技等领域的知识，止于畅销产品和服务。当知识能够满足公认的社会需求，产品发展阶段便开始了，而催化剂则是政府、内部创业者和创业者（第14—16页）。然而，赫里斯和彼得斯认为，政府缺乏使商业化得以实现的创业技能，而且政府往往过于官僚主义，使之并不能真正意义上地参与创业（第16页）。此外，即使创业是使新产品和服务商业化的最有效方法，新的创业者通常还是缺乏必备的经验、技能和资源（第17页）。因此，适当的干预或扶持还是必不可少的。

在许多国家，创业被视为是解决经济衰退和失业率上升的方法，同时也是经济繁荣的秘诀所在（Garavan & Ó Cinnéide，1994）。因此，我们需要更多的具备创业天赋的人，从而创立和发展新的企业，为当地经济提供更多的就业机会和创造更多的财富。开发创业教育和培训项目作为一种手段，可以帮助实现这个目标。即使尚在起步阶段，作为课程一部分的创业教育培训项目，也会起到很大的作用，它使人们意识到通过创业可以为自己提供一个切实可行的就业选择。即使是纯粹的学术性的创业模块，都会影响学生的态度，创立自己的企业并培养这方面的能力（Henry，et al.，2001）。此外，创业教育培训能够很好地补充创业教育在早期意识提高方面的作用，因为当创业者准备好创建自己的企业时，创业教育培训可以为他们提供所需的实用技能。

在阐述赞同通过干预扶持英国创业启动过程的案例时,阿瑟顿等人(Atherton et al., 1997)为我们提供了可供讨论的理论框架。他们认同的主要论点包括:

- 为了与欧洲其他国家保持一致而增加国内小型企业股份的需求;
- 创业对经济发展的促进作用;
- 培养企业文化和满足创业者学习需求的重要性。

鉴于创业在经济中的重要作用,阿瑟顿等人也指出,英国小型企业的基础相对比较薄弱。与其他欧洲国家相比,英国的薄弱体现在小型企业的实际规模问题上。在这方面,尤其是就小型企业的数量而言,英国低于其他欧盟国家的平均水平——在员工数量为10至99人的小型企业中,排名第13;在员工数量为1至9人的微型企业中,排名第6(Atherton et al.,1997,第2页)。而且,他们认为,英国小型企业的股票也无法和欧洲其他国家相媲美,因为它们的销售额低于欧洲其他员工数量低于100人的小型企业的平均水平。此外,阿瑟顿等人(Atherton et al., 1997)指出,上个世纪90年代企业倒闭数量显著增加,而且巴克莱银行提供的数据表明,1991年至1995年这五年间,每年企业倒闭的数量似乎都多于新企业创立的数量。

就政策层面而言,阿瑟顿等人(Atherton et al.,1997)指出,创业有助于增加公司的数量,从而促进公司未来的发展。他们强调说,创业不仅为经济发展提供了更多的就业机会,并且和绝大多数已经存在的企业相比,对于创业本身而言,产生这些新的就业机会的成本很低。弗兰克和兰德斯顿(Frank & Landström,1997)也赞同这一观点,他们引用了欧洲中小型企业观察(the European Observatory for SMEs,1995)的数据,指出:与欧洲国家中稍大规模的企业相比,16个小型企业中有13个在就业方面呈现出更为良性的发展趋势(Frank & Landström,1997,第3页)。之后,欧洲中小型企业观察(the European Observatory for SMEs,1997)做了就业、工作环境和小型企业所面临的挑战等方面的调查,得出的结论是：员工少于10人的微型企业的发展潜力最大。此外，戴利（Daly，1991）说，创业为英国创造了三分之一的新就业机会，伯奇（Birch，1994）在美国也报道了类似的发现：从1969年到1976年，小型企业创造了绝大多数的新就业机会。创业为经济带来的其他好处体现在其对区域发展的积极影响，以及政府投资扶持和培训创业所带来的收益。然而，阿瑟顿等人（Atherton et al.，1997）也指出，小型企业会经历大型企业不会遭遇的创业之初的重重困难。班诺克和皮科克（Bannock & Peacock，1989）也提出了这种观点，他们赞同政府在小型企业创立初期进行干预。在他们看来，这种做法可以弥补小型企业因其规模小而带来的不利因素，并且能够抵消由政府其他政策引起的不利影响。因此，创业初期总是比较"脆弱"的，时刻面临失败的危险。有证据显示，英国只有不到一半的新企业挺过了最初五年的艰难期，最终发展起来（European Commission and Eurostat，1994）。

和贾米森（Jamieson，1984）一样，阿瑟顿等人（Atherton et al.，1997）也强调了扶持创业启动为企业文化发展带来的诸多好处，这一点与吉布和科顿（Gibb & Cotton，1998）谈到的"创业给个人和社会带来益处"的观点不谋而合。布里奇等人（Bridge et al.，1998）也赞同这一看法，他们认为创业能够鼓励人们采用新的方法增强自信，并消除社会排斥感（第210—211页）。

反对干预的一些言论

尽管很多人赞同和支持干预，我们也听到了很多反对的声音。而这些反对意见是基于这样一个观念，即有些人认为小型企业部门对经济发展其实并不那么重要。例如，尽管我们会对一些小型企业的活动给予重视，弗兰克和兰德斯顿（Frank & Landström，1997）却认为，虽然目前相当一部分人寄希望于一些小型企业能够提供就业机会并且帮助经济重组，这种希望有时也是不切实际的（第2页）。事实上，迪金斯（Deakins，1999）参考了英国的一些研究数据指出，大多数小型企业并不像人们所认为的那样是主要的就业机会提供者。福瑟吉尔和加金(Fothergill & Gudgin, 1979)的研究指出,在1968年至1975年的几年里,员工数量少于25人的企业仅占制造业总产量的增长率的不到百分之一。这使大家普遍认为,整体来看,少数企业特别是小型企业部门所提供的就业机会不成比例(Storey & Johnson, 1986; Gallagher & Miller, 1991)。

其他一些学者也已经表明:尽管小型企业日益增多,它们却往往如昙花一现,尤其创立之初的头三年,似乎是个难关(Stanworth & Gray, 1991; Deakins, 1999)。韦斯赫德和伯利(Westhead & Birley, 1994)认为这一点恰恰证实了修改无差别的干预政策的必要性,使其更加针对增长型企业。斯托里和约翰逊也支持这一观点(Storey & Johnson, 1987)。

布里奇等人(Bridge et al., 1998)指出,干预可能是不必要的,因为它并不能带来净经济收益。如果干预是合理的,那么就必然会存在一个需要解决的市场失灵问题;而从整体上来看,这将会导致社会福利的增加(第209页)。然而,一些经济学家认为企业在自由的企业经济体制中可以兴盛发展,并且政府也不应该用市场力量加以干预。有一点无须质疑,即哪怕没有干预的帮助,有创业精神的人总会"勇往直前",利用一切可以利用的机会。阿瑟顿等人(Atherton et al., 1997)虽然支持创业,他们也会考虑反对干预的观点,并意识到后者的说法有道理。他们也承认,既然市场机制是分配稀缺资源最有效的方法,通过补贴去支持创业启动的过程可能会妨碍市场的资源配置(第7页)。

斯托里(Storey, 1992)认为支持创立新企业会取代现有企业。他指出,因为公共基金被用来补贴创业,与别的企业相比,一些新企业会利用这些资金从而获得不公平的竞争优势,因此导致其他企业的倒闭。斯托里(Storey, 1994)在后来的研究中指出,只有少数新成立的企业能够发展起来并提供就业机会。同时,只有一小部分企业会发展起来并雇用50或更多的员工。从整体上看,这些观点是对在创立新企业的过程中干预的必要性提出的质疑。尽管如此,政府和其他代理机构确实是干预了,并且干预的形式多种多样。

企业政策

自 20 世纪 80 年代以来,创业在经济决策和经济发展方面扮演着至关重要的角色(Storey,1994)。因为会涉及很多不同的因素,创业和经济增长的关系十分复杂(Global Entrepreneurship Monitor,2001);而且对于不同的国家,创业水平也会有所不同。因此,我们需要不同的企业政策以应对不同的经济形势。

在 20 世纪 30 年代,当美国一些大型企业增加产量来满足战时国防需求时,小型企业无力与大型企业抗衡,人们才重新关注小型企业的政策。这促使政府出台新的政策,鼓励创业和支持小型企业的发展。可是,直到 20 世纪 70 年代甚至 90 年代,创业才逐渐成为西欧大部分政府所接受的一个流行理念。在工业衰退的地区,对创业的需求十分强烈,因为它可以帮助弥补公司的损失,提供就业和收入。事实上,正如约翰逊等人(Johnson et al, 2000)所说,是时事评论员促进了创业的流行,使政策制定者意识到,应该提供各种扶持项目鼓励创业,尤其是针对小型企业。因此,许多政府提出一系列创业提案,鼓励个人创立和经营自己的公司。然而,这一系列提案的形式不同,对新企业创立的鼓励和扶持的方式也不同。

干预的类型

迪金斯(Deakins,1999)指出干预的方式有很大的差异。首先,他建议不管是新建立的还是已经建立起来的企业,我们都可以通过部分资助咨询或长期关系扶持创业(第 181—182 页)。因为有了部分资助咨询,企业在不同的发展阶段都能得到一般的或专家的建议和支持,而且这些花费由公共基金来资助。根据迪金斯提出的长期关系的支持,企业能得到一系列的扶持,包括从创业阶段的监管、培训到随着企业发展而提供的深入式"诊断服务"。

布里奇等人(Bridge et al., 1998)从更全面的视角,就具体政策领域

英国

这些年来英国的企业政策发生了一些变化。其中最著名的是之前讨论过的博尔顿报告(Bolton Report,1971)提出的制定全面的企业策略的尝试。从那时起,英国政府发表了关于竞争和发展的白皮书(White Paper on Competitiveness and Growth,1994,1995)。白皮书中记录了一些完善扶持创业安排的总体打算。然而,斯托里(Storey,1994)指出,尽管保守党政府在1979年至1983年期间推行了超过100项帮助小型企业的举措,但政策或策略似乎并不一致(第304页)。斯托里(Storey,1994)也表明,由于英国大多数中小型企业政策似乎是不完整且临时的,它们的目标也不十分明确。考虑到这一点,他建议英国的小型企业政策应包含以下几个明确的目标:

- 增加就业机会;
- 增加新企业的数量;
- 促进和发挥顾问的作用;
- 提高竞争力,促进高效市场的形成;
- 促进技术的传播;
- 增加财富。

最近,政府已发表了关于"企业、技能和创新——为身处变化世界中的所有人提供机会"的白皮书(DfEE,2001),开始采取各种措施帮助个人、企业和社会团体发展和兴旺。尽管白皮书的目标多种多样,却也不够完整。但它指出了创新技能、创业技能和能力对不断变化的全球经济的重要性。因此,这个白皮书的侧重点是教育和培训。

在培训的干预方面,值得一提的是小公司企业发展倡议(the Small Firms Enterprise Development Initiative,简称 SFEDI)。它成立于1990年,之前叫做小型企业领导机构(the Small Firm Lead Body),旨在为英国350万小型企业制定国家认可的能力标准,包括为那些给小型企业部门提供经营建议、咨询、信息和扶持的机构设定标准。小公司企业发展倡议包括执业的业主经理和顾问,它本质上是政府任命的、为小型企业

(如鼓励创业、给小型企业提供专门技能和知识、提供经营场地和资金支持)和企业发展的不同阶段(如创业准备阶段、创建企业阶段和企业发展阶段)来分析不同的干预类型。这些干预类型包括提供创业培训项目、人际关系网、企业孵化器以及补助金和贷款等。虽然我们可以使用多种类型的干预支持新企业的创建和发展,然而有些方法似乎比其他方法更成功。并且,各个国家的扶持政策也有所不同。

美国

在美国,小型企业占企业总数的99％以上,对每年新增的就业机会起到了很重要的推动作用。在1992年至1998年期间,美国新增的就业机会总数约为1 500万个,其中由这些小型企业提供的数量达到了230万个(占15％)(Small Business Administration,2002)。《全球创业观察》报告的统计表明,美国大约11.7％的成年人参与过企业的创立和发展。在《全球创业观察》调查的国家中,美国女性的创业活动数量位居榜首(Global Entrepreneurship Monitor,2001,第49页)。

在美国经济大萧条和二战的压力下,人们开始关注小型企业。虽然一些组织如战时小企业组织(the Smaller War Plants Corporation,简称SWPC)、国防小企业管理局(the Small Defense Plants Administration,简称SDPA)以及商务部的小企业办公室(the Office of Small Business,简称OSB),在那个时期都对创业提供了某种扶持,但是由1953年建立的官方组织——美国小企业管理局(the US Small Business Administration),是如今为小型企业部门提供扶持和帮助的官方组织。

20世纪50年代初,美国国会通过了《小企业法》(the Small Business Act),继而建立了小企业管理局(the US Small Business Administration,简称SBA)。它的主要职责是"尽可能地帮助和协助小型企业,为其提供建议并保护小型企业的利益"(Small Business Administration,2001)。同时,确保小型企业能签到一定数量的政府合同。1958年,《投资公司法》(the Investment Company Act)颁布后,建立了小企业投资公司(the Small Business Investment Company,简称SBIC)项目,这为私人风险投资公司提供资金提供了便利条件。小企业投资公司专门针对高风险的小公司,为其提供长期投资。仅在 2000 年,它就提供了 123 亿多美元的贷款,成为当时美国国内最大的个体企业资金提供者。新的调查数据(the Small Business Act,2001)显示,自 1953 年以来,小型企业管理局资助了近两千万小型企业,对经济的发展起到了非常大的作用。

欧洲

中型和小型企业是欧洲范围内创造就业机会和发展的关键部分。它们在发展、竞争、创新以及就业等方面所起的作用已经得到了广泛的认可。欧洲的创业理念促进了创新型企业的建立和发展,同时带动每一个欧盟成员国巩固和加强本国的中小型企业政策。这些政策的总体目标是通过支持企业的创立和发展增加就业机会,同时也通过支持现有的中小型企业来保留现有的就业岗位。尽管在欧盟范围内的中小型企业部门的就业水平——欧盟 66% 的就业率来自于中小型企业(EC report,1995 & 2001)被认为有增长潜力和创造了更多的就业机会,但目前还没有完全得以实现。因此,欧盟委员会通过企业总署(the Enterprise Directorate-General)确定了一些优先政策目标和举措,以此来刺激创业文化并为创业者在企业发展的各个阶段提供便利条件。企业总署致力于营造支持创新的环境从而振兴欧洲的经济。其政策和措施,构成了目前欧盟委员会多年度计划(1997 年—2000 年)的一部分,包括以下几个方面:

- 减少阻碍创业的繁文缛节;
- 确保中小型企业能够更好地参与国家机构的决策过程;
- 为能创造就业机会的中小型企业提供资金;
- 积极促进和推动对中小型企业的研究、创新及培训;
- 提高中小企业的竞争力和国际化程度。

(EC report,1995,第 15—17 页)

成员国对欧洲就业战略达成一致,其核心是以四大"支柱"或"重点"为基础:就业能力、创业精神、适应性、平等就业权利。其中创业精神这一支柱表明,新企业的建立和中小型企业的发展对创造就业机会十分重要

(EC report,2001,第 57 页)。欧盟中小企业项目包括一系列的金融手段和方案,其中结构基金是为中小型企业提供资金支持的主要机制。目前通过结构基金已经确定了超过 700 万家中小型企业,分布在符合欧盟援助条件的地区。

欧盟委员会十分重视创建新企业,这在不同成员国采取的各种政策中都有所反映,如为德国、西班牙、葡萄牙、希腊和爱尔兰等国的创业提供的国家补贴,为英国、法国、瑞典、西班牙和希腊等国提供的不同类型的贷款计划和贷款担保以及卢森堡和德国为希望自己创业的员工提供专项资助。事实上,所有欧洲国家都有各种鼓励创业的金融计划。

就培训和培养新的创业者的结构化干预而言,欧盟成员国有各式各样的正在实施的举措。例如意大利的创业计划"Legge 44",已经成为欧洲范围内大家所熟悉的主要创业计划。该计划在 1986 年由意大利国会批准通过,以意大利南部为基础,耗资 20 亿美元,旨在鼓励和培养有抱负的、年龄介于 18 至 29 岁的创业者。《经合组织观察家》(Organization for Economic Cooperation and Development Observer,简称 OECD Observer)报告(Arzeni, 1992)指出,这项计划估计能创造两万个新的就业机会。

在芬兰,从 20 世纪 80 年代中期开始,与创业培训和研究相关的活动开始大幅度增多。至少有 13 所大学和 11 位教授参与到创业培训和研究以及培训项目的开发中,从而支持和鼓励有抱负的创业者(Malinen & Paasio, 1997)。

荷兰建立新企业的速度远在欧盟委员会平均水平之上。荷兰政府已经开始在中小型企业部门发挥着积极的推动作用。政府近年来对创业的关注程度大幅度上升,并设计了一些方案帮助有抱负的创业者(During et al., 1997)。

西班牙和瑞士的创业活动和相关的扶持也开始增多。这两个国家关注的兴趣点逐渐指向新企业的建立和现存的小型企业的扩大和发展(Veciana & Genesca, 1997; Johannisson & Landström,1997)。

和顾问确定和批准最佳实践标准的机构。(SFEDI,1999,第 6 页)。

在英国,负责经济发展的主要政府机构是贸易工业部(the Department of Trade and Industry,简称 DTI),它致力于通过鼓励创业和促进企业发展来推动企业的发展和创新。在 2000 年 4 月,贸易工业部设立了一个小型企业部门——小企业服务局(the Small Business Service,简称 SBS),它是政府内部专门负责小型企业部门的一个新机构。小企业服务局与小型企业理事会(the Small Business Council)密切合作,后者会就小型企业的需求为政府提供建议。英国投资局(Invest UK)成立于 1977 年,隶属于英国贸易工业部,主要负责管理在英国寻求自我发展的海外公司。它本质上是英国的国家级对内投资机构。

英国教育与技能部(the Department for Education and Skills,简称 DfES)——前身是教育与就业部(the Department for Education and Employment,简称 DfEE),在企业政策和举措方面也有一定的影响力。其他相关的机构包括培训与企业委员会(the Training and Enterprise Councils,简称 TECs),在英格兰和威尔士的英国商务联系网(Business Links),以及在苏格兰的本土企业理事会(the Local Enterprise Councils)。北爱尔兰的情况也差不多,相应的机构是北爱尔兰投资局(Invest Northern Ireland),由原地方企业发展部(the Local Enterprise Development Unit,简称 LEDU)、工业发展理事会(Industrial Development-ment Board,简称 IDB)和地方企业机构组成。

在战略层面,爱尔兰或北爱尔兰企业扶持组织的新发展促进了一个全新的、全爱尔兰贸易和商业发展机构——爱尔兰南北贸易署(InterTradeIreland)的发展。作为《英国爱尔兰协议法》(the British-Irish Agreement Act,1999)的北部或南部执行机构之一,爱尔兰南北贸易署旨在促进全爱尔兰岛的商业发展。它的职权范围更多的是关注政策发展和战略举措,而不是直接干预。因此,作为一个机构,它不直接地为中小型企业提供支持服务。它的战略任务是:

通过独特的以知识为基础的干预措施领导全岛的经济发展，为跨境贸易和商业发展带来巨大的收益和回报（InterTradeIreland，2001——网址 www.intertradeireland.com）。

在这个总体使命下，爱尔兰南北贸易署的目标包括：为北部（或南部）的贸易和商业发展建立渠道；鼓励在爱尔兰的两个经济实体内部以及在公司和教育机构之间的私人股权和风险资本的流动和交换；通过提出建议提高企业在南北方面的竞争力，从而支持商业发展。

总之，英国和北爱尔兰商业领域的直接干预是通过以下机制实现的：

学习与技能委员会

学习与技能委员会（the Learning and Skills Council）设立于2001年4月，是政府白皮书《学会成功》（*Learning to Succeed*，1999）的产物。这个机构本质上替代了设在英格兰和威尔士的培训与教育委员会，旨在支持和发展当地的劳动力市场。学习与技能委员会的目标是为所有的个体（无论他们的背景和受教育程度如何）提供学习新技能、发挥潜能和提高他们在家庭和工作中的生活质量的机会。学习与技能委员会通过全国各地的当地办事处来运营，旨在弥补企业技能的短缺。

商务联系网

小企业服务局本质上是政府的新小企业机构，也在全国范围内管理一系列的商务联系服务，提供独立和公正的商务建议、信息以及一系列的服务，目的是帮助小型企业和有抱负的创业者。

北爱尔兰投资局

直到2002年3月底，地方企业发展部和工业发展理事会一直是北爱尔兰主要的经济发展机构。地方企业发展部起初是作为1970年至1975年北爱尔兰发展计划（Northern Ireland Development Plan）的一部分而设立的，它主要负责支持创办中的和已建立的本地企业，而工业发展理事会的职责是满足高速发展的企业的需要和鼓励海外投资。

在2002年4月,部分因为新北爱尔兰议会(the New Northern Ireland Assembly),先前由地方企业发展部、工业发展理事会和其他一些扶持机构——如工业研究和技术部(Industrial Research and Technology Unit,简称IRTU)分别执行的职能,以及北爱尔兰旅游局(Northern Ireland Tourist Board,简称NITB)的旅游住宿支持的职能,都被纳入一个新的机构——北爱尔兰投资局,它是当前北爱尔兰主要的经济发展机构(Invest Northern Ireland website,2002)。该机构为设在北爱尔兰的公司提供一系列的扶持,旨在促进企业部门的能力建设,鼓励创新和新思维。北爱尔兰投资局和地区议会(the local District Councils),为目前叫做地方企业机构(Local Enterprise Agencies,简称LEAs)的区域企业机构提供资金。地方企业机构主要负责扶持当地处于创业前期、创业启动和早期发展等不同阶段的企业。他们为有抱负的创业者和现有的小型企业提供一系列的支持服务,包括:建议、指导、创建企业的培训以及创业和就业补助金。当北爱尔兰投资局发展并实际成为爱尔兰北部所有企业和支助机构的"保护伞"时,地方企业机构的组成和结构也会随之发生改变。

爱尔兰

和英国一样,爱尔兰的企业政策也经历过几次变化。20世纪80年代早期,特莱西斯咨询集团(Telesis consulting group)对爱尔兰产业政策进行了审查。这个集团主张更好地控制产业政策,采用对国外企业更有吸引力的办法以及将侧重点转为在出口和二级供应部门建立强大的本土企业(Telesis Report,1982)。小型企业部门对该报告的建议特别感兴趣,即国际交易服务应得到政府支持的资格,并且应该克服和解决管理、市场营销和技术方面的弱点(Garavan et al.,1997,第9页)。

1991年下半年,卡利顿政策审查小组(the Culliton Policy Review Group)受指派,对爱尔兰的产业政策进行了第二次重大审查。他们的报告(Culliton Report,1992)提出了若干建议,这些建议涉及税收、基础设施、教育、企业和技术、对企业的直接扶持、完善食品工业体制和其他举措。此外,委员会就爱尔兰发展机构提出的建议对于企业政策而言也十分有价值。委员会建议国家应该以全面且有成本效益的方式为企业提供支持和帮助。因此,所有的拨款和咨询服务应由一个机构统一提供。这意味着当时的工业发展署(Industrial Development Agency,简称 IDA)、爱尔兰贸易委员会(An Bord Tráchtála,简称 ABT)和政府科学技术机构——奥拉斯(Eolas)将整合成一个新的、专注于本土产业发展的机构。

卡利顿报告公布之后,成立了一个针对小型企业的特别工作小组(Task Force),专门负责向政府建议如何更好地执行由卡利顿委员会提出的建议。特别工作小组的报告(Task Force, 1994)进一步证实了建立县级企业委员会的必要性。该委员会将负责创建地方企业文化,企业文化反过来也会在全国范围内创造持久的就业岗位。

20 世纪最后的十年里,对内投资和特殊就业机会的增加导致了所谓的"凯尔特之虎"(Celtic Tiger)现象①,爱尔兰的经济出现了前所未有的增长趋势。尽管如此,爱尔兰的经济气候仍处于变化之中;而且可以创造的新就业机会的数量也是有限的。政府最新的企业战略文件(Forfás, 2000)兼顾了很多方面,如全球企业和工业可能会出现的飞速技术变革;关注创建更多的高技能或高知识型就业机会的需求,从而增加在国际贸易领域对这类工作的需求数量并增加欠发达地区的就业机会——例如全国的乡村地区、边境地区以及中西部地区(the Border, midland and west regions of the country,简称 BMW)。

该战略文件还非常重视小型企业部门,建议通过鼓励创建高科技公司,早期投资以及在开发机构、金融机构和中小型企业之间建立伙伴关系等方式提供帮助。

爱尔兰经济发展的扶持体系已经经历了很多变化。爱尔兰现存的主要企业发展机构及其干预方法如下:

---

① "凯尔特之虎"是指爱尔兰从独立时代欧洲最穷国家之一飞速发展成为欧洲人均收入第二的富国,发展之快速崛起之突然如"猛虎"一般。——译者注

爱尔兰企业署(爱尔兰国家企业发展机构)

成立于1998年7月,爱尔兰企业署由原本地企业发展的国家机构、爱尔兰贸易委员会和爱尔兰国家培训和就业管理局(Foras Áiseanna Saothair,简称FÁS)的产业培训部门组成。爱尔兰企业署旨在与爱尔兰的企业合作,帮助它们创造盈利的新企业,建立自己的国际市场占有率,利用新技术,深化研发能力和培养企业人员的技能和能力。

市、县企业委员会

企业委员会成立于1993(1994)年,旨在发展爱尔兰的每一个县和(或)市的生产和国际贸易服务行业的小型或微型本土企业。企业委员会专注于初创企业和雇用十名以下员工的微型企业。他们为可行性研究、资本收购和员工就业提供资助;并提供创业培训课程、企业发展培训课程和各种指导。

爱尔兰国家培训和就业管理局

爱尔兰国家培训和就业管理局为本土企业和外资企业提供一系列的培训和相关的扶持和帮助,如培训、资助、专家咨询服务和创业课程。它还为社区和社会就业方案提供支持。

爱尔兰工业发展局

工业发展局是负责招商引资的国家机构工业发展局提供全面的金融和非金融的帮助,以吸引和支持外资跨国企业来爱尔兰建立企业。除此之外,通过各种欧盟资助的领袖团体,以及来自爱尔兰语区管理局和香农开发公司向乡村企业提供帮助。除了上述为新创企业和现有企业提供的扶持,爱尔兰企业署为在全国范围内处于高等教育阶段学习创业的学生制定了学生奖励计划(Fleming, 1994)。而且,爱尔兰企业署为年轻创业者计划(the Young Entrepreneur's scheme)提供资助,该计划在中等教育阶段的课程中引入了创业教育。年轻创业者计划最初源于英国,它部分由县企业委员会资助,也在英国的部分地区运作着。

尽管到目前为止创业教育研究没有得到国家发展机构的直接扶持,

但琼斯-伊文思（Jones-Evans，1987）指出，该研究已经进行到创业发展（Harrison & Leitch，1995；Burke，1995）和创新（Cooney & O'Connor，1995；Hunt，1995）领域。此外，很多研究者也就创业教育和培训项目进行了一些实证研究（Garavan & Ó Cinnéide，1994；Fleming，1994 & 1996；Hill & Ó Cinnéide，1998；Henry & Titterington，2001；Henry et al.，2001 & 2002）。

企业政策——重新审视

虽然将创业和创建新企业融入经济政策中相对而言"为时已晚"，但爱尔兰对新企业和现有企业的扶持机制已经建立起来并且目前发展得非常好。相比之下，尽管在经合组织的"阻碍创业的指数"中排名最低（GEM，2001，第48页），英国的企业政策却缺乏条理性，对企业创新的扶持办法也趋于"碎片化"。事实上，人们已经意识到英国的企业政策好像具有"复杂性的百衲被①"（Audit Commission，1989，第1页）。而美国对小企业行业的扶持似乎更集中，而且美国政府更愿意承担风险。这一点体现在它通过小型企业管理局及其小型企业投资公司项目，直接参与到对小型企业（尤其是那些高风险的企业）的融资。从更广的层面来说，随着对整个创业领域的兴趣持续增长，欧盟显然是在努力巩固和调整对中小型企业的扶持政策。

根据《全球创业观察》（the Global Entrepreneurship Monitor，2001），开展更多创业活动的国家政府对企业政策往往缺乏长期的关注，相反地却受益于更具战略性的政策规划方法。相比之下，在缺乏创业活动的国家，扶持计划往往缺乏协调性；有一种观点认为，如果政府的政策与国家的当前形势保持一致，政府受益会更多。更具创业精神的国家侧重于政府的实际活动，而对于缺乏创业精神的国家而言，用于鼓励创业的

---

① "百衲被"是用多种不同色泽且不同形状的布块拼接缝制而成的一种薄被。这里用来形容英国企业政策的复杂性和兼容性。——译者注

基本策略最受关注（GEM，2001，第 34 页）。文化很可能在企业决策中扮演着重要的角色。例如，美国文化鼓励变化和寻求机会的活动。因此，创业被视为是一个可行的职业选择，而经营失败则常常被视为创业学习体验的一个重要组成部分。但是，因为社会一直难以接受生意失败，西欧的大多数国家对自我创业的态度还不是那么积极。从某种程度上说，随着 2000 年新企业法案（Enterprise Bill）的颁布（该法案将会为不是因自身原因导致失败的破产企业再提供一次机会，因此减少破产带来的耻辱，从而变更了破产法），这种情况在英国可能会改变（DTI，2002）。此外，该法案将确保遭遇财务困难的公司避免"四处碰壁"。所以，文化和政策在一起对创建新企业起到促进或是阻碍作用，并且二者都能对创业的大环境起到促进（或阻碍）作用。

小结

这一章讨论了创业及新企业创建对经济发展日益增长的重要性，从而为我们的研究提供了背景。在这里我们也讨论了赞成和反对干预的各种观点。虽然围绕这些问题的争论将会继续下去，我们似乎有理由去鼓励创业和扶持小企业部门。因此，将本书中的研究呈现给大家的主要目的在于使大家了解以创业教育和培训项目形式进行的结构化干预，从而鼓励大家就干预进行讨论。第一部分的其他几章将会继续围绕着理论基础展开，而我们将会在第二部分详细地介绍研究结果。

第二章 有关创业者的理论——传统方法

引言

近些年来,我们在创业教育领域特别是创业者特质描述方面开展了很多研究。人们通过大量的研究调查,试图勾勒有关创业者的形象,正如凯尔德(Caird,1991)所指出的,创业者现在可能是人们研究最多的群体之一(第177页)。

这一部分旨在为第二部分的研究奠定理论基础。本章侧重于分析与创业特质相关的各种理论。首先我们从一些和创业相关的术语的定义开始,接着我们将讨论近年来经济学家和研究人员对创业者这个概念的不同理解。根据文献资料,我们将提到研究创业者的不同方法并确定每个领域的关键因素。同时,我们也从心理学角度描述创业者,并列出区分创业者与非创业者的关键性格特质。接下来讨论的是衡量创业特质的不同方法和研究创业教育的社会学研究法(有时被称为人口统计学研究法)。在本章的最后我们将讨论行为研究法。

定义创业

拜格雷夫和霍弗(Bygrave & Hofer,1991)说,"好的科学要以好的定义开始"(第15页)。为创业定义尤其重要,因为这个领域的许多概念,如创业者、创业和小型企业常常可以互换使用。布鲁亚特和朱利安(Bruyat & Julien,2000)认为定义是"一个为在特定的时期里科学界很感兴趣的研究问题而服务的概念"。从这一层面讲,定义被看作是可变的。那么文献里有很多有关创业者和创业的定义也就不足为奇了。人们对创业者下的定义是:

通过承担风险和采取主动方式以期获得利润的企业主或管理者(柯林斯英语词典)。

蒂尔南等人引用梅雷迪思等人(Meredith et al.,1982)的观点,将创业者定义为一群有能力捕捉和评估商机的人;他们有能力整合必要的资源并利用这些资源采取适当的行动,以确保成功(Tiernan et al.,1996,第280页)。

沙玛和克利斯曼(Scharma & Chrisman,1999)强调了熊彼特(Schumpeter,1934)的观点,认为创业者能够把很多事物进行整合出新,这其中可能包括新产品、生产流程、市场、组织形式或供应源。而创业是进行整合出新的过程。高德纳(Gartner,1989)认为创业就是创建新的组织形式。沙玛和克利斯曼认为,虽然高德纳最初不是以定义的形式提出创业这个概念,很多研究者还是采纳了这个定义。

有趣的是,创业者自己也发现很难为创业下定义。例如,维珍公司(Virgin)的理查德·布兰森(Richard Branson)是这样描述创业者的:

经常有人问我什么是"创业者",其实对于这个问题我们很难给出一个简单的答案。但有一点是确定的,创业者对于一个健康的、充满活力和竞争力的企业来说,是十分重要的。环顾四周,你会发现绝大多数英国的大型企业都有那么一两个有雄心壮志的人,能把理想变为现实。很多人往往忘记,20世纪末的一些蓝筹股,如玛莎百货公司(Marks & Spencers)、塞恩斯伯里食品公司(Sainsbury's Food)、泰特及莱尔公司(Tate & Lyle),都是由19世纪末期的个体商人建立的（Morrison，1997，第3页）。

除此之外，布兰森（Branson）突出强调了创业者精彩而有意义的人生：

……为自己做事并促使他人和自己"并肩战斗"，能给创业者带来很大的满足感。这其中的乐趣、创新、创造力和收获远远超出仅仅靠金钱带来的快乐。我们正是带着这些梦想创立了维珍公司，我们也努力不忘初心。其实，创业是一种心境。你不一定非要经营自己的公司，但你应该把眼光放长远些，而不是局限于眼前（Morrison，1997，第5页）。

就创业而言，许多作者往往侧重于过程和情境。洛和麦克米伦（Low & Macmillan，1988）把创业定义为创建新的企业。当然，新企业是在许多情境下创立的。受柏拉图的启发，拜格雷夫（Bygrave，1989，第21页）将创业描述成一个"变化的过程，而不是一种存在状态"。其他研究者也比较关注创业的过程，并突出强调了它的不同方面：

创业的过程就是投入必要的时间和精力去创造一个有价值的、与众不同的东西，假定这个过程会伴随金融、心理和社会风险；但同时也会带来金钱和个人满足感（Hisrich & Peters，1998，第6页）。

创业的过程是洞悉市场机遇，收集并利用资源以抓住这些机遇；付出行动和投入资源，利用这些机遇从而获得长期收益的过程（Sexton & Bowman-Upton，1991）。

创建一个新的经济实体以开发新产品（或服务），至少要区别于市场它处提供的产品（或服务）（Curran & Stanworth，1989，第12页）。

布鲁亚特和朱利安（Bruyat & Julien，2000）发现创业是一个充满变化和创造新价值的过程，同时它也是创业者改变和创新的过程。

或许最常见的创业者定义是"自己做生意的人"，即创建一个企业。于是可以推断"创业"就是创建自己的公司的艺术，任何这方面的教育或培训都将为实现这一目标提供必要技能和能力。然而，德鲁克（Drucker，1985）采用更具体的视角来阐述创业：

> 为了具备创业精神，除创新之外，创业者的企业应该具备其他特点，……创业者是新企业中的少数派。（他们）能够创造出新颖而与众不同的东西；他们改变价值观……他们认为变化是常态（第35—36页）。

对于德鲁克而言，创业不仅仅是创建一个企业。"山寨"版创业，如开一个熟食店或一个餐馆，从严格意义上说不是创业。然而，通过其创新方法经营的企业如麦当劳，可以称为创业（Drucker，1985，第35页）。德鲁克认为决定个体成为创业者的关键在于他们不应该仅仅被动地被变化"牵着鼻子走"，而是应该主动地寻求变化，做出反馈并将变化看作是可以充分利用的机会。

凯兰德等人（Carland et al.，1984）将创业者和小型企业主加以区分。他们认为前者充分利用各种资源和经营、管理策略，从而获得利润和发展。而后者则以进一步实现个人目标、增加家庭收入为主要目的，把经营自己的公司看作是他们个性的延伸。

斯图尔特等人（Stewart et al.，1999）引用蒂蒙斯的观点指出，创业或企业团队正在变得越来越普遍。蒂蒙斯（Timmons，1990）认为这似乎更有利于增加创业成功的概率。然而，如果创业动机不一致或含糊不清，团队成员之间就有可能产生矛盾。博尔顿和汤普森（Bolton & Thompson，2000a，第11页）将创业者定义为"善于发现机会并且'习惯性地'通过创新创造和构建有价值的东西的人"。因此，可以说他们从社会、环境、艺术和审美等角度突出强调了各行各业的创业者的例子。

总之,我们可以看到有各种各样关于创业精神、创业者和创业的定义。此外,因为创业的概念涵盖范围很广,可以指创建一个新企业,也可以指在任何情境下运用创业技能和能力,所以似乎没有普遍接受的"正确的"定义。事实上,考夫曼和丹特(Kaufmann & Dant,1999)指出,文献中概念的多样性使很多作家如洛和麦克米伦(Low & Macmillan,1988)意识到创业这个概念太含糊,以至无法找到一个明确的定义。斯图尔特等人(Stewart et al.,1999)认为这种情况并不令人满意,因为定义创业者时遇到的困境阻碍了理论的发展。

在本书里,从狭义上讲,创业者是指有理想和抱负、志在建立和经营自己企业的人。然而,为了探索创业研究的不同方法,进一步研究和理解创业和创业者,我们有必要全方位地探索它们的内涵。

历史概述

如上所述,多年以来经济学家通过多种不同的方法为"创业者"这个概念下定义。在本节中,我们将从18世纪这个概念首次出现开始,回顾文献中"创业者"这个术语的发展历程。

最早使用"创业者"这个术语(源于法语词 entreprendre,意为承担、从事)的是生活在法国的爱尔兰经济学家理查德·坎蒂隆(Richard Cantillon)。他首先将这个词引入了发表于1755年的经济学文献(Essai sur la nature de commerce général)里。也有人说这本书写于更早时期,即1734年左右。坎蒂隆突出强调了人们在不确定的情况下所表现出的远见卓识和信心。同时,他也将创业过程中的风险和不确定性与管理和决策能力联系起来。他提出的创业者属于比较传统的类型,指把人力、财力和物力结合起来建立一个新公司的人。此外,坎蒂隆认为创业者应该有能力识别机遇并努力抓住机遇(Wickham,1998)。

欧洲最早的经济学教授,法国经济学家让-巴蒂斯特·萨伊(Jean-Baptiste Say)将创业者定义为:

将经济资源从生产力和产量比较低的领域转变为生产力和产量都比较高的领域的人(Say,1803)。

萨伊定义中的创业者是有能力综合和协调各种生产要素以适应意想不到的问题并克服问题的人(Bridge et al.,1998)。他强调创业者要具备判断力、毅力和解决问题的专业能力;正如宾克斯和韦尔(Binks & Vale,1990)所指出的,萨伊声称如果创业者想成功的话,他们不得不同时展现出这些技能(第11—12页)。如果丧失这些关键的创业特质中的任何一种,创立的企业都可能会倒闭。

奈特的研究本质上是对坎蒂隆所做的研究的扩展。奈特(Knight,1940)强调风险本身还可以避免,真正的问题是不确定性,并以此来区分风险和不确定性。因此,正如巴克姆(Barkham,1989)所指出的,奈特眼中创业者的主要特质是判断力。此外,他认为创业者可以存在于大型和小型企业;然而,必须是他(她)自己去承担所有的责任,以及面对一切盈利或赔本的可能。因为每个人都可以做决定,所以奈特的定义不排除任何可能成为创业者的人。

熊彼特(Schumpeter,1934)将创业者视为一个创新者,一个用创建新企业的方式寻求创新的人。熊彼特认为,创新是创业精神的关键,正是这一点将创业者与只是经营自己企业而没有创新的企业家区别开来。对于熊彼特而言,创业者的关键作用是给市场带来创新,但这样做的同时他们也给市场带来了新的需求,破坏了现有的市场并且创造出新的市场。熊彼特将这种动态迭代过程描述为"创造性破坏"。他还认为创业者不是任何一种单一类型的人而是复合类型的人。此外,他相信,在企业最初创建后,创业者安定下来开始管理和经营企业,他便不再是创业者:

无论是什么类型的人,只有当一个人进行新的创业组合并在企业创建后失去这种特质,安定下来像其他人一样管理和经营自己的企业时,他才是一个创业者(第78页)。

正如巴克姆(Barkham,1989)所指出的,熊彼特观念里成功创业的主要先决条件是敏锐、严谨和专注,而不是专业知识或过度的准备(第17页)。

在他1968年出版的书中,雷宾斯坦(Leibenstein)区分了两种类型的创业者:在完善和熟悉的环境里经营企业的常规创业者和被迫在未知和不确定的环境里经营企业的创业者。和萨伊一样,雷宾斯坦也强调成功的创业者需要将来自不同市场的输入进行同步处理:

> 填补空白和完成输入的能力是创业者具备的独一无二的特质(第72—83页)。

卡森(Casson,1982)强调了创业者的决策能力。他认为创业者是一个个体,因为只有个体才能够做决定(第23页)。然而,卡森认为创业者是一个专业的决策者。对他而言,不是每个人都可以成为创业者。他还指出,创业者需要具备很多技能和能力,甚至是全才。卡森也区分了两种不同的定义创业者的方法:一种是"功能(作用)"方法,即根据创业者所起的作用来定义;还有"标示型"方法,即从比较现实的角度来界定创业者,其中可能包括他(她)的法律地位和社会地位(第23页)。

早期的创业研究侧重于对创业者的研究,试图找到可以区别创业者和非创业者的人格特质以及研究这些特质对创业率的影响(Mazzarol et al.,1999)。李和曾(Lee & Tsang,2001)指出,从业者和学者似乎都认为创业成功的关键更多是在于创业者而不是其他因素。此外,对创业者特质的实证研究超过几乎任何其他类型的研究(Churchill & Lewis,1986)。研究者多次尝试,想要形成关于典型的创业者的特质,用以判别成功创业者的关键特质。热情、奉献精神以及勇于承担风险一类的特质是大家经常提到的,这并不奇怪。此外,许多作者如门格尔(Menger,1950)和威斯纳(Wiesner,1927)强调了管理和领导才能在成功创业中的重要性。在某种程度上,德鲁克(Drucker,1985)通过强调决策力和应变能力补充说明了这个观点。然而在一般情况下,创业类书籍的作者往往倾向于采用一种心理方法、社会(或人口)方法或行为方法来分析和研究创业者。接下来我们将讨论这三种方法。

心理研究法

创业的心理研究法或特质研究法大概是文献中最具代表性的研究方法。多年来,研究者探索和发现了一系列创业者拥有的人格特质,如表 2-1 所示。

表 2-1 心理研究法认同的人格特质

成就需求(Need for achievement)	麦克利兰(McClelland,1961)
权力需求(Need for power)	麦克利兰(McClelland,1961);沃特金斯(Watkins,1976)
亲和需求(Need for affiliation)	麦克利兰(McClelland,1961);魏纳和鲁宾(Wainer & Rubin,1969)
冒险倾向(Risk-taking propensity)	德鲁克(Drucker,1985);奥斯本(Osborne,1995);凯茨·德·弗里斯(Kets de Vries,1996)
内控点(Internal locus of control)	罗特(Rotter,1966)
信心(Confidence)	布洛克豪斯(Brockhaus,1975);吉布(Gibb,1993a)
独立性和自主性需求(Need for autonomy and independence)	沃特金斯(Watkins,1976);柯林斯等人(Collins et al.,1964)
创新性(Innovativeness)	熊彼得(Schumpeter, 1934, 1965);德鲁克(Drucker,1985)
决策力(Decision making)	斯坎伦(Scanlan,1984)
判断力(Judgment)	霍纳迪和阿布德(Hornaday & Aboud,1971)
沟通能力(Communication abilities)	卡尔森等人(Carson et al.,1995)
奉献精神或决心(Commitment/Determination)	麦克利兰和温特(McClelland & Winter,1969)
领导才能(Leadership)	李瑞福(Litzinger,1965);莫斯·坎特(Moss Kanter,1983)

续表

积极性(干劲、热情)(Initiative/Drive/Enthusiasm)	加斯和特奥莱特(Gasse & Théoret,1980);德鲁克和温特(Drucker & Winter,1969);布里奇等人(Bridge et al.,1998)
对模糊性和不确定性的容忍度(Tolerance of ambiguity and uncertainty)	霍纳迪和邦克(Hornaday & Bunker,1970);塞克斯顿和鲍曼-厄普顿(Sexton & Bowman-Upton,1985)
把握现实(A grip of reality)	施拉格(Schrage,1965)
洞察力(Vision)	威克姆(Wickham,1998)

尽管针对如何准确地衡量这些人格特质仍存在相当多的质疑和争议,我们还是能看到很多这个领域的重要研究:

动机

动机是"激发、指导和保持人类行为从而达到某种目标的过程"(Greenberg & Baron,2000,第130页)。罗比肖等人(Robichaud et al.,2001)认为,大多数理论模型都强调动机是小型企业取得成功的一个关键因素,其中一个重要的方面体现在对成就感的需求,这一点是与创业行为相关的(Lee & Tsang,2001)。事实上,许多研究的结果表明,创业者往往比非创业者具有较高的成就动机(Hornaday & Aboud,1971;DeCarlo & Lyons,1979;Begley & Boyd,1987)。

成就动机

麦克利兰(McClelland,1961)的研究强调成就需求(在文献里缩写为nAch)是成功创业者必备的特质。对于麦克利兰而言,成就动机可以被定义为:

> 一个衡量团体和个人的因素……可以通过"编码"来衡量个体的自发想法……衡量他(她)思考与某种卓越标准竞争或超越过去的频率(McClelland,1965,第8页)。

在《成就社会》(*Achieving Society*,1961)一书里,麦克利兰通过使用主题统觉测验(thematic apperception tests)和特定的游戏技巧相结合的方法,发现创业者是高成就需求者,他们喜欢在充满竞争的情况下展现出很强的成功欲,因为竞争状态下他们努力的结果可以得到客观的评估。高成就需求者专注于目标和任务,在人生中的任何一方面都迫切想要成为赢家和有成就的人。这类人努力超越他人,不给自己设定容易完成的任务,更喜欢具有挑战性但可以实现的目标,寻求即时反馈。奥戈尔曼和坎宁安(O'Gorman & Cunningham,1997)认为,麦克利兰的成就需求在创业者身上体现为:

- 偏爱挑战和风险既不是很高也不是很低的决策;
- 坚信个人的努力会影响目标的实现;
- 认为成功实现目标的概率相对较高;
- 需要反馈;
- 有能力提前规划;
- 渴望为决策承担个人责任;
- 为追求卓越而追求卓越;
- 关注决策的具体效果。

同样地,肖勒哈默和库里罗夫(Schollhammer & Kuriloff,1979,第14—15页)讨论了创业前确定创业潜能的益处。他们为具有高成就需求的创业者列出了一系列特质,希望可以对创业者的自我分析起到指导作用:

- 创新能力;
- 对模糊性的容忍度;
- 对成就的渴望;
- 切合实际的规划能力;
- 以目标为导向的领导才能;
- 客观性;
- 个人责任;

- 适应性；
- 作为组织者和管理者的能力。

创业者中的高成就需求者认为利润是成功的衡量标准，而并不一定是目标本身。而衡量一个人成就动机的水平，可以参考他（她）过去的业绩记录或过去的成就。这样看来，资历、获奖经历和其他个人成就以及展示出来的克服问题的能力，都可以作为衡量个体成就动机的标准。此外，麦克利兰和温特（McClelland & Winter, 1971）指出，旨在培养成就动机的培训课程在很大程度上可以改善小型企业的经营模式。在创业预启动或启动阶段辅助创业者的创业项目，通过设定规定时间内的预期目标，可以培养甚至衡量项目参加者的成就动机。这样的目标可以包括创业计划、营销计划和可行性研究的完成或获得一定数量的新客户等。所提供的任何结构化的培训也可以通过评估参与者新获得的知识来衡量他（她）取得的成就。这种衡量成就需求的参考标准也被纳入一项研究（Henry & Titterington, 1997）中，该项研究侧重于使用创业培训项目作为衡量有抱负的创业者创业适应性的手段。除了一些衡量创业才能的措施，这项研究还包括了一项对参与者的评估——这些参与者设法在规定时间内完成了英国国家职业资格（National Vocational Qualification，简称NVQ）认证相关的工作。研究者得出的结论是：这些参与者表现出很高的成就需求。

通过研究，麦克利兰还发现创业者往往会主动为自己的决定负责，喜欢选择风险度中等的目标。他们更在意结果，不喜欢日常工作和随遇而安。后来其他一些研究（Roberts, 1968; Wainer & Rubin, 1969）进一步证实了麦克利兰的研究，得出的结论是：表现最好的创业者通常都是高成就需求者，同时也是低权力需求者。事实上，麦克利兰进一步指出，为了成功，创业者应该学会去平衡成就、权力以及亲和等需求之间的关系（见下文）。

然而，也有一些人批评麦克利兰的研究。布洛克豪斯（Brockhaus，1980）声称，麦克利兰的实证研究并没有直接将成就需求和经营（管理）自己公司的决心相联系。从某种程度上说,赫尔等人(Hull et al.,1980)的研究支持布洛克豪斯的观点;而切尔等人(Chell et al.,1991)发现成就动机并不能很好地预测个体是否会创业。在总结一些主要的批评麦克利兰理论的观点时,切尔等人补充说,人们出于各种原因创建自己的企业,其中包括许多"推动"因素和"拉动"因素,这些因素可能和成就需求毫无关系。事实上,根据切尔等人(Chell et al.,1991)的观点,个体创建企业或许仅仅因为这样做是一种很有诱惑力的谋生手段,不一定因为这给他(她)提供了一个挑战自我或实现目标的选择和机会(第38页)。

麦克利兰指出,除了将成就动机看作是创业者的一个关键特质外,我们还可以培养其成就动机。在他1965年的论文中,麦克利兰质疑了想在贫困地区开展扶贫计划项目的想法。他认为,在刺激不发达地区的经济增长之前,有必要培养和提高当地居民的成就需求。他的文章很有力地支持了"成就动机是可以传授的"观点。在麦克利兰的研究中,他通过教学培养两组人的成就动机,其中一组由16个美国公司的高管组成,另一组则由52个印度小型企业主组成。在对这两组人的培训中,培训项目持续的时间都相对较短:美国项目是一个星期,而印度项目则是十天。在美国项目里,参与者学习了成就动机的概念,也了解到成就动机对创业者十分重要;同时,他们学会了如何像有强烈成就需求的人那样思考、行动和感知世界。然后项目的研究者将该组高管和同公司的其他高管相比较。后者和前者工作性质类似,薪水差不多,但只参加过公司组织的常规培训课程。两年后再次的深入研究表明,参与成就动机培训的美国高管(实验组)明显比同事在各方面表现得更好。在印度的项目里,通过设计和开发一系列不寻常的创业活动,研究者发现为期六个月的成就动机培训似乎收效很大。两年后在孟买开展的高管培训项目中,研究者发现结果和美国项目类似。

麦克利兰指出,为了确保成功,无论是在国家还是地方进行成就动机培训,都必须在一种积极的心理或社会环境下进行。他认为,成就动机水平是可以提高的,并且为此而设计的培训项目很有效且成本相对较低。

他还表明,如果不能同时开展成就动机培训,那么重新培训非熟练工人便会浪费大量资金。

亲和需求

除了成就需求,麦克利兰(McClelland,1961)也把亲和需求作为一个重要的创业特质。亲和需求可以被描述为个体对完善的社会关系和人际交往的需求——想要归属于某个社会或机构的需求。有着强烈亲和需求的人往往希望参加能够经常与他人互动的任务(Tiernan et al.,1996,第121页)。但是,麦克利兰(McClelland,1965)也指出,亲和需求对创业也会产生相反的效果,因为它可能导致"寻求认可"——这种行为通常和冒险没必然联系。

权力需求

除了成就需求和亲和需求两个特质外,麦克利兰(McClelland,1961)认为权力需求也是一个重要的创业特质。权力需求指个体对支配和控制力的需求。有着强烈权力需求的人倾向于把企业所有权看作是一种可以提供地位的途径。沃特金斯(Watkins,1976)把权力需求定义为影响和控制别人的一种愿望或驱动力,因此权力需求和动机联系紧密。但是,根据施拉格(Schrage,1965)的研究,凯尔德(Caird,1991)指出,一些创业者实际上可能对权力的需求很低。另一方面,在对创业者的调查中,哈奇和茨威格(Hatch & Zweig,2000)意识到创业者对控制的普遍需求。这些研究者从调查结果中得出的结论是:对控制的需求通常与合伙制结构中的共同决策是不相容的(合伙人纠纷是本研究中的创业者面对的主要难题)。

独立性(自主性)需求

正如上文提到的,创业者有着强烈的独立意识,需要掌控一切。他们更喜欢或需要独立行事;因此他们会积极寻找能让他们"按照自己的方式做事"的机会和环境。更为重要的是,他们准备好了为事情的结果承担责任。正因为如此,他们反对有着严格规章制度的官僚体制。他们认为约束在培养创新的企业理念过程中会适得其反,所以他们憎恨约束。创业者或有创业倾向的人希望持续不断地向前迈进,希望在前进的过程中突破障碍和解决问题。而且,他们通常认为独立思考和行动比受规章制度约束好处更多。

夏皮罗(Shapero,1971)、斯坎伦(Scanlan,1979)和柯林斯等人(Collins et al,.1964)也强调了自主需求的重要性。沃特金斯在其1976年的研究中发现,开始创业的最重要的原因是个体的自主需求。尽管在研究中发现,对独立和自主的需求与作为企业绩效财务标志的销售记录呈负相关,罗比肖等人(Robichaud et al. ,2001)还是记录了相似的研究结果。同样值得注意的是,这些自称是追求内在目标(如个人发展、对挑战和成功的渴望)的创业者,比那些追求外在目标的人销售记录差一些,赚的利润也少一些。

冒险倾向

冒险倾向与成就动机相关。麦克利兰(McClelland,1961)发现,冒险倾向取决于个人的成就动机——高成就需求者似乎会选择适度的风险,而低成就需求者则准备冒更大的风险(McCarthy,2000)。研究者做了很多有关创业者冒险倾向方面的研究。凯尔德(Caird,1991)把冒险定义为:

> 处理不完整信息和做出有技能要求的风险性的选择,并采取行动来实现富有挑战性却很现实的目标的能力(第179页)。

许多作者把风险分为几个不同的组成部分。例如,麦卡锡(McCarthy,2000)引用德尔默(Dermer,1997)的观点,认为风险有三个组成部分,分别是概念风险、管理风险和环境风险。概念风险是对某问题或事件的不够完美的构想,如使用不正确的模型、做出错误的假设,选择不正确的决策标准等。常见的例子是高估了市场的规模或增长的幅度。管理风险所关注的问题是:即使是深思熟虑的问题或计划,贯彻起来也可能不够彻底和适当。典型的例子是现金流动的管理不善。环境风险来自外部环境中以需求、竞争和技术发展为主要变化形式的意外变化。因此，特普斯特拉等人(Terpstra et al. ,1993)认为,风险是个体冒险倾向和某个特定情况下涉及的风险量的产物。

但是,切尔等人(Chell et al. ,1991)声称,因为研究者对创业者的定义不同,所以我们必须区分承担风险和预计风险承担(calculated risk taking):"……从谁的观点来看某个决定或行动是有风险的"(第43页)。研究者指出,人们普遍认为创业者本质上是机会的寻求者而不是冒险者。正如奥戈尔曼和坎宁安(O'Gorman & Cunningham,1997)所指出的,创业者可能要冒的最大风险就是决定辞职以便自己创建企业。另一方面,西蒙等人(Simon et al. ,2000)表明,一些创业者未必能真正认识到创建企业带来的风险,因为某些认知偏差可能影响人们的看法,因此导致他们认为风险是某些环境所固有的。这些认知偏差有的体现为过度自信;有的体现为创业者的控制错觉可能超出他们的控制范围,这种错觉可能使他们无法认识到某些因素是企业成功的关键;还有些认知偏差体现为少数原则,即有些人从少数例子中得出确定的结论。

德鲁克(Drucker,1985)提到,人们普遍认为创业是高风险、低成功率的;他也想弄清楚为什么会这样。如果一个创业者把资源从低生产率和低收益的领域转移到高生产率和高收益的领域,理论上讲,他(她)只需要成功地具备影响力,预期收益会大于风险(第42—43页)。鉴于周围有很多创业者,德鲁克提出一种假设,即创业本质上仅仅是优化的实践,以此来质疑人们对创业的"高危因素"的普遍看法。他得出的结论是:创业是有风险的,因为很少有所谓的创业者知道自己到底在做什么。他们缺乏方法,还打破了许多规则,也没有真正参与到"系统创业"中去。正如前面提到的,德鲁克认为创新是创业的关键,他强调的是做一些与众不同的事,而不是把事情做得比原来更好(第44页)。正因为如此,德鲁克呼吁创业者采用侧重于机会而不是风险的方法,在"系统创新"和"系统创业"方面谨慎行事(Drucker,1985)。奥斯本(Osborne,1995)也赞同这种观点,他的结论是成功的创业者通常会选择避免巨大的风险,这一点与流行的观点截然相反。创业者把风险的程度与潜在的回报以及他们驾驭不确定因素的能力相比对。因此,有抱负的创业者必须真实地评估自己的训练情况以及是否准备好承担风险。然而,在新企业创建的过程中人们往往会忽略这一步(第 6 页)。奥斯本总结道,创业成功的一个关键条件在于有行动权和分配公司资源权力的企业主或经理,是否具备承担风险的能力(第 4 页)。

承担风险主要牵涉创业者应对不确定性和含糊不清的事物的能力,同时也和个人承担经济和心理上的风险的意愿相关(Kets de Vries,1996)。与其说创业者是风险的承担者,不如说是风险的制造者,毕竟他们通常是利用别人的资本(如银行或其他投资者的钱,以及政府机构的拨款等)。而且,即使创业者没有承担公司的绝大部分金融风险,当失败的风险很高时,他们也要面对一些社会和心理上的风险,尤其是在企业创立阶段。布里奇等人(Bridge et al.,1998)指出,在创建企业的过程中,创业者是在开辟新天地,结果自然是不确定的。所以,创业者必须能够承受风险,并且能够应对可能由他们的努力导致的失败。但这些研究者认为创业者不是冒高风险的人,而是温和且善于评估的冒险者;他们善于在行动之前仔细分析和评估形势,并拒绝成功概率小的选择。然而,正如奥尔德里奇和马丁内斯(Aldrich & Martinez,2001)所指出的,"现实是,只有一半的潜在创业者成功地创建了企业,而且他们中不到十分之一的人能够使企业得以发展"。

虽然赫里斯和彼得斯(Hisrich & Peters,1995)承认冒险是创业过程的一个重要组成部分,他们也指出没有实证证据可以证明创业者实际上具有冒险倾向这一显著特质(第 54 页)。但其他人却持有不同的观点(如下文所示)。

心理控制源

罗特(Rotter)于 1966 年发明了内外控量表(I-E scale),用来衡量个体是否能在周围环境(包括心理环境)作用的过程中,认识到控制自己生活的力量。内控型的人相信他们自身的行为能决定自己的命运;相反,他们认为命运或运气起的作用不大。相比之下,那些外控型的人则相信外在因素决定人生的结局。前者勇于承担成功或失败的责任,把好的结果归功于能力和努力。而后者认为结果取决于某个任务的困难性、别人的行动以及运气和命运。

内控特征与成就需求、独立性(自主性)需求和主动性是联系在一起的。利维森(Levinson,1974)指出,外控特征应该被分成两个子维度,即机会和强者。因此,他发明了一个新的量表,即大学生心理控制点量表(IPC Scale)。一些研究者认为内在控制点有助于我们区分创业者和普通人;然而我们却无法用这个标准去区分创业者和经理,因为用这个量表衡量,二者都倾向于得高分(O'Gorman & Cunningham,1997)。然而,切尔等人(Chell et al.,1991)指出,虽然我们需要在这一领域进一步进行研究,但一些研究者却相信与成就需求相比,内在控制点能更好地帮助我们预测个体的创业行为。

创新性

熊彼特(Schumpeter,1934)指出,创新性是区分创业行为和管理活动的关键因素。其他研究者也指出,创造力和创新性是创业精神所固有的(Timmons,1978;Olson,1985;Drucker,1985)。德鲁克认为创新性是一种特质(Drucker,1985):

> 创新……未必是技术性的……创造性的模仿是一种令人钦佩的、非常成功的创业策略(第48页)。

对于德鲁克来说,重要的是创业者不仅要具备创新精神,还要学会进行"系统化的创新"。他认为"系统化的创新"在于"有目的、有组织地寻求变化"和"就这种变化可能对经济或社会创新提供的机遇进行系统化的分析"。

成功的创业者不会坐等"缪斯"垂青,并赐予他们一个好点子;相反,他们努力肯干……他们不求惊天动地(如期望自己的创新将掀起一场"产业革命",或创造一个"亿万资产的企业",或"一夜之间成为巨富")。那些一开始就抱着这种心态、急于求成的创业者注定会失败(第9页)。

"有目的的创新"这个想法促使德鲁克突出强调了风险型创业(entrepreneurial venture)的四个关键要求:市场聚焦、财务规划、一个好的管理团队和企业开创者扮演适当的角色。创新意味着通过寻找新的机遇做不平常的事。在这一点上,凯茨·德·弗里斯(Kets de Vries,1996)提出了三个关键阶段:构思阶段、实施阶段和形成阶段。作为创新的前提,创造力也是一个重要的创业特质,它需要依靠创新的过程保障成功的创业结果(Bridge et al.,1998)。值得一提的是,斯图尔特等人(Stewart et al.,1999)近期的一个研究发现,成就动机、冒险倾向和对创新的偏好似乎"代表着一系列和创业行为相关的心理经历"。

决策力

其实我们很难下定决心开始创业。如前文所述,创业者必须应对不确定的情形,尤其是在准备和企业创立初期阶段。赫里斯和彼得斯(Hisrich & Peters,1998)指出,创业决策涉及从一些事向另一些事的转变——从一个人现有的生活方式到建立一个新企业的转变(第10页)。

一旦企业建立起来,企业的经理会继续在各种确定、不确定或冒险的情况下做出决策(Mintzberg,1973)。因此,决策可能带来的结果通常是未知的(Tiernan et al.,1996,第80页)。当创业是否成功尚未得到证实时,特别是在创业开始阶段,创业者也要应对相似的情况。因此,创业决策的这个特质与判断力和冒险的特质密切相关。

在对创业者的调查中,哈奇和茨威格(Hatch & Zweig,2000)发现,果断是人们普遍具备的特质。他们也发现,在做出决策的过程中,创业者表现得游刃有余。与此相关的还有他们按照自己的信念行动的意愿。

奉献精神和决心

很多学者都赞同的一点是,创业者在努力的过程中通常会展现出很强烈的奉献精神和决心(McClelland & Winter, 1969; Brockhaus, 1980)。创业者似乎能够在相对较长的时间里保持很快的工作节奏,而且会继续努力(Gasse, 1990)。哈奇和茨威格(Hatch & Zweig, 2000)的研究表明,许多创业者在面对成长过程中遇到的障碍时,通常会展现出很强的成功意愿。

对含混情况压力和不确定性的容忍度

创业者是这样一群人:即使结果不能确定,他们还是可以保持动力和决心,坚决采取行动。他们认为确定性是不具挑战性的,实际上他们更喜欢处理不确定的情况。有很强的含混容忍度,并且能克服在这一环境工作产生的压力的人,恰恰是那些最可能取得成功的创业者(O'Gorman & Cunningham, 1997)。

把握现实

施拉格(Schrage, 1965)发现,通过判断其成就动机或其他人格特质来识别创业者,远不如观察他们对环境准确的感知能力和能看清事物本质的能力来得更有效。这种能认清人、事物和形势状况本来面目的能力(而不是把他们归于个人的情绪或想象力的产物),被施拉格称为"真实知觉(veridical perception)"。

信心和自我效能感

许多研究者提到信心是创业者具备的一个重要特质,这并不奇怪。鉴于创业者必须承担各种各样的任务,缺乏信心的人是不可能成为成功的创业者的。吉布(Gibb, 1993b)引用布里奇等人的观点(1998, 第47页)指出,在一些情况下,创业者往往有"与生俱来的自信"。在这一方面,自信也与创业者所具备的冒险特质紧密相连,因为对自己的能力缺乏信心的人是很少会去冒险的。但是,如上文所提到的,过度自信可能代表着一种认知偏见,这种偏见可能导致个体无法察觉出一些情况所固有的风险。

与信心相关的是自我效能感,即"个体对自己是否有能力成功完成某一行为所进行的推测与判断"(Greenberg & Baron,2000,第107页)。格林伯格和巴伦解释说,在任何一个指定任务的情境中,自我效能感可能不会被看作是性格的一个方面。但是,人们也会形成对自己实现特定领域行为目标所需能力的信心或信念,这种能力随着时间的流逝往往是很稳定的,因此这种信心或信念可以被看作是性格的一个方面。

愿景

如果创业者希望自己的创业成为现实,他们必须要有愿景。威克姆(Wickham,1998)认为愿景是创业者对自己想要创造的新世界的构想。在做计划和打算之前,创业愿景就必须存在。有效率的创业者显然能够以令人信服的态度和别人交流自己对创业前景的看法,这样做的结果是个人的动机和投入程度就会增强。从这个意义上说,愿景与信心和动机紧密相连,因为正是创业者想将想法付诸实践的信念使得他们能够创建企业并使企业得以发展。

主动性、动力和热情

很显然,创业者是很有热情的人。他们能够采取主动,推动项目前进。成功的创业者通常能够并且喜欢先发制人;他们会不断地寻找和发现机会。这种人格特质与德鲁克的创新特质密切相连——创业者根据自己所处的环境采取行动,而不是被动地对环境做出反应(Drucker,1985)。奥戈尔曼和坎宁安(O'Gorman & Cunningham,1997)把主动性和动力这样的特质比作是"A型"行为。可以说创业者经常竭尽所能地想在更短的时间内获得更多的成功,这时候他们便在展示"A型"行为。因此,他们有时会显得很没耐心,比较咄咄逼人和争强好胜。相比之下,非创业者拥有"B型"行为特征,这意味着他们更加随和并且不那么草率。具有"A型"行为特征的人即使在进步缓慢时,对产品和服务理念也会保持自己的精力和兴趣水平。从这个方面来说,这些特质与投入和决心是紧密相连的。

领导力

领导力,即个体在试图达到某些目标的努力中借以影响他人的过程(Greenberg & Baron,2000),已经被许多学者确定为一个重要的创业特质(Litzinger,1965;Hornaday & Aboud,1971;Moss Kanter,1983;Kinni,1994)。目前有三种研究领导力的方法与研究创业的一些方法相呼应:

- 特质研究法(the trait approach);
- 行为分析法(the behavioural approach);
- 随机制宜法(the contigency approach)。

特质研究法指出,领导者不是后天培养而是与生俱来的;有效率的领导者具备一系列与没有效率的领导者(或非领导者)完全不同的个性特质。格林伯格和巴伦(Greenberg & Baron,2000)发现有效率的领导者具备的特质有动力、诚实和正直、领导欲、自信、认知能力、创造力以及灵活性。行为分析法认为,虽然有效率的领导者可能拥有一些个性特质,他们的所作所为也很重要。这种情况下就关系到领导者的风格了——研究人员将以任务为本的领导者和以人为本的领导者加以区分:前者往往专注于完成工作,而后者关注的则是与他们的追随者或下属建立良好的关系,以及是否能被追随者和下属所爱戴。随机制宜法通过对比确定没有任何一种领导风格在所有情况下都行之有效。事实上,这种方法试图寻找一些条件和因素,从而判断领导者是否且在多大程度上能提高下属的表现和满意度(Greenberg & Baron,2000,第463页)。领导力是被广泛研究的社会科学领域的概念之一,这一点证明它在一系列环境下所被给予的重要性(Bennis & Nanus,1985)。

在商业环境中,基尼(Kinni,1994)强调指出:(尤其是)小型企业需要依靠领导者,因为在早期阶段,小型企业需要公司里每个人的支持和合作。莫斯·坎特(Moss Kanter,1983)认为领导能力对成功的创新起到关键性作用,因为要使企业运作需要两个关键要素——"掌舵者"和权力的来源(Moss Kanter,1983)。

判断力

在对一般管理能力的分析中,卡尔森等人(Carson et al.,1995)强调了判断能力的重要性。为了证实这一观点,他们围绕判断力这个核心能力列出了其他几种相关能力,这也是经营企业所需的技能:

- 系统信息收集;
- 客观分析;
- 风险评估;
- 机会识别;
- 选择评估;
- 决策者;
- 执行优势;
- 专长。

沟通能力

卡尔森等人(Carson et al.,1995)也强调在小型企业管理中沟通能力的重要性,并详细地列出了下列几种能力:

- 知识;
- 信心;
- 善于倾听;
- 简明的语言;
- 善于利用示现媒介(oral media);
- 经验和判断力。

与沟通能力相关的是社交技能。巴伦和马卡姆(Baron & Markman,2000)把社交技能定义为社会认知、印象管理、说服力和影响力,以及社会适应能力。社会认知是指个人对他人的准确认知,包括对他人的动机、特质和意图打算的认知。印象管理是指使用一系列技巧从别人那里得到积极和正向的回应。这些技巧可能包括提升个人形象、奉承的能力以及赠送小礼物等。说服力和影响力指的是试图改变别人的态度和行为的努力和尝试；而社会适应能力是指能够适应各种不同的社会情况和与不同背景的人打交道的能力。巴伦和马卡姆(Baron & Markman，2000)指出，缺乏社交技能的创业者可能给人留下的第一印象不太好，无法使别人支持他们的想法或生意，而且可能无意中激怒"执掌他们新创企业命运"的人。他们还建议，所有培养创业精神的培训和教育项目中都应包含社交技能的培训，或是增强参与者对社交技能重要性的意识。

除此之外，梅雷迪斯等人(Meredith et al.，1982)提出了有助于我们了解创业者的19种不同的特质。他们特别强调的核心特质包括自信、冒险能力、灵活性、成就需求以及对独立的强烈渴望。但是，切尔等人(Chell et al.，1991)指出，我们并不清楚这一系列的特质是如何列在一起的。同时，我们也不清楚这些特质后来是否被研究者测试检验过（第46页）。哈奇和茨威格(Hatch & Zweig，2000)从他们对实践创业者的调查中总结了五种特质，它们共同构成了"创业精神"。这些特质包括风险承受力、对控制和成功的渴望、毅力和果断。然而他们指出，仅仅具备创业精神还不足以确保成功。产生创业构想和将其付诸实施还需要个体的洞察力和驱动企业进步的核心技能，以及机缘巧合——一种运气要素。然而，我们并不清楚这种模型是否已经过检验。

心理测试

每当我们提到创业者，我们都会联想到很多不同的特质。正因为如此，这些年出现了很多对创业者能力或天赋的测试方法，这一点并不令人感到奇怪。许多方法被描述为"客观心理测试"。这些测试往往侧重于对个体的性格和各种特质的测试。除了上文提到的，下面我们将进一步介绍几种测试。

麦克利兰(McClelland，1987)做了一个由麦克伯公司(McBer & Co.)实施、由美国国际开发署(the U. S. Agency for International Development)资助的心理研究报告。该研究旨在判断成功创业是否需要一些关键的能力。研究者们区分了印度、马拉维和厄瓜多尔三个生产、销售(贸易)和服务的企业部门中"成功"和"普通"创业者。他们设计出一种称为"行为事件访谈法"(the Behavioral Event Interview,简称 BEI)的方法,要求受访者回顾在做生意过程中的一些关键事例。通过这种方法,研究者发现:与"普通"创业者相比,有九种特质明显是"成功"创业者所特有的:

- 积极性;
- 果断;
- 识别和抓住机会的能力;
- 以效率为导向;
- 关注有质量的工作;
- 系统规划;
- 监督;
- 遵守工作合同;
- 对业务关系重要性的认识。

之后其他人对访谈记录进行研究,对受访者在访谈中表现出来的能力类型进行判断。

1970 年,霍纳迪和邦克(Hornaday & Bunker)报告了一个探索性研究的结果,该研究旨在系统地判断和测定几个根据先前研究发现提出的创业特质的重要性。研究也是为了强调和评估可能帮助我们识别成功创业者的其他一些特质。研究使用了一种结构式访谈和三种客观测试。调查组由 20 名来自波士顿地区已经开始创建企业的"成功"创业者组成。在此之前这个地区并没有企业,并且这些新创企业至少已经运营五年了。每个企业至少有 15 名雇员,并且还有生产和服务基地。访谈要求创业者按照 5 分制标准就 21 种主要特质对自己进行评估和打分。此外,访谈也要求创业者提出其他一些他们认为重要的要素。访谈也涉及受访者的童年经历,并突出强调了他们早期的不足和克服困境的动力。霍纳迪和邦克的调查结果(Hornaday & Bunker ,1970)可概括如下:

- 自我评估量表中平均得分为 5 分(最高分)的"区域"包括:智力、

创造力、能量水平、成就需求、积极主动和自力更生；
- 平均得分为 4 分的特质包括：冒险、身体健康、创新、领导效能、对金钱的渴望、有效联系他人的能力和感知现实的准确性（真实知觉）；
- 处于中间或低分区域的三个特质是权力需求、亲和需求和对不确定性的容忍度——这些是调查者认为可以得分更高的特质。

此外，对创业者童年经历的分析表明，他们中超过一半的人在调查中提到早年贫困的经历和他们克服这种经历影响的决心。也有一些创业者提到他们的父亲没有为其提供足够的情感和（或）物质方面的支持。有趣的是，接受调查的 20 名创业者中只有两名提到父亲给予过他们的积极影响，如支持他们创业的选择。从使用爱德华兹个性偏好量表（the Edwards Personal Preference Scale）得出的结果来看，创业者在成就和自主性方面也给自己打了较高的分数。霍纳迪和邦克得出的结论是，有必要做一个更深层次的、涉及更多人参与的研究，并包括对照组研究。他们随后的研究（Hornaday & Bunker, 1971）表明，成就、支持、独立和领导才能是区分成功创业者和他人的主要特质。

克罗美和约翰斯（Cromie & Johns, 1983）指出，创业精神是一种人格特质；与社会其他人群相比，创业者展示出更高的成就价值、锲而不舍的精神和自信心。他们也提到，创业者具有更大的经济价值，属于内控性格而不是外控性格。克罗美和约翰斯表示，人格特质对确定创业者形象十分重要。为此他们提供了一种比较客观的评估方法，目的是帮助代理机构选择合适的客户以便给予扶持。他们的研究分析了 42 名创业者和 41 名中高层经理的人格特质。他们采用的研究方法以一个一小时的采访为基础，而调查问卷则包含了几个衡量创业者人格特质的维度以及一些年龄和教育方面的背景问题。

在克罗美和约翰斯的调查中，创业者在成就动机和内在控制点方面给自己打了高分，而参与调查的经理在家庭的独立性和计划方面给自己打了高分。他们得出的结论是：知名创业者和经理之间有着更多的相似性而不是差异。与此同时,克罗美和约翰斯在一个由23名有抱负的创业者组成的小组中取样,得出的结论是新晋的、有抱负的创业者拥有独一无二的人格特质。一些年后,他们的创业素质可能会下降,而知名创业者开始变得像职业经理人(第323页)。这些调查的结果证实了熊彼特(Schumpeter,1934)的观点,即创业者是最终"安定下来"开始经营自己企业的人。但是,这种惯例不适用于连续创业者,如在30年里对维珍集团内部许多新企业的创立起到重要作用的理查德·布兰森(Richard Branson)。博尔顿和汤普森(Bolton & Thompson,2000 a,第92页)引用布兰森的话指出,"学习和尽力把事情做得比过去更好的挑战是让人无法抵制的"。同时,值得一提的是,布兰森提倡内部创业活动,他鼓励员工进行企业内部创业,并随时准备在合适的时候提供发展资金。

在罗比肖等人(Robichaud et al.,2001)的一篇文章中,他们提供了一种评估创业动机的新方法。这种方法主要是评估四种动机因素,即自主与独立(自己做决定、保持个人的自由、为自己打工、自己当老板和个人安全);外在促进因素(增加销量和利润、过舒服的生活、增加个人收入和最大限度地促进生意的发展);家庭的保障和福祉(为退休建立企业);还有内在促进因素(迎接挑战、个人发展、获得公众认可和证明自己能成功)。这些研究者认为他们的手段具有理想的测量效果,如结构效度、内容效度,预测效度和内在一致性信度。然而,他们也承认这种方法的局限性——如需要通过把这种方法应用于不同的创业者群体(如男性或女性创业者,新晋创业者或知名创业者等)来研究该方法的效度差异。

库德的"职业兴趣调查表"(Occupational Interest Survey,简称OIS)(Kurder,1968)可以用来测量人们的职业兴趣,使研究人员可以有效地区分不同的职业群体。它也可以用来帮助学生选择学习领域或合适的职业。它也可以被成年人用于思考职业中的改变。但是,库德也警告使用者不要把"职业兴趣调查表"测试的分数作为衡量能力的参考。"职业兴趣调查表"首先从与职业选择相关的领域里一些易于理解的活动中进行主题偏好的取样,然后将这些偏好与范围更广的职业群体的偏好进行比较——后者对所选择的领域的满意度已经达到一定的标准。"职业兴趣调查表"的基本原理是,从事特定职业的人的个性偏好区别于从事其他职业的人。库德总结道:与那些没有从事符合自己兴趣的职业的人相比,能够从事符合自己兴趣的职业的人更容易成为感到满足的工作者。据称"测量的"兴趣比"所表达的"兴趣更精确(更真实)。但也有人对此提出了质疑,农纳利(Nunnally,1959)认为,对职业偏好的测量(特别是以青年群体为测量对象)经常是不真实的,因为年轻人不十分清楚不同的职业所需要的特定活动。库德建议我们不要单独使用"职业兴趣调查表",而是将其与其他测试(或调查)结合在一起使用。

凯尔德和约翰逊于1987年至1988年间开发的杜伦大学(Durham University)创业倾向测验量表(General Enterprising Tendency scale,简称GET),被应用于测试有抱负的而不是知名的创业者。在回顾现有的衡量创业特质的方法的文献基础上,凯尔德(Caird,1991)提出五个主要的创业特质:

● 预计风险承担;
● 创新倾向;
● 高成就需求;
● 高自主性需求;
● 内在控制点。

这些特质代表着一般性的创业倾向(Caird,1991,第179页)。创业倾向测验量表将这五种特质与一个结构化的自我评价的纸笔测试相结合。这个纸笔测试包含用来测试受试者态度、偏好和习惯性行为的54个题目。54个题目中的一半得到了积极的评价,而另外一半则被消极地评价。每答对一个题目得分为一分,最高可得分54分。凯尔德使用创业倾向测验对六个不同职业群体的人进行研究,衡量他们的创业趋势。在这些职业群体中,她比对了企业所有者或经理(73人)、创业教师(101人)、护士(33人)、文员实习生(10人)、公务员(20人)以及教师和培训者(75人)的创业倾向。她的研究表明,企业所有者或经理比其他任何职业群体的人的平均分数都要高。她的分析也表明,不同职业群体之间的平均差异很显著(Caird,1991,第177—186页)。凯尔德还指出,我们需要判断创业者实际上是否拥有独一无二的心理特征以及心理测试在创业中是否具有任何实际价值。

克罗美和奥堂纳(Cromie & O'Donaghue,1992)回顾了凯尔德的研究,称创业倾向测验是区分来自三个不同人群的个体创业特质的有效方法。他们使用创业倾向测验来研究两个不同的群体——194名经理和661名来自不同院系的本科生,并将研究的结果和凯尔德的研究相比对(后者使用创业倾向测验研究了73名创业者)。克罗美和奥唐纳的文章总结道:有充分证据表明创业倾向测验很有效,并且可以考虑进一步使用它来测试(上文提到的)一些方法的区分效度和预测效度。

综上所述,采用心理学视角来研究创业的研究者往往侧重于特定创业特质的评估。然而,凯茨·德·弗里斯(Kets de Vries,1996)认为,由于分析手段的使用方面缺乏一致性,会导致大家在形成和完善创业特质形象的问题上产生分歧。现代的研究者也在尝试"勾画出"更加准确的创业者形象。他们往往结合很多测试手段和量表来衡量创业才能。大多数情况下,研究者会通过纸质调查问卷和半结构式访谈的方式将统计背景数据与主客观的测试相结合。

社会或人口统计学研究法

麦卡锡(McCarthy,2000)指出,使用心理研究法或特质研究法来研究创业的局限性已经得到了充分的证实。大家比较关注的问题集中体现在有几个方面还缺乏规范化,如创业者个性、关于创业特质衡量标准的概念和方法论方面的问题、研究方法过于简单化以及对创业者的描述过于刻板化等几个方面。一些学者未能认识到其他因素的重要性,如社会学习(Chell,1985)和社会背景,过程和结果(Aldrich & Martinez,2001)。因此大家已经开始尝试使用其他方法。使用社会或人口统计方法研究创业的研究者往往比较关注个人背景的影响,他们通常会在研究中分析受试者的家族史、父母受教育的程度和职业、创业者的童年经历、出生顺序、宗教信仰和文化、开始创建自己企业的年龄(如果企业已经建立)以及他们受教育的程度和工作经历。很多文献里都提到了这种方法(Kets de Vries, 1977; Collins & Moore, 1970; Davids, 1963; Gould, 1969; Howell, 1972; Garavan & Ó Cinnéide, 1994)。

从社会学角度看,诸如社会动荡这样的因素会对新生创业者产生相当大的影响。影响家庭生活的社会动乱可能影响人们对非传统的职业道路的选择(Hagen, 1962)。如果创业者的家庭似乎无法融入社会或与他人不同,那么他就会感到有必要为自己创造舒适的生活(Kets de Vries, 1996)。一些研究指出,创业者更有可能是来自少数民族、有宗教信仰的群体或少数群体(Weber, 1958; Hirschmeyer, 1964)。

家族史和童年经历

一些研究者(Collins et al., 1977)十分关注创业者的家庭背景。有研究表明,有些创业者的父亲曾经就是"自我雇用"的,因此对创业的熟悉度使得他们的孩子能够自己创建企业(Kets de Vries, 1997; Roberts, 1991)。此外,其他因素如父爱的缺失、专横的母亲以及疾病、父母离异或家庭成员逝世也是影响创业决定的重要因素。

戴尔和汉德勒(Dyer & Handler, 1994)建议,我们对创业者的研究应该始于创业者开始创业进入商界时,并一直持续到他们离开商界。戴尔和汉德勒在探索家庭如何影响创业者的事业。他们和其他研究者在文献资料和自身经历的基础上做了很多实证研究。在研究中戴尔和汉德勒(Dyer & Handler, 1994, 第71页)发现了反映家庭和创业动力相互关联的不同时间点的四种"职业联系":

创业者在原生家庭的早期经历

麦克利兰(McClelland, 1965)指出,为孩子营造充满支持和挑战的家庭环境的父母能培养出具有高成就需求的孩子。很多学者如罗伯特斯、魏纳(Roberts & Wainer, 1968)和龙施塔特(Ronstadt's, 1984)在研究中对创业者父母的强调,以及道尔顿和霍德威(Dalton & Holdaway,1989)对年轻时就承担家庭重任的创业者的研究,都证实了这个观点:创业者早期的家庭经历对其今后人生的成败有影响。

家庭成员参与到创业者创业的活动中

在强调和家庭成员的关系对创业者事业的重要性时,戴尔和汉德勒(Dyer & Handler,1994)提到了一些因素,如家庭成员在资金和情感方面是否愿意支持创业。创业者是否善于"利用"家庭成员的帮助来降低创业成本,以及他们是否有能力平衡所承担的事业和家庭的职责。

在自己创业的公司里聘用家族成员

戴尔和汉德勒(Dyer & Handler,1994)指出,几乎没有实证性的研究来调查家族参与和经营业绩之间的关系。但他们也指出,当亲密的家庭成员成为企业中的关键人物时,分歧也会随之产生,创业者必须充分意识到这些分歧并设法加以解决。

家族成员参与所有权和管理权的继承

在这里我们引用索南费尔德(Sonnenfeld,1998)关于企业创办人反对继承权规划的观点。同时我们也提到了利维森(Levinson,1971)、巴恩斯和赫逊(Barnes & Hershon,1976)关于当创业者思考所有权转让问题时面对的困难的观点。

戴尔和汉德勒认为:与其他因素相比,家庭成员是企业成功的决定性因素。他们得出的结论是,只有通过对创业生涯的一段时间的研究,我们才能意识到家庭成员所带来的真正影响。他们也强调指出这一领域缺少系统的研究,建议有必要创建一个更加全面和综合的理论体系——养育孩子的方法和家庭互动是如何激励或阻止创业行为的。

在他1996年的论文《创业者的剖析》(*Anatomy of the Entrepreneur*)里,凯茨·德·弗里斯为大家详细地介绍了一个为期四年的、有关创业者的案例研究。他向读者展示了创业者鲜为人知的内心世界,使我们可以更好地了解人类境况的复杂性和这种复杂性对企业决策产生的影响。他的研究强调指出，创业者需要掌握控制权，他们具有不信任感、渴望得到赞许且有时会采取最初级的防御机制。他也表明，创业并不一定是一个理性的过程；相反地，这个过程会涉及对已经做出的决定进行回顾和合理地解释。

凯茨·德·弗里斯强调使用跨学科综合法来研究创业，他对由经济学、社会学、人类学、心理学和组织理论等学科形成的新学科做出了贡献。然而他指出，心理分析方面的文献里和创业相关的材料十分匮乏。他在1996年的论文里总结道，写创业方面文章的经济学家，往往会谈到对"包容"性经济环境的需求，并涉及一些有利的因素，如可以得到的风险资本、宾至如归的银行系统和"孵化器"组织带来的益处。熊彼特(Schumpeter, 1934)、奈特(Knight, 1940)、鲍莫尔(Baumol, 1968)等人便是他提到的"这些"经济学家(第856页)。凯茨·德·弗里斯(Kets de Vries, 1970)、柯林斯等人(Collins et al., 1964)以及柯林斯和摩尔(Collins & Moore, 1970)所做的其他研究表明，很多创业者的行为不是基于自信与很强的自尊心，而是基于一种自卑感，这一点令人惊讶。有些创业者通过过度的控制和高度的活跃来消除自卑感和无助感。因此，许多创业者被认为是对权力"过敏"，并且努力想让一切在自己的掌控之中(Kets de Vries, 1977)。

父母受教育的程度和职业

一些研究发现，创业者更有可能是来自于那些父母也是企业主的家庭。人们认为自有自营或个体经营的家庭环境或许不仅有助于鼓励和培养孩子的创业倾向，而且也能培养孩子的个人技能，从而帮助他们在商界打拼。人们往往把自己的父母作为榜样，而且随着自己经营做老板的思想日渐成熟，他们会将自己创业看作是一种切实可行的职业选择。布莱尔(Blair, 1997)赞同这个观点，在他对英国49家顶级上市公司的拥有者的研究中，他发现参与调查的创业者中有75%的人的父亲拥有自己的公司。

奥戈尔曼和坎宁安(O'Gorman & Cunningham, 1997)指出，无论父

母是否成功,这种跟随父母的脚步创业的模式似乎都能成功。他们还引用了一些数据,如美国有 50% 的公司创办人的父亲也是自主经营(第 13 页)。伽拉万和奥辛艾德(Garavan & Ó Cinnéide,1994)承认,为了取得创业的成功,"运气和好的时机"与"创业的冲劲"同等重要(第 3 页);尽管如此,他们认为成为成功的创业者最好满足下列要求:

  拥有有学问的、成功创业的父母;有工作经验,受过良好的教育(第 3 页)。

他们觉得这种情况不仅在很大程度上提高了成功的概率,而且进一步证实了"创业者不是天生的,而是后天培养的"这种观点。

出生顺序

一些调查显示,与家里其他孩子相比,家里的长子女成为成功创业者的可能性更大些。这或许是因为家里最大的孩子比其他兄弟姐妹更先得到家人的关注和鼓励,并且通常在很小的年纪便开始承担更多的责任,因此他们很早就形成了自信感。赫里斯和奥辛艾德(Hisrich & Ó Cinnéide,1985)对 272 名爱尔兰的创业者所做的研究表明,他们中有 32% 的人是家里的老大。同时,在赫里斯和布拉什(Hisrich & Brush,1995)针对 408 位女性创业者所做的研究中,我们也发现她们中有 50% 的人是家里的老大。但是,赫里斯和彼得斯(Hisrich & Peters,1995)指出,迄今为止,身为长子女和成为创业者之间的关系仅仅得到了初步的证实,我们还需要做更深层的研究来证明前者是否对后者有影响(第 55 页)。

宗教和文化

一些研究者发现,创业者通常来自少数民族、有宗教信仰的群体或是其他类型的少数群体(Hagen,1952;Kets de Vries,1997;Roberts & Wainer,1996)。由于受到歧视,这些少数群体在就业的选择上受到限制,并且社会地位也不高。因此,当没有工作选择时,他们经常被迫自己创业。而且,凯茨·德·弗里斯(Kets de Vries,1997)认为,社会形势的恶化和宗教压迫的经历会引起有创造性和创新性的创业活动。由米勒和托马斯(Mueller & Thomas,2001)所做的探索性研究证实了这种观点,即一些文化比其他文化更有助于培养创业者。例如个人主义文化可能会促进内控型性格的形成。这些研究者尝试性地提出结论:"在其他条件不变的情况下,充满支持和鼓励的国家文化氛围能增加一个国家的创业倾向"。这个推论是由李和曾(Lee & Tsang,2001)提出的,他们曾经描述了一份1985年新加坡关于创业发展的政府报告,报告里指出在新加坡的社会里,大家对失败的容忍度十分低。确实,这份报告概括出一个当下比较流行的观点——工作和事业上的失败可能意味着惩罚与毁灭——这是一种不利于冒险的心态。从那以后,新加坡政府便开始努力提倡创业精神。就这个问题,李和曾(Lee & Tsang,2001)也提到了一个重要的观点,即其他与创业绩效相关的创业特质研究都是以西方国家尤其是以美国为基础的。他们认为,创业是一种文化嵌入现象,如果缺乏实证支持,跨文化或跨国家的一概而论是没有实质内容的。

年龄

很多研究者都试图在创业者的年龄和他们所在企业的效益之间建立联系。比较成熟的创业者明显会有更多的经验,因此也更可能成功,这一点似乎无可厚非。同时,研究者也意识到年轻的创业者更可能冒更多的风险来发展他们的事业。布莱尔(Blair,1997)的调查分析中涉及的创业者中几乎所有人都是在很年轻的时候便开始了创业生涯,他们中的大多数人在30多岁时已经成为百万富翁。然而正如奥戈尔曼和坎宁安(O'Gorman & Cunningham,1997)所指出的,如果年龄是衡量经验和财富积累的标准,那么它也可能被看作是能促进一个人走向创业的"里程碑"(第3页)。相反,从哈奇和茨威格(Hatch & Zweig,2000)对知名创业者的研究中我们发现,人们会在任何年龄段成为创业者。

奥德菲尔德(Oldfield,1999)曾经在《星期日泰晤士报》(*Sunday*

Times)的商业板块提到了一份劳埃德银行(Lloyds TSB)所做的调查,该调查显示在所有新成立的公司中有四分之一的公司是由年龄超过 45 岁的个人建立的。基于 25 万个小型企业的银行账户的研究表明,这个"第三年龄"创业现象尤其在女性中表现得更为明显:1998 年时有 26% 的刚刚起步的女性创业者处于 45 岁至 59 岁这个年龄段。巴克莱银行(Barclays)所做的相似研究似乎也证实了这些调查结果。调查中他们发现,由超过 50 岁的人经营的公司不仅会维持得更长久,而且比那些由年轻些的人领导的公司发展得更好。然而,最近有很多年轻人成功建立起自己公司的例子。布伦南和沃特豪斯(Brennan & Waterhouse,1999)指出,现在的趋势是有雄心抱负的管理层的年轻人会放弃紧张的城市生活方式,开展他们自己的互联网业务。有能力在一种更加放松的家庭环境里工作,已经增加了这种更好的生活质量的吸引力,并且这种赚钱方式可能带来无限的未来盈利潜力——尽管最初的报酬较低。看来除了上面提到的"第三年龄"创业现象,年轻人网络创业(dot.com)的创业形式革命正席卷整个英国(Brennan & Waterhouse,1999,第 14 页)。

教育和工作经验

研究表明,过去的创业者接受的正规教育非常少(Collins et al.,1964;Stanworth & Curran,1971)。然而,更多最近的调查表明,现在的创业者往往都接受了良好的教育。其中奥费拉尔(O'Farrell,1986)的调查中有高达 23% 的人、赫里斯的研究(Hisrich,1988)中有 25% 的人以及亨利研究(Henry,1998)中有 68% 的人都有大学及以上学历。并且,现在许多创业培训项目都是专门为大学毕业生准备的。正如凯尔德(Caird,1989)以及默里和奥唐纳(Murray & O'Donnell,1982)所指出的,没有受过教育的创业者将成为逐渐消失的人群。李和曾(Lee & Tsang,2001)也证明了这个推断,他们发现有关教育对企业效益的影响方面的文献里涉及的证据尚不明确。事实上,他们做的关于新加坡企业发展的研究表明,教育对企业发展的消极影响非常小,虽然这种影响和企业的大小是有关的——对大型企业是积极影响,对小型企业是消极影响。

博尔顿和汤普森(Bolton & Thompson, 2000)却持有不同的观点,他们认为教育的效果被规避风险的文化氛围破坏了。尽管教育教会人们如何去分析和准确地判断,这些研究者声称教育可能会抹杀人们的天赋和本能,导致创业精神的不足。

一些研究者认为工作经历是创业成功的一个重要因素,尤其是和拟创企业的行业部门相关的工作经历。穆赫塔尔等人(Mukhtar et al.,1998)和奥基等人(Oakey et al.,1998)认为,对在中小型企业工作感兴趣的倾向与人们以前的工作经历有很大的关系。李和曾(Lee & Tsang,2001)指出,大多数文献中提到的研究证实了创业者之前的经历和公司业绩之间的正向关系。事实上,他们的研究发现,与之前的经历相比,成就动机和对企业发展有很大影响的人格特质对公司业绩的影响较小。在研究中涉及的所有因素里(包括内在控制、合伙人的数量、互动活动以及外向性和教育),创业者的行业经验和管理经验对企业发展的影响最大。

凯茨·德·弗里斯(Kets de Vries, 1977)的心理动力模型(psychodynamic model)也证实了社会(人口统计学)研究方法的科学性。心理动力模型将创业者看作一个个体,他们的家庭背景与其他方面的缺失导致其偏差人格的形成。尽管凯茨·德·弗里斯在文献里提出,高成就动机和对自主性、权力和独立性的需求,是促进创业成功的最常见的特质,但是他觉得人们勾勒出的是一个困惑的、反复无常的创业者形象。对他而言,创业者是复杂的、在流行刊物或商业杂志上被塑造成带有浓郁神秘色彩的人。然而,凯茨·德·弗里斯强调指出,对创业者更为贴切的分析总会为大家呈现这样的人物形象:他们经历过许多困难,或是家庭生活和成长环境并不快乐,时常感觉自己被别人所取代甚至无法融入自己的环境。在他 1977 年题为《创业特质:站在十字路口的人》(*The Entrepreneurial Personality: A person at the crossroads*)的论文中,凯茨·德·弗里斯介绍了几个概念,如不适应社会,被淘汰的人和边缘人。因此,正如前文提到的,凯茨·德·弗里斯觉得创业者是一个孤独的、被淘汰的、边缘化的人(第 35 页)。他们对自己想要的东西感到困惑,时常前后矛盾,反复无常,也经常做些不理智的事并且十分任性冲动。创业者是"活跃的"个体,叛逆的性格使他们能够适应瞬息万变的环境。他们时常感到紧张和焦虑,因为任何潜在的成功都会被他们看作是失败的序幕。

拒绝、不满意还有失败感如影随形般伴随着创业者(Kets de Vries,1977,第 51 页)。

面对失败时,他们时常表现出很强的适应性,很快便会"卷土重来"。对凯茨·德·弗里斯而言,创业者可以被定义为一个对从设想建立企业到最终建立企业都发挥着作用的人。他把创业的过程定义为一个创业者发挥创新、管理、协调和冒险等作用的过程,这与熊彼特将创业者比作"创造性破坏者"(第 37 页)十分相似。社会、经济和心理动力等方面的因素综合在一起影响着创业者,这导致我们多年来对创业者形成的定义过于复杂化甚至自相矛盾。创业的工作环境对创业者而言尤为重要,因为这意味着他们有能力通过创造一个自己能掌控的工作环境,而不必仰仗不可靠的权威人士的"突发奇想",弥补曾经受过的苦难和艰辛生活。

凯茨·德·弗里斯也提醒大家,这种创业者的心理渗透,虽然是促进最初成功的重要因素,但也会在企业的发展阶段导致严重的问题。创业者往往更愿意通过"专制"的方式经营自己的公司,并以他们为中心做决定。由于性格所致,他们不愿意授权他人,同时他们对日常决策和长期战略规划"一视同仁"。凯茨·德·弗里斯解释说,这样的企业结构不明确,并且完全不适合发展与成长:

这就像是一个创业者处在中心的蜘蛛网,他们总是不停地改变忠诚度,使得他的下属总是处于困惑和依赖状态。这种企业的管理权限和信息系统(信息不能共享)总是界定不清或使用不当;并且缺少标准化的程序和规则,甚至缺少形式化。相反地,我们注意到管理者总是凭着主观的个人标准来衡量和控制一切(Kets de Vries,1977,第 53 页)。

不幸的是，这些可以引领创业者的新公司从发展走向成熟的特质，可能正是最终导致他们自我淘汰的特质。他们是这样的人：

> 站在十字路口的谜一般的人物，一方面非常有创造力和想象力；另一个方面相当固执，不愿意改变，也不愿意直面传承问题(Kets de Vries，1977，第56—57页)。

行为研究法

用行为研究法来理解创业，主要是研究创业者做什么而不是他们是谁的问题。正如之前所指出的，用心理研究法或是特质研究法来分析创业，研究者是从一系列特征或人格特质角度来分析创业者。但在领导理论的情况下，特质研究法的一个主要问题在于很多人格特质似乎都很重要。而且，迄今为止的研究并没有发现这些可以预测创业活动或成功的人格特质的子集。相反地，行为研究法侧重于创业者与周围环境之间的相互影响(McCarthy，2000)。这种研究方法是在创建企业的一系列活动的背景下分析创业者的(Gartner，1989)。在这种情况下，侧重点在于理解态度、行为、管理技能以及专门知识如何结合在一起，从而决定创业的成败。采用行为研究法的研究者往往都是这样开展研究的，因为他们认为特质研究法和社会研究法不能为大家呈现一个完整且精确的创业者形象。

刘和陈(Lau & Chan，1994)批评了用特质研究法和社会(人口统计学)研究法来研究创业者，他们认为行为研究法能增强我们的理解。然而他们指出，行为研究法(用直接的观察和日记记录)虽然比特质研究法和社会研究法更有效，却也不是最具成本效益和一致性的收集数据的方法。他们认为，我们需要直接去检验创业者所从事的活动。同时，他们提出了另外一种调查法和案例分析法相结合的事件法(incident method)。他们从过去的研究中确定了15种创业者的特质。在此基础上他们依靠自己的咨询经验,收集了一些公司的事件作为实例,这些事件可以被归类为公司内的创业行为。然后用他们的方法在两组人身上做了测试:一组是12个正处在创建自己公司过程中的中、高层管理人员,另一组是35个处在管理职位的MBA学生。他们总结道:总的来说,处在管理职位的MBA学生比那些正在创建自己公司的管理人员缺乏创业精神。在区分有创业精神和缺乏创业精神的管理人员上,刘和陈认为事件法非常有效。

德鲁克(Drucker,1985)强烈排斥心理研究法,但他基本上是赞同和支持行为研究法的。他指出,创业者是具有预设特质的一个独特群体。德鲁克认为,创业是一种行为模式而不是人格特质,并且这种行为模式可以像传授知识一样教给人们,让他们学会如何像创业者一样行事。正如上文提到的,德鲁克明确地区分了另外开一家店和真正意义上的创业(如将一家熟食店和麦当劳进行比较)。同时,他也强调在现有企业里(而不仅仅是建立新企业)进行创业实践的重要性。他的研究是用国际案例研究法来说明要点,为成功的创业管理提供基本做法和策略。

德鲁克眼中的创业者能够承担风险和做出决策。因此,任何参与做决策的人都能学会如何成为创业者。对于德鲁克而言,个体或企业的显著特点以及他(它)的根基在于概念和理论,而不是直觉。无论个体处在什么领域,改变都是不可避免的,并且正是在对改变的认识和应对过程中,创业者脱颖而出:

创业者认为变化是常态,是合理的。通常他们自己不会带来变化。但是,正是变化界定了创业者——他们总是寻求和回应着变化,并充分利用变化,视变化为契机(Drucker,1985,第42页)。

舒尔茨(Schultz)(见 Barkham,1989)在某种程度上是支持行为研究法的,他相信创业者首要的作用是能应对不均衡的状况。因此,他认为有很多人是潜在的创业者。事实上,舒尔茨认为任何能控制资源的人(无论是自己还是他人的资源)实际上都算是一个创业者。

高德纳(Gartner, 1989)也强烈反对用心理或特质法研究创业者。对他而言, 创业者是新企业创立过程中一个复杂的组成部分; 创业者是采取一系列行动从而创立一个新企业的人。和熊彼特(Schumpeter, 1934)一样, 高德纳认为:

当企业的创建阶段结束时, 创业也就停止了(第62页)。

高德纳眼中的创业者能创建一个新企业, 而非创业者不能。他在1989年发表的论文中批判了用特质法研究创业, 并声称行为研究法似乎更为有效且对未来的研究更有价值。就高德纳而言, "谁是创业者"其实是一个错误的问题, 因为这个问题迫使人们侧重于一个人的特点和性格, 这样既不能得出正确的创业者定义, 也不能真正理解什么是创业。为了强调他的观点, 高德纳用了一个棒球队的例子: 如果仅仅是基于身高、体重和年龄等一系列特征为一个典型的、成功的棒球运动员建立档案资料, 而不去考虑在这项运动中的关键活动, 比如投球、跑垒和抛球, 试想一下这样做会出现什么情况。正如这些能力对成功的棒球运动员来说是先决条件, 对于成功的创业者来说, 创新、管理和获得金融资本的能力也是至关重要的。

高德纳认为创业者是新企业创建过程中处于中心位置的人。从这个意义上讲, 他觉得创业者的人格特质是他(她)行为的"附属品"。创业是建立一个新企业, 在此期间创业者采取一系列的行动最终促成一个新企业的建立。如果这种定义能被认可, 那么我们一定要审视下新企业建立的过程。为此, 高德纳建议大家可以遵循明兹伯格对管理行为的分析(Mintzberg, 1973), 像明兹伯格就管理者提出问题一样, 就创业者提出问题。例如, 管理者(创业者)都会做哪些工作? 管理者(创业者)工作的显著特征是什么? 管理者(创业者)在处理信息、做出决策和与人打交道时扮演怎样的角色(Gartner, 1989, 第63页)? 高德纳建议研究者在新企业创立的过程中观察创业者, 并详细地描述创业者所扮演的角色以及参与的活动。奥尔德里奇和马丁内斯(Aldrich & Martinez,2001)赞同洛和麦克米伦(Low & Macmillan,1988)的观点,倡导大家采用更先进的研究方法,运用变化、适应、选择和保留等概念,将使创业活动成为可能的创业结果、创业过程和情境结合在一个框架结构中,来研究创业活动(Aldrich,1999)。

蒂蒙斯(Timmons,1985)建议将特质法和行为法相结合,运用更加全面和综合的方法来研究创业。他认为许多创业特质、技能和行为是可以培养和获得的。因此,个人创业成功的可能性也是可以提高的。蒂蒙斯认为这些特质、技能和行为包括:

- 全然投入、决心和毅力;
- 实现成功和发展的动力;
- 目标和机会定位;
- 主动性和个人责任;
- 执著于解决问题;
- 真实意识和幽默感;
- 寻求和利用反馈;
- 内在控制;
- 对模糊性、压力和不确定性的容忍度;
- 预计风险和风险共担;
- 对地位和权力的需求不高;
- 正直、可靠;
- 果断、快速、耐心;
- 应对失败;
- 团队构建者和英雄成就者。

蒂蒙斯(Timmons,1985)认为以下特质虽然很令人满意,但不如上述特质容易获得:

- 精力充沛、健康、情绪稳定;
- 富有创造力和创新能力;

- 高智商；
- 愿景。

就蒂蒙斯而言，创业的关键在于了解机遇和成就导向，如识别机遇、确定目标和取得成功的能力。不同的情况会带来不同的挑战和问题，创业者应该能够就自己可能取得的成绩去评估和分析特定情况可能产生的结果。因此，外部因素似乎更能影响创业是否成功。

比弗和詹宁斯(Beaver & Jennings, 1996)发现许多小型企业失败的根源就是管理能力差，因此他们强调创业者需要具备良好的管理技能。通过这些案例研究，他们仔细研究了管理理论家提供的指定的和假设的创业行为模型和小型企业主(经理)的实际行为的不同。他们总结道，小型企业的管理受创业者的性格、经验和能力等因素的影响。同时，他们支持格雷纳(Greiner, 1972)的观点，认为能够适应不断变化的环境是创业者持续成功的关键要求。同时，他们也认为小型企业的管理过程是一个抽象且无形的过程。在这个过程中，如果想建立和经营成功的企业，创业者必须利用许多核心技能，包括创业技能、战略技能、管理技能以及所有权技能，关键在于创业者的核心能力水平。如此强调创业者核心能力水平似乎是合理的，正如克罗美(Cromie, 1994)所指出的，如果不太具备这些技能的人创立了企业，他失败了也不足为奇：

在技术和管理领域缺乏能力会给企业的未来带来非常严重的后果，斯托里(Storey, 1989)证实了这个观点。没有充分准备的创业者是不幸的，在这些情况下失败是常有的事(Cromie, 1994, 第66页)。

拜德(Bhide, 1994)从创业者追求的策略这个角度看待创业者。他认为基于教科书的分析方法计划创建企业，实际上并不适合大多数的创业，因为创业者通常都缺少时间和金钱来进行全面的市场和产品研究。根据一系列针对1989年发展最快的500个美国私人企业中的100个企业的创建者的采访,以及随后由他的 MBA 学生所做的研究,拜德称绝大多数的创业者几乎不花时间做分析和研究。拜德引用一份 1990 年美国独立企业联合会(National Federation of Independent Business)对近 3000 家刚成立的公司的研究,作为进一步的证据说明,创业者很少花时间筹划、反思和分析;即使创业者这样做,他们和那些能抓住机会但没有经过筹划的人一样,公司可能挺不到三年(第 150 页)。

虽然创业者不应该盲目地冒险,拜德还是建议他们应该使用:

> 一个介于无力计划和毫无计划之间的快而经济实惠的方法。他们不期待完美——即使是最精明的创业者也会经历一些错误的开始。然而与典型的创业实践相比,创业研究法应该是更加经济和及时的(Bhide, 1994,第 150 页)。

拜德也指出,其实根本没有理想的创业原型可言。但他认为创业者在着手开始创业时会显示出三个重要的创业行为要素:
- 快速地筛选机会并排除没有希望的创业尝试;
- 谨慎地分析创意,将注意力放在一些重要的事上;
- 将行为和分析综合起来,不一味地等待答案,必要时随时准备改变方案(Bhide, 1994,第 150 页)。

除了上面提到的做法,拜德认为成功的创业者也会展现出高水平的创造力以及卓越的执行能力。和德鲁克(Drucker, 1985)一样,拜德也认为,和制定长期的竞争战略相比,抓住转瞬即逝的机会并出色地将机会变成现实的能力,对于成功创业更为重要。

拜德建议有抱负的创业者仅仅需要采用一种"快速且廉价"的方式来准备创业。而奥斯本(Osborne, 1995)则持相反观点,他认为创业成功的本质在于开发一种策略,创新地将企业产品或服务与其环境相结合。对奥斯本而言,成功的创业策略源于一个包括以下这些艰巨任务的过程:
- 研究环境从而看出尚未得到满足的市场需求;

- 开发一种产品或服务来满足市场的需求和趋势;
- 设计一个营销和融资方案,将所选择的产品或服务理念变为现实;
- 分类整理符合创业者能力和潜在市场回报的适当水平的个人和企业风险;
- 整合所需资源,启动创业(Osborne,1995,第5页)。

在1996年一篇就创业者在创业前必须解决的关键问题的文章中,拜德在某种程度上改变了自己的看法。他认为有抱负的创业者必须明确目标、确定自己的战略然后将其付诸实施。企业建立后,当开始着手寻找适合企业发展的速度和确定适合的组织结构时,最终必须由创业者承担筹划和分析的任务,尽管他在早期的文章中认为这些是多余的。

> 非常"偏爱"采取行动的创业者通常会避免去思考目标、战略和能力这些重要的事。但是,他们迟早必须要有意识地去审视和思考自己的公司和人生。持久的成功需要创业者不断提醒自己:我前进的方向是什么,我所走的路径是否能使我抵达目的地(Bhide,1996,第130页)。

布鲁亚特和朱利安(Bruyat & Julien,2000)认为有四种创业策略,即复制型创业(entrepreneurial reproduction)、模仿型创业(entrepreneurial imitation)、安定型创业(entrepreneurial valorization)和冒险型创业(entrepreneurial venture),其中每种创业策略都包含了不同的行为、经营模式,并会产生不同的结果。布鲁亚特和朱利安(Bruyat & Julien,2000)认为,复制型创业几乎不需要创造新的价值,对于个体而言通常没有创新,改变也极少。在这种情况下,创业者可能通过已有的专业知识开始个体经营——如一个发型师开了间属于自己的美发沙龙。模仿型创业创造的新价值微不足道,但这需要创业者掌握新的知识和发展新的人际关系网。和复制型创业相比,模仿型创业的创造过程要更长且风险更大,因为创业者必须了解一个新的职业,确保企业能继续生存下去。例如公司管理层的一个资深人士做出一个改变人生的决定——开一家饭店。布鲁亚特和朱利安用一个在大公司里开发创新项目的有经验的工程师为例描述安定型创业。这个人然后继续在其非常了解且有很好发展前景的领域里开发一个新项目。这个工程师属于一个小群体,这些人真的懂技术并且有很好的人脉——他们身边有很多欣赏他们专长的客户和供应商。因此,在这种情况下,通常是通过创业者的知识、专长和人脉实现重大价值的创新和创造。相反,正如布鲁亚特和朱利安所指出的,冒险型创业,如微软和苹果公司,其实并不多见。但当他们成功时,他们通过创新、创造新价值甚至创立一个新的经济部门给周围的环境带来了重要的改变。这期间对于"创造者"而言意味着很大的转变。然而,这个过程的结果是非常不确定的。

小结

本章回顾了一些和创业者相关的传统理论,其中包括心理学研究法、特质研究法、社会与人口统计学研究法以及行为研究法。这说明我们有许多不同的方法来研究创业者。但是,如何定义成功的创业者看似是一个几乎不可能完成的任务,每一次尝试都好像基尔比的"寻找长鼻怪"(hunt for the heffalump),这个虚构的形象经常能够看见却从来抓不住(Kilby,1971)。

现有的证据表明创业的内在心理维度非常突出(McClelland,1961;Rotter,1966;Schrage,1965;Hornaday & Bunker,1970;Meredith et al.,1982;Caird,1991)。事实上,就技能或能力方面而言,创业本身仍然是一个谜。我们将在第三章进一步解释说明这个观点。第三章我们将会讨论除创业者角色之外的其他因素;同时,我们将通过探究很多如产品、市场及团队等变量因素来进一步详述创业的过程。

第三章 有关创业者的理论——其他方法

引言

如第二章所述,我们从文献资料里可以看到从心理学、社会学和行为学角度研究创业者的方法。然而,许多当代的研究人员认为将三种方法结合起来,或许会使我们对创业教育有更深刻的理解。

本章我们将会讨论一些更加综合和现代的研究创业者的方法,这些方法会考虑除了创业特质之外的变量(如企业类型、产品、市场和公司内部的专业知识)。而本章将继续为第二部分的研究奠定理论基础。

创业潜能和意向

许多学者(Shapero,1982;Ajzen & Fishbein,1980;Ajzen,1991;Krueger,1995;Kruegel & Brazeal,1994;Autio et al.,1997;Bridge et al.,1998)在自己的著作和文章中从创业的实际意向角度论证了创业潜能的概念。这种研究方法不是通过观察创业者特质而是侧重创业意向来研究创业的过程。因此,这种方法可能会更准确地预测创业行为和潜在的成功(Bird,1988;Boyd & Vozikis,1994;Cox,1996)。接下来我们将讨论一些综合各种不同研究方法分析创业者的模型。

夏皮罗的模型假定惯性支配人的行为,直到一些事情打断或替代了这种惯性。这种打断或替代可能是积极的(如遗传、一个商机或来自工作领域的创业影响),也可能是消极的(如来自工作领域的消极影响、工作挫折感或失业),并且由此引发的行为选择将取决于对个人而言,这些替代行为的可信度、满意度及可行度。此外,我们需要有采取行动的倾向,因为如果没有这种倾向,我们可能不会采取行动。夏皮罗认为这种倾向是一种稳定的人格特质,并将这种倾向和心理控制源联系在一起。

阿耶兹的计划行为理论(theory of planned behaviour)(Ajzen & Fishbein,1980;Ajzen,1991)认为有三种独立的态度可以预测行为意向:行为态度,即个人对某种特定行为最有可能产生的结果所持的感觉;社会规范,即决策者采取某项特定行为时所感受到的影响和社会压力;知觉行为控制,即个人对某种特定行为的可行性所持的感觉,如个人认为他(她)是否有能力完成某种特定行为。知觉行为控制反映个人过去的经验和预期的阻碍。一般而言,个人对于某项行为的态度越积极,社会规范和知觉行为控制越强,行为意向就越强。

1995年,克鲁格(Krueger)在个人意向和认知的基础上建立了创业潜能模型(a model of entrepreneurial potential)。对克鲁格而言,为了成为创业者,个体应该可以感知他(她)努力的结果,并且对自己有自信,相信自己有取得成功的能力,这一点非常重要。克鲁格尔和布雷泽尔(Kruegel & Brazeal,1994)认为在创业之前一定要拥有创业的潜能。他们基于夏皮罗的创业事件模型(model of entrepreneurial event)(Shapero,1982)和阿耶兹的计划行为理论(Ajzen,1980)提出了一个模型,并且他们认为这两者有相互重叠的部分。该模型建立在三个要素基础上:

- 感知合意性(perceived venture desirability)——创业对个体的吸引程度以及他(她)如何看待开始创业生涯可能给自己带来的影响。这其中可能包括个体对某个特定类型和规模的创业的喜好。
- 感知可行性(perceived venture feasibility)——在多大程度上个体相信自己有能力创建新企业以及他(她)对自己创业能力的质疑。

- 行动倾向(propensity to act)——个体的能力和采取行动的准备；没有这一行动倾向，什么都不会发生。

克鲁格尔和雷泽尔总结说，创业精神并不神秘，创业是后天的行为而非与生俱来的。然而，创业和成功很大程度上取决于支持和认知，即他们从他人那里得到的支持和他们自己如何看待创业的过程。

> （创业并不）局限于那些被上天指定的人群。他们（创业者）是通过一个由感知驱使的、不活跃的过程开始创业的，而一切都始于创业潜能的培养。作为教育工作者、顾问和政策顾问，我们应该帮助有创业潜力的创业者在机会来临时抓住机会（Kruegel & Brazeal，1994，第103页）。

奥蒂奥等人（Autio et al.，1997）在阿耶兹的计划行为理论基础上对来自四个国家的理工科学生进行研究，分析影响他们创业意向的因素。他们的模型以戴维森（Davidsson，1995）的模型为基础，并包含了阿耶兹的行为态度概念以及夏皮罗的感知合意性的概念。这个模型在职业选择背景下分析了创业意向，其中包含了很多变量，如当前支持的环境（在他们研究的案例里指的是大学环境）、创业者形象和对相关奖励的看法。

奥蒂奥和同事所做的研究还包括一个调查，调查对象包括赫尔辛基、林雪平、科罗拉多和泰国等地区将近2000名大学生，调查收集到了如下的数据：

- 个人背景变量（如性别、婚姻状况、年龄，工作经验）；
- 对创业者形象的看法；
- 对利益或"回报"的预期；
- 创业信念（综合了戴维森、夏皮罗和阿耶兹的观点）；
- 对来自大学环境的支持的看法；
- 创业意向（在近期开始创业的可能性）。

根据他们的实证研究，奥蒂奥等人总结道，大学生的创业信念受他们对创业(作为一种职业选择)的看法的影响,同时也会受到自身对大学环境提供的支持的认知程度的影响。他们认为,对待创建基于校园的中小型企业,我们应该持鼓励和支持的态度,并积极利用创业培训项目来培养学生的创业信念。为了阐述如何培养这种鼓励的态度,奥蒂奥等人引用了设立知识产权政策的例子,以及如何利用成功的行为榜样来树立和培养积极的创业者形象。虽然他们和其他人一样,认为意向可以预测创业行为,但他们也意识到我们还缺乏关于如何将这种倾向贯彻实施的研究。

与此同时,奥泽等人(Orser et al.,1996)也利用阿耶兹的计划行为理论来预测意向。基于阿耶兹的理论,他们对加拿大 112 个中小型企业主做了实证研究,并将这个理论应用于中小型企业环境以便预测这些企业的发展。奥泽等人提出了一个企业主创业意向影响因素模型,可以反映企业主对企业发展的积极和消极的分析和评估。奥泽等人从研究中得出结论:发展是创业者有意识地做出决策的过程的产物,而不是外部环境因素产生的结果。

属性与资源模型(the Attributes and Resources model)(Bridge et al,1998)是依据个体在一个时间段可能拥有的属性和资源提出的。这些属性包括自信、勤奋、人际交往技巧和创新行为;而资源包括资金、经验、人脉以及业绩记录。当商机出现时,这些因素的相互作用可能产生最好的结果。

关于组织形式,博德(Bird,1988)认为人格特质和环境因素都决定着个体的创业意向。在她的模型里,个体的创业意向受个体情景和社会情境两个因素的制约。而且,创业意向制约着策略思考和决策,它仿佛是筛选各种关于关系、资源和交流的观点的"过滤器"(Mazzarol et al.,1999)。

切尔的方法

切尔(Chell,1985)对创业研究的贡献集中体现在她对用心理研究法和社会研究法理解创业者是否合理的质疑。她讨论了很多关于用心理研究法衡量人格特质的评论,得出的结论是文献中关于创业者形象的描述缺乏一致性。因此,她呼吁大家用更加全面的方法来思考创业者的特质;她也建议研究人员能够设计一种模型去衡量在日常业务联系时的创业行为。

切尔认为,追根溯源,有关创业特质的研究是围绕着下列三种主要的概念性模型展开的。

- 凯茨·德·弗里斯(Kets de Vries,1977)的心理动力学模型(the psychodynamic model)——将创业者视为一个个体,他(她)的家庭背景和其他方面的缺失造成了其偏差人格,使其很难融入社会,于是成了我行我素、叛逆或与社会格格不入的人。
- 吉布和里奇(Gibb & Ritchie, 1981)的社会发展模型(the social development model)——这种模型不赞同"创业者是与生俱来而非后天塑造的"的观点,并且认为个体一生中的很多社会影响塑造了他(她)。
- 人格(特质)模型(the personality/trait model)——认为存在一系列的人格特质(如成就动机)可以用来区分创业者和非创业者,而在这些特质中成就动机(McClelland,1961)最为重要。

切尔(Chell,1985)觉得这些模型都不够完善。因此,她认为因为个体和环境的不同,我们需要一种更加综合和全面的模型描述个体变量并充分考虑行为的变化。她认为应该结合米歇尔(Mischel,1973)的社会学习者变量(social learning person variables)和哈瑞(Harré,1979)的情境行为模型(situational-act model)。

米歇尔(Mischel,1973)提出了下列认知性社会学习变量,这些变量源于个体的人生经历并制约着新的经历如何影响他(她):

- 能力:个体不同的技能和能力;
- 编码策略和个人构建:个体表现、象征和看待环境刺激的不同方法;
- 预期:个体对将要发生的事的期望制约着其在特定环境下的表现;

- 主观价值：个体将选择不同的行动方案，因为结果对他们而言价值不同；
- 自律体制和计划：个体想要达到的不同目标和标准。

切尔(Chell,1985)通过下列问题诠释了米歇尔的变量如何应用于创业行为：

- 创业者需要什么样的技能和能力？
- 创业者如何看待他(她)周围的环境？
- 创业者对企业业绩的期望值是多少？
- 创业者比较重视什么样的结果？
- 创业者的目标是什么？

哈瑞(Harré,1979)认为特定情况对个体的意义才是最重要的。他建议个体通过学习支配各种情况的规则来学习如何应对各种情况。而各种情况要求个体能够扮演适当的角色，发挥其作用并积极参加各种活动。这些活动具有两个功能——首先，它们有实用功能，能够应对各种情况和满足个人需要；第二，它们具有表达功能，能给别人留下印象。

切尔认为哈瑞的模型很容易应用到创业中去，因为做生意会遇到很多需要创业者应对的情况。在哈瑞看来，这些情况受一定规则的制约，需要我们扮演适当的角色，好好应对。切尔指出，面对特定情况，创业者的个人因素会对这种情况产生影响。因为他(她)或许没有能力应对自己所面对的每一种情况，因此他(她)只能扮演某个角色，如经理、销售主管或勤杂工等(第50页)。

身份构建和创业类型

在研究认同理论是否有助于理解创业的过程中，麦克纳伯(McNabb,1996)描述了她对北爱尔兰200个小企业主的调查情况。在调查中她使用了身份构建分析(Identity Structure Analysis,简称ISA)来评估小企业主的身份。她意识到创业取决于个人、社会和情境等很多变量(第303页)，因此，在研究中她调查了创业者对企业的忠诚度、他们的相似性和不同之处。麦克纳伯在身份构建分析中所使用的工具最初是瓦恩里希(Weinreich,1980)开发的,这种工具可以用来研究人们的价值观以及在社会、家庭和历史情境下他们对别人的认同。它的依据在于这样一种看法,即人们总是会因自身的经历而建立和重新构建自己的价值观和信仰。麦克纳伯调查的结果表明,小企业主的识别模式中存在着对集团(企业)的忠诚。麦克纳伯调查研究中的创业者更倾向于认为自己具备成功的创业家的特质(第315页)。

就创业类型而言,高德纳等人(Gartner et al.,1989)意识到分类并比较不同类型的创业者的重要性。罗比肖等人(Robichaud et al.,2001)引用高德纳等人为类型学发展做的如下定义:

> 分类学作为一种手段,可以帮助我们通过识别最显著的特点去区分创业者,并描述每种创业类型的表现形式。每种创业类型都始于同一个最基本的前提:创业者各不相同(Gartner et al.,1989,第183页)。

类型学研究将不同类型的创业者和创业目标联系在一起。例如史密斯(Smith,1967)将创业者分为两类:"工匠"创业者(the craftsman entrepreneur)和"机会主义"创业者(the opportunistic entrepreneur)。史密斯认为前者是一些受教育程度低、没有接受过正规培训的人。他们缺乏社会认知,没有应对各种社会环境的能力。根据史密斯的说法,这类创业者通常会建立一个比较"刻板"的公司,有固定的产品类型、市场和生产方法。而后者通常受教育程度较高,接受过正规培训。他们有很高的社会认知能力,有应对社会环境的自信。因此,他们通常会建立一个适应性比较强的公司,对未来的变化持开明态度。

一般而言,人们认为"机会主义"创业者感兴趣的是如何将创业的回报最大化;而"工匠"创业者则是一群单纯希望通过自己的技能谋生的人,他们并不过分关注盈利多少。威克姆(Wickham,1998)指出,"机会主义"创业者和"工匠"创业者后来又被重新定义为成长定位型（growth-oriented）创业者和独立定位型（independence-oriented）创业者。成长定位型创业者是指寻求机会从而使企业潜力最大化的创业者；而独立定位型创业者则是指更愿意为自己工作的创业者。加拉格尔和罗布森（Gallagher & Robson，1996）进一步探讨了这种观点，他们将创业者分为"信誉建立者"（goodwill builders）和"帝国建造者"（empire builders）。前者注重提高产品质量、减少成本和发展技术；而后者比较有雄心壮志，对竞争策略和通过收购发展企业比较感兴趣（第 22 页）。而菲利和阿尔达格（Filley & Aldag，1978）将创业者分为三类，即安定型创业者、个人成就型创业者和适应市场型创业者（Robichaud et al.，2001）。布雷登（Braden，1977）将创业者分为两类："守护者"和"管理者"。前者更注重享受这个过程而后者更注重经济利益。由此可见，创业者分类研究的共同之处在于研究者依照创业目的和目标对创业者进行分类（Robichaud et al.，2001）。

拉玛钱德兰等人（Ramachandran，1996）研究了 30 个印度新创立的小型企业，旨在通过研究确定适合创业伊始阶段的创业特质是否也适合企业的发展阶段。他们发现在创业初期有以下六种不同的创业者：

- 另辟新径的高成就者；
- 捷足先登的先驱者；
- 舒适发展阶段的创业者；
- 被动的失败者；
- 厌恶风险的生意人；
- 破釜沉舟寻求生存的人。

拉玛钱德兰等人所研究的企业要么处于创立阶段，要么刚刚经历起步阶段。这些企业都是由创立者独自经营，企业几乎没有正规的结构支撑，仿佛在唱"独角戏"。拉玛钱德兰等人得出的结论是，在企业发展的每一个阶段，成功所必需的关键因素包括很多不同的创业因素和管理因素，而这些因素的相对重要性在不同阶段也各不相同。

吉布和里奇（Gibb & Ritchie，1981）指出，特质研究法（认为创业者是与生俱来的而非后天形成的)忽略了环境因素的影响。他们非主流的社会发展模型显示,如果我们了解所遭遇的各种环境类型和人们所属的社会群体,我们就能了解创业。吉布和里奇认为,个体受他(她)所面对的特定社会环境以及参照群体的影响。因此,他(她)会因一些人生经历而发生改变。吉布和里奇指出,个体在人生的什么阶段打算创业,又是什么事情使其做出这个决定,这一点很重要。在一个人的一生中,正因为环境的改变,他(她)的行为也会发生变化。据此,吉布和里奇(Gibb & Ritchie,1981)提出了四种创业者:

- "将就凑合者"(improvisors):他们通常在人生或事业起步的早期建立了自己的企业;
- "修正主义者"(revisionists):他们通常在人生或事业发展的中期建立了自己的企业;
- "替代者"(superceders):他们通常在人生的后半阶段建立了自己的企业;
- "回归者"(reverters):他们通常在晚年建立了自己的企业。

其他学者如里奇和马丁内斯(Ritchie & Martinez,2001)以及和马扎罗等人(Mazzarol et al.,1999)也强调了环境的重要性。他们说:"令人兴奋的是我们能找到激励创业者进行创业的动力,以及他们和普通人的不同之处。然而更重要的是他们如何排除各种困难和阻碍,成功地创建并经营企业"(Ritchie & Martinez,2001,第42页)。他们指出,如果想了解创业的成功,我们需要考虑环境因素,因为创业者都是在特定的环境里付出努力的。马扎罗等人(Mazzarol et al.,1999)认为,建立新企业往往需要很多外部的资源和信息。他们引用了施佩希特(Specht,1993)的影响企业创立的五种主要的环境因素分类,即社会因素、经济因素、政治因素、基础设施的发展以及市场的出现。因此,马扎罗等人(Mazzarol et al.,1999)认为除了人格特质以外,环境影响对创业过程也很重要(第51页)。

卡尔森等人(Carson et al.,1995)也支持采用综合的方法研究创业者。他们认为,综合了心理学、社会学和行为学因素的方法会对最终定义创业者和创业有直接影响。

产品-市场特征:

除了支持用特质分析法和行为分析法去研究创业(1985),蒂蒙斯等人(Timmons et al.,1987)还确定了五种影响成功建立新企业的因素:

- 产品-市场的特征;
- 竞争动态;
- 商业经济学;
- 企业表现;
- 管理。

为了甄别和选择潜在的投资机会,蒂蒙斯等人建议投资者应做到以下几点:

- 试着理解产品和企业的经济情况;
- 确保产品的主要市场已被确定;
- 确保管理团队具有综合的管理能力和处理不确定因素的能力。

同样,海等人(Hay et al.,1993)指出,创业的成功与否更多是取决于产品-市场特征。基于对 37 000 个新建立的美国企业的分析和许多英国案例的研究,他们认为成功的关键不在于创立新企业时所面临的障碍,而在于企业为了生存而面临的障碍(第 32 页)。他们的研究提出了三个重要因素:顾客购买模式(customer buying patterns)、竞争者的市场营销和渠道发展策略(competitors' marketing and channel strategies)以及产品要求(production requirements)。在此基础上,他们的研究确定了十个不同的标志:

顾客购买模式(三个指标)

- 购买频率;
- 购买的重要性(即某个特定的产品是否代表了消费者的主要购买行为);
- 客户构成(即客户群是否主要包括最终用户、零售商或批发商)。

竞争者市场和渠道发展策略(三个标志)

- 拉式营销(pull marketing)——公司在广告上的支出占总销售收入的百分比；
- 推式营销(push marketing)——直接销售成本(不含广告费用)占公司销售活动成本百分比；
- 渠道依赖(channel dependence)——必须通过中间环节再到达最终用户的公司产品的百分比。

产品要求(四个指标)

- 劳动力密集程度与资本密集度——在特定的产业部门里员工与厂房及设备的总账面价值的比例；
- 员工技术要求——参与产品生产的员工中高技能工种的数量所占的百分比；
- 服务要求——需要中高等的销售或技术服务的产品种类的百分比；
- 定做的供应——为了满足顾客特殊要求而预订的产品种类的百分比。

海等人(Hay et al.,1993)认为上述指标可以帮助创业者选择最好的市场部分去创业，并且增加了企业存活的概率。他们指出，创业者可能更容易在某些市场里取得成功。因此，在创业之前分析产品市场特征，以帮助创业者选择"更好的战场"，这一点尤为重要。

创业平台和成长定位型

基于产品-市场特征的重要性，科洛夫斯坦(Klofsten，1998)认为有八个重要的因素影响着创业的结果，并且我们可以在企业起步和发展的早期阶段衡量这些因素。被科洛夫斯坦称为"基石"的八个因素包括：创业理念、产品、市场、企业的组织结构、企业内核心人员的专业知识、企业的原动力(如创业者自己)、顾客关系以及企业与其他企业的关系。即使八个"基石"的发展程度不同,但如果一个新企业想要生存和发展,他们就必须都要具备,而这八个"基石"在一起构成了创业平台。

就成长定位型而言,斯托里(Storey,1994)发现建立成长型企业的创业者通常是干劲十足、受过良好教育的中年人,他们通常具有丰富的管理经验。这种类型的企业也常以团队合作为基础,而不是一个人单打独斗。也有其他一些学者指出,由团队合作建立的企业不仅生存机会高于平均水平,而且更有能力发展壮大(Birley & Westhead,1994;Kinsella et al.,1994)。这些发现并不令人吃惊,因为与个人建立的企业相比,团队合作当然可以拥有更多特色、知识、专业知识和经验。而且,团队合作能更好地确保"创业平台的必要基石"都到位,因而提高了生存和发展的可能性。

技术型创业

似乎有迹象表明,传统创业者的形象和构成与技术型和成长定位型的创业者不同。加拉格尔和罗布森(Gallagher & Robson,1996,第22页)对比了"信誉建立者"和"帝国建造者"两种创业者;拉玛钱德兰等人(Ramachandran et al.,1996)对比了创业伊始和企业发展阶段所需要的不同创业特质。技术型创业者通常来说都是一个技术性的专家,他(她)需要综合的经营管理能力而不是产品开发能力来建立企业。而且,还有一些研究(Schrage,1965;Cooper,1971)发现,技术型创业者往往具备技术,却不太具备管理方面的专业知识。因此,他们必须使自己具备管理方面的知识、专业技能和建立创业团队的能力,同时还要具备丰富的市场、销售、专业和通用技能(Flynn & Hynes,1999)。然而,高新技术企业的前置时间通常很长,因此迪金斯(Deakins,1999,第56页)指出,技术型创业者或许能够在建立企业的同时完成研发甚至获得专利。这个"非技术性"的起步阶段,对于创业者而言是很重要的一个准备阶段,为企业未来可能面对的风险提供更好的应对策略奠定基础。同时,也为创业者提供了一个实践的机会,即使他(她)会犯错,但也会和一些客户建立联系。

内部创业

夏尔马和克里斯曼（Sharma & Chrisman，1999）指出，尽管创业的定义很广泛，但随着时间的推移，创业这个术语（被用于描述任何创业者个人或团体靠自己或在其他组织里建立新机构的活动）已经变得更加具有假设性和抽象性。为了证明这个观点，他们参考了柯林斯（Collins）和摩尔（Moore）的研究，后者在1970年将"独立创业者"和"管理创业者"区分开来——前者是从头开始创建新企业；后者是在原有的企业内部创业或做出调整。沙玛和克里斯曼也引用了伦普金和戴斯（Lumpkin & Dess，1996）的观点，即创建新企业可以是真正意义上的建立一个新企业或在现有企业基础上创业。而哈奇和茨威格（Hatch & Zweig，2000）指出，很多人在自己创业之前已经在企业内创业，从而有了参与公司决策的权力。

内部创业这一术语似乎是在20世纪70年代第一次被提出，用来指一些在现有企业内部进行创业的个体（Macrae，1976）。平肖（Pinchot，1986）将内部创业者定义为在现有企业内工作的人，而他（她）的工作却和创业者相似。卡特和琼斯-埃文斯（Carter & Jones-Evans，2000，第244页）在著作中提到平肖对这个定义的进一步完善——内部创业者是在大型企业机构中像创业者一样行事的人。然而，卡特和琼斯-埃文斯指出，内部创业并不仅仅是在现有企业里建立一个小企业，因为通过内部创业创建一个企业和建立一个独立的新企业是截然不同的（第244—245页）。

还有一些文献指出，现有的非创业性的机构应该意识到自己能为股东提供什么，这一点十分重要（Wickham，2001；Hisrich & Peters，1998）。例如，库尔森-托马斯（Coulson-Thomas）告诫企业员工不要急于"破釜沉舟"地离开工作岗位去创业。

> 人们能提供的价值往往视雇主、企业部门以及情境而定，而在他处可能得不到认可。许多辞职创业的人随后就会为自己脱离公司变为无业者的行为感到后悔。他们希望当初能有先见之明，和公司保

持着某种联系(第127—128页)。

库尔森-托马斯建议,现有企业里的有抱负的创业者应该努力使老板成为他(她)创业计划中的商业伙伴。这种合作可能会大规模地以互补或兼职的形式存在,这会为雇员带来收入和保障。这对创业伊始阶段,甚至创业者最终完全脱离原来的公司,都非常有意义(第128页)

然而,过于刻板和官僚主义的组织结构并不利于创业环境的形成,内部创业时也会遇到这个问题。我们深知,只有充满鼓励、开明和不死板的环境才能培养员工的创业精神。高级管理层的职责也至关重要,而且一些制度需要调整以便适应创业活动和行为。彼得斯和沃特曼(Peters & Waterman, 1992)指出,理想的、鼓励创业和创新的企业环境应该具有八个特质:

- 偏爱行动派:真抓实干而不是钻牛角尖。
- 接近客户:关注客户的利益和兴趣。
- 自主和创业:企业"分解"成几个小型部门。
- 重视员工的生产能力:把员工看作重要的资源,能够尊重和重视员工对企业的贡献。
- 亲力亲为和价值驱动型:高级管理层推动培养企业文化,紧跟企业核心活动并得到反馈。
- 坚守本业:不离本行。
- 管理形式简约,人员精简:组织结构不繁琐,高级员工不多。
- 管理适度,宽严并济:对创新给予足够的自由和容错机会,同时兼重公司价值观(Guest, 1992)。

"宽严并济"是鼓励和培养组织内部创造力的重要因素。"严"意味着企业需要一定程度上的集权;"宽"意味着企业也需要给予员工足够的自由,鼓励他们尝试新的理念,培养他们的创新精神。

同时,布里奇等人(Bridge et al., 1998)也认识到内部创业存在许多困难和障碍:

- 对变革的反对声音；
- 组织结构；
- 沟通系统；
- 组织内部出现的工作懈怠；
- 支持和授权；
- 合理奖励机制的缺乏。

内部创业由一部分人开始，逐渐吸引更多的人参与。因此，员工的招募和保留应该侧重鼓励、激励和员工发展机会等方面。如果企业旨在招募、培养和留住有创业精神的员工，那么企业应该重视岗位设计、职业生涯规划和人力资源战略。

琼斯等人(Jones et al., 1995)也强调了企业采用良好的人力资源举措来鼓励创业行为的必要性。根据对七个行业的公司经理的研究，琼斯等人发现，创业和非创业企业最大的区别在于前者对绩效考核、薪酬和培训等方面所采取的政策和措施与后者不同。他们号召各个企业都能采取鼓励大家参与其中的人力资源管理举措，从而培养企业需要的创业理念。最后，他们指出，创业行为应该有三个维度：

- 创新能力：侧重开发新的、独特的产品、服务和生产工艺；
- 承担风险：有意愿去追求和抓住机遇，即使失败的代价很大；
- 主动性行为：关注实施过程，做一切必要的事将想法变为现实。

即使在内部创业这一术语出现在文献中四十年后的今天的商业环境中，大型企业里的管理也会侧重于企业目标的实现，而不是个人的利益或员工的目标，这使得企业的员工有种被利用的感觉。因此，我们再次呼吁企业能通过鼓励和支持员工创业，使员工和企业的利益得以兼顾(Coulson-Thomas, 2001)。

网络创业者(the Dot.com Entrepreneur)

近年来，互联网的发展和它广泛的应用范围为建立和发展中小型企业，尤其是微型企业提供了令人振奋的新机会。20世纪90年代末期，朝气蓬勃的青年经营者开始摆脱城市充满压力的生活方式,建立属于自己的互联网企业。这种企业很好地适应了早期上市的股票市场并且使投资者产生了很大的兴趣,有些创业者最终成为百万富翁。在一段时间内,"网络创业"似乎成为一种时尚。然而,这场"变革"持续的时间不长,而且很多企业最终以失败告终。这些一度被宣扬成"令人振奋的投资机会的"网络创业为何失败,相关人员给出了一些解释。比如,研究者比较关注的问题是企业创始人往往在股票上涨后快速抛股,从证券市场获取利益,这表明投资人和股东一开始就对这种创业方式抱有不切实际的幻想。

在网络创业的炒作冷却后,"到底什么是网络创业"的问题依然引起了大家的困惑。符合逻辑的一种解释是网络创业这个术语源于绝大多数网站的互联网地址中的共同部分。网络公司(dot. com company)的定义范围十分广泛,它可以用来指代"以营利和买卖为目的的网站"(searchwebmanagement.com,2001),也可以指代"完全在网络上提供产品和服务的公司"(TechEncyclopedia,2002);后者侧重的是完全。还有很多文献里提到了和网络公司相关的几个相对比较新的术语,如实体店(bricks and mortar)和虚实整合经营模式(clicks and mortar)。前者有真正的店面,而不以虚拟的网络形式存在;而后者既在互联网上又在实体店销售产品和服务(searchEbusiness.com,2001)。作为网络公司趋势下的产物,这些公司在互联网技术出现之前就存在,它们如今发展成为虚实整合的经营模式,网络销售只是一个辅助的、并不是唯一的销售途径。严格意义上讲,虽然易趣(Ebay)和亚马逊(Amazon)等一些公司属于网络公司,因为它们从一开始就是依托互联网建立起来的,但美国最大的实体书店巴恩斯和诺贝尔书店(Barnes & Nobel)则属于虚实整合的经营模式。此外,一些涉及以互联网为依托销售软件或提供技术支持的公司则不属于网络公司。

文献里也提到了另外一个和网络公司相关的术语——"新经济"(the New Economy)。从某种意义上说,所谓的"新经济"可以被定义为网络公司的成功产物。然而,弗罗里达(Florida,2000)认为"新经济"最重要的意义是它成为一系列社会变化的催化剂(第1页)。在这个背景下,弗罗里达强调的是人。克兰曾在文章中引用了弗罗里达的观点:"所谓新,意思是我们从以公司为导向的经济转变为以人为本的经济,这就意味着有才华的人在工作和生活问题上更有选择权(Crane, 2001)。"

马奥尼(Mahoney, 2001)在文章中引用阿特金森(Atkinson)的观点,后者为新经济提供了一个更理论化的定义:

> 这是每隔50年发生一次的经济结构的变革。上次是在20世纪40年代和50年代之间——"新经济"是从小型制造商到大规模批量生产的企业消费经济的转变。而这一切和一些网络公司是否停产毫无关系,信息技术才是驱动力。

马奥尼(Mahoney, 2001)在文章中提到,利维(Leavy)认同信息技术和"新经济"的关系,后者把"新经济"称为互联网时代——继工业和农业之后社会发展的第三个主要的时代。然而,一些人认为信息技术在这种经济中所起的作用被夸大了(Cassidy, 2002)。马奥尼(Mahoney, 2001)认为,人们不能忽略"新经济"包括动态的全球市场这一事实,而这个全球市场的核心问题是风险和创新。从某种意义上说,马奥尼的观点与保罗和乔伊纳(Paul & Joyner, 2000)的观点很相似,后者把"新经济"定义为"20世纪60年代之后最大规模的青年运动"。

20世纪90年代末期,许多有抱负的创业者也被吸引了,他们纷纷建立了基于互联网的企业,希望可以独立工作并瞬间致富。投机者认为网络公司的股票在涨。网络公司改变了传统的企业模式,驱走了"旧经济"(Economist.com, 2002)。卡西迪(Cassidy, 2002)在《网络公司》(Dot.Com)一书中跟踪报道了经济和金融方面的显著增长。股票市场以前所未有的速度发展,经济增长速度之快已经超出了很多支持"新经济"专家的预测。从1999年初开始纳斯达克指数上涨85.6%,而道·琼斯指数则在1999年底上涨了25.22%。2000年1月14日,道·琼斯指数达到顶峰值,即 11 908.50 点,当天交易结束时是 11 723 点。

在 2000 年 1 月,网络公司的热潮开始衰退,科技股的暴跌,尤其是网络零售商数量的减少,导致首次公开募股(Initial Public Offerings,简称 IPO)几乎关闭(Economist.com,2002)。1 月中下旬,道·琼斯指数跌了近 1 000 点,降到 11 000 点以下。从那以后,市场上一直是"卖,卖,卖",投资者不仅把资金从科技股中撤出,还把传统的"旧经济"交易中的资金也撤了出来。截至 4 月 14 日星期五,即后来被称为"黑色星期五"的那天,交易结束时道·琼斯指数和纳斯达克指数都经历了史上最大的暴跌,分别跌了 617.58 点和 355.49 点(Cassidy,2002)。网络公司的"泡沫"真的破裂了(Yoffie & Kwak,2001)。

很多因素导致了网络公司的衰落。范·斯兰布鲁克(Van Slambrouk,2000)在文章中引用了的瓦尔登观点,后者认为原因很简单:"车子跑到马前面去了"(第 3 页)。换句话说,消费者市场还没有准备好应对过剩的、削价出售的在线服务。事实上,很多网络公司似乎已经走向衰败,原因在于他们把互联网视为一个革命性的经营模式,而不是简单的、可以帮助企业成长和发展的工具(Cassidy,2002)。

克拉默(Cramer,1999)强调了网络对股票市场佣金和承销过程的巨大冲击。他认为网络催生了一个新的购买阶级——网络购物者,他们并不关心管理和金融统计数据;他们将在网络公司上买股票和投票给他们最喜爱的网站相提并论。克拉默(Cramer,1999)也认为网络公司的衰落归因于人们对于"十大互联网神话"的信任。其中一些人认为"在网络上做生意更便宜";一些人认为"任何人都可以经营网络公司";还有一些人认为"不要担心,不久就可以实现盈利"以及"你不需要其他收入来源"。

另一个导致网络公司衰落的因素是人们低估了经营高端或低端知识型企业的困难。毕竟,对于网络公司而言,关键的资源是人而不是机器(Scaife,2001),你也无法像对待一件机器一样轻松地录用或解雇员工。

在很多方面,网络公司经营者们似乎忘记了要保持竞争战略和经济价值的原则（Yoffie & Kwak，2001）。从网络公司经营者的角度看，20世纪90年代流行的融资模式为投资者、创业者和企业员工提供了出口战略，并预言职工优先认股权最终会使大家都富起来，谁也不需要再工作了（Scaife，2001）。因此，还有谁会留下来继续经营公司呢？

专家已经为知名和有抱负的网络公司经营者提供了很多可供参考的建议。奥内尔（O'Neill，2001）指出，好的网络创业计划应该包括三部分：内容、社区和贸易。约夫和郭为有抱负的网络公司经营者提供了更具体的建议：

- 为自己的企业定好位，不把竞争企业放在对立面上；
- 利用合作伙伴关系和竞争对手交朋友；
- 只在自己企业里有优势的方面与竞争对手竞争；
- 挑战对手，使其没有还击的能力。

我们也需要强调人力资源，因为它是促进网络公司成功的法宝（Florida，2001）。毕竟，创业意味着建立新企业，这是不可能凭空建立的，必须要依靠在真实环境里工作的真实的人（Florida，2001，第1页）。奥斯特曼（Ostermann，2001）也赞同这个观点，他意识到虽然网络公司时代给社会和经济带来了积极的促动和影响，但"新经济"似乎也像"旧经济"一样，开始有些令人怀疑。在描述"新经济"时代成功必备的商业技能时，他着重强调了回归传统的战略、经营和沟通技巧的必要性——他称之为"新时代的老办法"（Ostermann，2001，第30页）。

其他文献里也提到了一些观点，如网络公司应具备"兼容性且不排斥调整和改变"（Griffith，2001）；网络公司应该将互联网视为"做生意的一种工具，而非在网上做生意"（O'Neill，2001）；不要幻想"瞬间致富"（McGovern，2001）以及要有"适度的野心"（Griffith，2001）。

因此，成功的网络公司不是要改变美国人的购物方式，而是要致力于增加销量（Griffith，2001）。

成功的知名创业者提供的建议

卢西尔(Lussier,1995)认为,无论创业者想建立什么样的企业,都有一些因素会促进成功或导致失败。因此,有抱负的创业者应该多从成功的、著名的创业者那里取经。基于文献里的20项研究,卢西尔列出以下促进创业成功或导致创业失败的关键因素(Lussier,1995,第10—11页):

- 充足的资金;
- 良好的记账实践(财务控制);
- 行业经验;
- 管理经验;
- 好的规划;
- 专业顾问的聘用;
- 足够的教育水平;
- 高素质的员工;
- 产品(服务)的时机;
- 经济时机;
- 企业创办者的年龄;
- 商业合作伙伴;
- 父母;
- 少数民族(背景);
- 市场营销。

卢西尔认为文献里也有很多地方是不一致的。他总结说,目前没有为大家普遍接受的创业成功或失败的原因。根据他对美国各行各业160个业主的研究,他继续比对了上述因素。

对比了自己的研究结果和文献里提到的促进创业成功的决定因素,卢西尔认为还有其他一些因素会促进创业的成功(或导致创业的失败)。他认为这些因素也值得我们深入研究以便丰富现有的文献。卢西尔提到的这些额外的因素包括愿意长时间工作、在创业前做好充分的市场调查以及注意日常开销。

纳尔蒂(Nulty,1995)在采访得克萨斯州非常成功的商人时,发现其成功的主要原因之一是企业的员工非常好。被采访人洛格在47岁时已经建立了28家公司,他将自己的成功归因于拥有好的员工、坚守本业和他所称的管理的第三原则：

> 像鹰一样密切留心和关注自己的企业,不要等到年底才看统计报表(Nulty,1995,第182页)。

布莱尔(Blair,1997)研究了英国49个顶尖上市企业所有者的特质。他调查的主要是那些仍由创建者经营的、成功的英国上市公司。除了一些共性如父辈也创业、念书时成绩不好、开始创业时很年轻,布莱尔没有找到其他人格特质方面的共性。这些企业所有者有的"恃强凌弱"、有的"真心关心员工福祉"(第47页)。他也发现这些企业所有者特别善于向顾客和银行业者推销自己。

布莱尔强调了建立并经营一个私人企业和经营一个大型上市公司的区别,并指出只有很少一部分人会继续经营他们创建的企业。他为创业教育的文献引进了一个新概念,即"车主司机"(owner-driver)(第45页),指的是那些建立并充满激情地指引、经营自己企业的人。哈奇和茨威格(Hatch & Zweig,2000)的研究也得出相似的结果,他们将研究中的创业者描述为坚持不懈地追求成功和不断地思考如何扩大自己企业的人。除此之外,布莱尔发现他调查中的许多成功企业都是只生产一种产品的企业,或至少在企业建立时是这样的。

小结

在前两章的基础上,本章着重介绍了除了特质研究法、社会学研究法和行为研究法以外的其他几种比较综合的研究创业者的方法。本章也涉及了对技术型创业者和成长定位型创业者的研究,并得出结论:以团队合作方式建立的企业比个人独立建立的企业发展得更快。本章也讨论了内部创业,即在现有的企业里创业。

本章回顾了很多研究创业者的方法,于是提出了一个值得大家思考的基本问题:创业是否可以被教授?如果大家认为创业和一系列先天的心理特征有关,或者认为创业需要依靠个人的社会背景,那么可以得出的结论是:创业教育很难被传授给他人,那就意味着创业是与生俱来的、无意间形成的能力,不是刻意而为之的。然而,麦克利兰和蒂蒙斯等一些研究者认为,有些先天的心理特征是可以习得的,如成就动机和心理控制源。如果大家认同德鲁克(Drucker,1985)的观点(创业是一系列的行为模式,除了创业者角色之外还有其他一些因素在起作用),那么教授人们去创业是可能且十分必要的。

因此,我们不能忽略一些要素,如结构化的培训干预对创业潜能和创业发展的益处(Stanworth & Curran,1971;Shapero,1982;Garavan & Ó Cinnéide,1994;Atherton et al.,1997;Gibb & Cotton,1998)。结构化的培训干预问题很值得重视,我们会在接下来的两章里进一步讨论;同时,我们也会在接下来的章节里讨论创业教育和培训项目以及培训效果。

第四章 创业教育与培训项目

引言

在之前的章节中我们已经讨论过创业者的概念和创业者应具备的特质,由此引出的问题是:创业者的能力是与生俱来的、还是后天培养的?这一问题使许多研究者质疑创业是否可以被教授,而就该问题仍有许多不确定性。举例来说,费特(Feit,2000a,第1页)曾指出,"在能否把学生培养成真正的创业者这一问题上,创业研究机构一直争论不休"。他进一步研究发现,解决争论之道与我们在创业领域的理论猜想息息相关,因为这些理论猜想制约着我们的教学方法和授课内容。然而,在创业教育领域还存在很多疑问,因为目前这一领域并没有一套完整的理论体系。"尽管有越来越多创业教育理论的产生,但许多创业教育学者已经发现,将创业教育理论融入任何相关知识体系都是十分困难的"(Gartner,2001,第28页)。

本章首先将强调创业教育领域的理论缺乏严谨性,并讨论在何种程度范围内,创业是可以被教授的。接下来,我们的讨论重点将转移到创业教育与培训项目上来,讨论如何将相关培训项目加以分类,并划分各个培训项目的教学目标、课程结构和教学内容。同时,我们也将探讨不同培训项目的课程设计和课程安排方面还存在哪些困难。

创业教育——缺乏理论严谨性?

费特(Feit,2000a,第12页)指出,"社会科学领域的所有理论(包括那些研究创业的理论），在某种程度上都是不完善的，并且存在错误和矛盾"。然而，这些只是现阶段的情况。他指出，那些相信创业可以被教授的学者认为，参与该领域研究的人们最终会建立一套合理的为大家普遍认可的理论体系。

在前面的章节我们已经强调过，创业教育不只是一时兴起，而是需要我们给予更为持久的关注。事实上，费特(Feit, 2000b, 第 102 页)引用了文卡特拉曼(Venkatraman, 1996)的观点，后者认为对创业的关注可以准确地反映"一个由当今共赢世界、新兴技术、新兴世界市场三者共同作用产生的新兴经济环境"。然而，布雷泽尔和赫伯特(Brazeal & Herbert, 1999)认为，我们对概念的研究仍然停留在初期，这造成从事该领域研究的学者仍在理论和方法两方面争论不休。尤其是在两个领域研究方向方面会存在更多争论：一方面，研究和理论的发展不同步；另一方面，人们还是对缺乏理论支撑的、通过一些特例得到的研究怀有偏见。

在当前这个时代背景下，洛(Low, 2001)认为创业教育正处于"青春期"的发展阶段，虽然在过去的二十年中已经有许多相关的研究，但是学术合法性只得到了一定程度的认可。这一领域研究所要解决的一些基本问题，源于一些仍需我们在不同学科范围去探索的问题。正因为如此，每个学科都会忽视其他学科领域，仅仅从自己的视角去看待和认识创业教育。赫伦等人(Herron, 1991)发现，对于创业教育，目前存在很多"单一学科"而非"多学科"的观点。事实上，雅克巴萨兰和韦斯赫德(Ucbasaran & Westhead, 2001, 第 58 页)已经指出，"一些专家不善于吸收和借鉴其他学科领域知识，他们对作为一门学科领域的创业教育的关注是彼此脱节的"。然而，一些研究者认为，完整的知识体系的生成其实不必经历那么久的时间累积。格林菲尔德和斯特里康(Greenfield & Strickon, 1986)指出，在就某一领域的主要研究方向没有达成共识前，研究人员更倾向于各抒己见而不是互相交流。事实上，塞克斯顿(Sexton, 1988)提出的问题(即创业教育是真的在逐步完善和发展还是仅仅比从前规模扩大)在今天看来仍然适用。正如布鲁亚特和朱利安(Bruyat & Julien,

2000,第166页)所说,"即使创业教育领域已经形成,我们仍然无法为创业提供一个明确的定义,更不用说划分这个学科领域的边界"。正如洛(Low,2001)提到的,我们浪费了大量的时间和精力去定义创业教育,收获却少之又少。然而他也指出,何为创业教育的基本问题仍然没变,但至少相关讨论的质量已经提高了。

在创业教育领域思考研究与教学之间的关系十分重要,因为研究的理论严谨性与教学课程设计二者之间必然是存在相关性的。如果我们没有在前者上取得成果,那么后者的进行将会更为困难。尤其是"当我们试图传授知识,为问题寻找答案时(而这些问题在文献中找不到解决方法),我们会在一定程度上削弱我们的教学效果"(Feit,2000a,第4页)。除此以外,如果创业和创业者定义方面存在的争论得不到解决,人们在评估目前创业教育的状态时仍然会有困惑。

创业是否可以被教授?

尽管在创业是否可以被教授方面一直存在争议,在过去的几十年里,创业教育领域吸引了人们越来越多的关注和重视(Sexton et al.,1997)。举例来说,在20世纪90年代初期,吉布(Gibb,1993b,第11页)发现,"在学校或大学里,什么学科大体上可以被称为创业或创业教育"这一想法已经在全世界范围内引起了广泛的关注。随着时间的推移,各种关于创业的课程如雨后春笋般出现,同时也吸引了相当一部分学员并且拥有了一定的授课方法。因此,由于项目目标和课程描述方面存在一定的可变性,我们很难在这个领域的培训项目之间做出比较。

举例来说,吉布(Gibb,1993b)指出,20世纪80年代在英国,很多由公有或私有的机构赞助的培训项目的目标是发展和传播"创业"这一概念。在20世纪90年代初期,这类活动有所减少,之后在接受中等和高等教育的学生中发展"创业"的想法再次流行起来(Gibb,2000)。然而,发展的重心已经从创业转移到培养创业精神上来。正如吉布(Gibb,1993b)在二十多年前所指出的,英国在创业教育和培训领域得到促进和发展的都被称为"创业",它们注重培养个人的创业技能和特质。同时,在大学教育里提倡创业的背景下,我们对"人际关系"和"创业技能"两个方面还有很多新的困惑。吉布认为,即使前者和后者有一定的相似性,综合能力本身对于培养创业行为还远远不够。他认为一些困惑仍然会存在,但他强调指出,在创业教育教学方法的形成和发展过程中,把创业、创业教育、业务能力和个人综合能力这些概念之间的关系澄清尤为重要(Gibb,2000,第16页)。其实之前吉布已经很清楚地将创业精神、创业行为和小型企业管理区分开来。他从特质方面定义创业者,并从任务角度定义小企业主或管理者。但在后来的研究中,吉布和纳尔逊(Gibb & Nelson,1996,第98页)也对这三类加以区分。他们将创业精神定义成创立、经营管理和发展小型企业所需具备的技能和能力,而小型企业管理与企业"掌舵"者的个人能力相关。创业行为是指学习能力的培养,从而使学习过程具备个性化特征,并能将所学的知识应用到工作中。即使完成学业或完成一个项目之后,仍然能坚持学习,并能掌控这个过程。

尽管研究者多次呼吁我们需要阐明这些定义,困惑依然存在。例如一份由戈尔曼等人(Gorman et al.,1997)就创业教育文献所做的调查指出,我们需要阐明这些定义,尤其需要区分创业精神、创业和小型企业管理。这种困惑令人不解,正如劳卡宁(Laukkanen,2000,第27页)提到的,"在创业教育领域,人们习惯性地把创业和小型企业拥有权加以区分:前者强调新企业的建立和财富的创造,而后者更注重如何在一个小型企业范围内运用管理手段经营企业"。

美国对创业教育的关注和发展已经持续了近半个世纪(Sexton et al.,1997),因此"创业教育"这个术语已经得到广泛的使用(Gibb,1993b)。美国不仅在创业十分流行的大学领域里开设创业教育课程;正如塞克斯顿等人(Sexton et al.,1997)所指出的,许多个人咨询中心和行业协会也提供了很多有关创业教育的研讨会。事实上,从业者和学者对创业教育的兴趣和关注经久不衰。尽管没有很多这方面的文献资料,创业教育和培训还是继续吸引着人们的关注,并且相关的研究也日益增多。

吉布(Gibb，2000)指出，创业教育不断出现在学术文献和灰色文献中，其中既包括相关出版物和专业期刊，也包括一些咨询报告。然而在英国，尽管人们积累了很多创业教育方面的学术知识，但也有很多人忽视它的存在。此外，戈尔曼等人(Gorman et al.，1997)指出，从宏观层面看，有关创业教育过程和教学结构方面的实证研究层出不穷。他们指出，大量的研究结果表明，即使创业不能被教授，它迟早也会通过创业教育得到发展，这一点并不令人感到吃惊。维斯珀(Vesper，1982)对美国大学教授的研究所得的结果也符合这一理论。他认为创业可以通过学校教育传授给学生，这一观点必将获得世人的认同。赞同这一观点的还有坎特。坎特(Kantor，1988)指出，基于他对美国安大略市408位学习创业教育课程的学生的调查，大家普遍认为大部分创业特质和能力是可以传授给他人的，而且能力比特质更容易通过教育传授给他人。这一观点和克拉克等人(Clark et al.，1984)的研究结果不谋而合——后者的研究结果显示：创业教育技能培训有助于新企业的建立和成功。

杰克和安德森(Jaek & Anderson，1998)指出，在教学方面创业教育仿佛是一个"谜"，因为创业过程实际上既包括"艺术"也包括"科学"。"科学"领域涉及经营和管理技巧课程，通过采用传统的教学方法，似乎可以取得很好的教学效果。然而，在"艺术"领域，需要创造力和创新精神这样的特质，如果采用同样的教学方法，似乎收效不大。萨伊(Saee，1996)也将创业教育的教学过程比作是一种艺术形式，一些人的创业天赋是与生俱来的，而另一些人则必须通过不断的努力才能达到相同的水平。因此他指出，课程本身并不能培养出真正的创业者，而仅仅是向我们展示这个过程是如何一步步走向成功的。因为，每个人的成功都不可能被复制。

这与谢泼德和道格拉斯的观点不谋而合。谢泼德和道格拉斯(Shepherd & Douglas，1996)认为创业教育应将艺术与科学要素相结合。他们指出，"或许并不是每个人都具有创业精神，抑或我们需要引导和唤醒隐藏在一部分人身上的创业精神，这就意味着我们在教授各种商科知识的同时能够融入创业教育的精髓"(Shepherd & Douglas,1996,第1页)。然而,对他们而言,艺术与科学之间存在着很大差异。他们认为科学具有选择性、分析性、有序且一成不变;而艺术是生成的、充满刺激性的、具有跳跃性且不受约束的。但是,他们并不认为创业精神的艺术(精髓)是无法教授的。相反,他们认为创业教育和商务课程似乎忽略了这一点。

事实上,大学教育正是在培养这种创业精神精髓的过程中起着不可或缺的作用,因为大学教育潜移默化地影响着人们创业特质的培养(Mahlberg,1996)。在研究一些商科学校对创业教育发展的投入时,谢泼德和道格拉斯(Shepherd & Douglas,1996)指出,许多创业教育工作者在应该培养学生创业思维的时候,却在培养学生的逻辑思维能力,而逻辑思维会使学生得到一些错误和不切实际的答案。谢泼德和道格拉斯呼吁教育者将创业教育的重心从理论教学转移到培养学生的实际学习能力上来,因为学生只有在接近生活的真实环境里用自己的能力解决问题,才能真正学到知识。因此,这无疑是对创业教育工作者和培训者的一种挑战,即探索一种能够满足这些未来创业者需要的新型教学方法。虽然谢泼德和道格拉斯批评了目前许多看似新颖且富有创新性的教学方法,但遗憾的是他们并没有找到真正适合的教学方法。

米勒(Miller,1987)也曾将创业教育学科中适合教学和不适合教学的部分加以区分。他认为不是所有的创业教育学知识都是可以被教授的。教师也并不能直接"创造"出创业者;同时也不能手把手地教学生,为他们直接提供创业方法和秘诀。然而,米勒(Miller,1987)认为,创业教育工作者可以让学生了解企业创建时必不可少的分析技能和这些技能的局限性。同时他也强调说,许多人格特质如自信、持之以恒和精力充沛等,是无法在课堂上直接习得的。通过研究小型科技公司的发展,布索拉和迪金斯(Boussouara & Deakins,1998)发现,创业教育领域的学习并不是通过结构式的教学课程能够实现的,而需要从反复试验的实践中总结经验和吸取教训。他们认为,虽然在企业发展的关键时期进行干预十分必要,企业的发展和表现还是取决于遇到关键问题时的决策力。23位技术型创业者参与了这项研究,他们最初创建的是非技术型公司。研究结果显示,这种创业尝试为他们未来的技术型创业奠定了基础。事实上,准备和奠定基础阶段对创业和创新过程至关重要。

对创业教育和培训进行分类

不同创业者在自身成长和发展的不同时期对知识的需求不尽相同,这个观点已经为大家普遍接受。例如,戈尔曼等人(Gorman et al.,1997)在进行创业教育文献方面的调查研究时采用的分类方法是,将每一门课程和培训与目标市场紧密联系起来加以分类。事实上,他们采用的受众细分(audience segmentation)方法的依据是,学生的个体差异使我们制定不同的教学目标、选择不同的教学科目和使用不同的教学方法(Gorman,1997,第56页)。在调查研究中他们将教育与培训课程分为两类,一类是针对处于创业准备期的、具有较高创业激情的创业者开设的教育培训课程,另一类则是为处于创业后期的知名创业者或小企业主提供的教育培训课程。很多其他研究人员也指出,个体参加培训的目的和需求因所处时期的不同而有所不同(如从有创业意识开始,经历预创业、开始创业到发展和成熟阶段)(McMullan & Long, 1987; Monroy, 1995; O'Gorman & Cunningham, 1997; Bridge et al., 1998; van der Sijde, 1997)。创业者个人及其企业的发展情况会对创业教育本身产生影响,这使得教育者和培训者能够尽可能地完善创业教育的学习过程。事实上,戈尔曼等人(Gorman et al.,1997,第65页)认为,"从意识到创业需要具备什么特质到教育机构尝试培养学生这些特质,这个过程仍需要我们进一步评估和考察"。

贾米森(Jamieson,1984)提出用三类法框架来界定创业教育类别。他认为创业教育需要达到三大类别目标:培养创业意识(education *about* enterprise)、创业所需的能力(education *for* enterprise)和企业运营能力(education *in* enterprise)。因目标不同,创业教育所起的作用也不尽相同。第一类别侧重于创业意识的培养,其教学目标是帮助学生从理论角度形成建立和经营企业的创业理念。事实上,为本科生和研究生开设的商务课程和其他相关课程中的创业模块,即属于这个类别范畴。这种创业模块旨在培养学生具备创建、拥有、经营和管理自己企业所需的创业技能、态度和价值观(Jamieson,1984,第9页)。

第二类别主要针对那些有抱负的创业者,教学目标在于帮助他们为未来建立和经营自己的企业做准备。创业者将学到创建和管理小型企业过程中所需的实用技能。同时,这些课程也会为创业计划的拟定奠定基础。这一类创业教育培训的内容是一些实例,如企业创建的规划和个人企业发展计划。贾米森(Jamieson,1984)认为,将创业教育界定为教育和培养人们建立自己的小型企业,并侧重于"创建"和"小型企业",未免过于狭隘。

第三类别旨在为那些已经有所作为的创业者提供管理培训,侧重点在于确保企业未来的发展。提高管理水平的培训项目、具体产品开发和市场营销课程都属于这个类别范畴。此外,这些培训将会为那些勇敢地迈出第一步、准备创业的人们提供技能、知识和态度方面的帮助,使他们能更好地创造自己的未来,解决自己所面对的问题(Jamieson,1984,第19页)。虽然这种界定方式似乎紧紧地围绕着商业界,但却绝不仅限于此。因此,这一类别的创业教育课程旨在帮助个人或团队掌握更好的创业方法,无论他们是在什么类型的公司工作。

同样,沃茨(Watts,1984)将创业教育分为两类:一类是创业实践,另一类是创业意识的培养。前者旨在帮助人们以自主经营、建立小型企业或开办合作社的方式进行创业实践。这类创业教育课程主要涉及创业理念的培养、创业研究和创业计划拟定方面的指导及经营方法方面的培训。而后者则倾向于帮助创业者分析在未来某时把创业作为一种选择,他(她)自主创业的可能性。

伽拉万和奥辛艾德(Garavan & Ó Cinnéide,1994)从更为宏观的角度将创业教育和培训分为两大类:一类是创业教育,另一类是为小企业主提供的教育和培训。前者的主要目的在于帮助人们了解当前创业的有利局面和成功创业者应具备的特质。然而,伽拉万和奥辛艾德把侧重点放在了针对小企业主的培训上。根据创业发展的不同阶段,他们又将为小企业主提供的教育和培训分为三小类。第一小类主要是创业意识的培养,通常在中学教育阶段开设这些课程。这与贾米森(Jamieson,1984)的分类标准(第一类别)不谋而合。这类培训的目标是使更多人对创业有足够的认识和了解,并有充分的时间思考,或许创业会成为他们未来的一种职业选择。第二小类是围绕小型企业拥有权提供的教育和培训,其目的在于为那些想要有所改变(辞去工作自己创业)的创业者提供实际可行的帮助。这一类的培训主要涉及为学习者提供筹集资金、市场营销和法律等方面的指导。第三小类侧重于如何进一步加强和提高创业者的技能和素养。

许多学者都认为,处于不同阶段的创业者对知识的需求是不同的,而事实上在各个阶段所提供的项目和课程却大不相同。例如,戈尔曼等人(Gorman et al,1997)在主要包括高等教育课程的创业教育文献研究中看到了其教学策略、学习方法和课程设计等方面的多样性。鉴于教育者和推进者各自不同的经历,课程和培训也会出现多样性。费特(Feit,2000a)认为,正是这一点让我们意识到创业教育领域缺乏理论的严谨性,这导致在许多基本问题上各方观点很难达成统一,进而导致在相关教学内容的设定方面也无法统一。事实上,从事创业教育研究的学者对教学大纲的内容意见不统一,这导致大家甚至怀疑彼此的教学目的是否一致。虽然这一现象在美国一些大学的创业教育课程开发方面尤为明显,但缺乏严谨性和创业教育界定方面的相关问题并不仅仅存在于课程设计这一层面。劳卡宁(Laukkanen,2000)发现,尽管我们已经做出了很多努力,但我们并不知晓在不同的情况下创业教育能够和应该取得的教学成果。他进一步指出,对创业教育各抒己见,就教学内容和教育本身而言是大有裨益的(Laukkanen,2000,第26页)。

创业教育项目和课程目标

我们在教学理念和教学目标方面的分歧导致我们无法为创业教育和培训活动分类(Gibb, 1993 a; Vento, 1998)。希尔斯(Hills, 1988)对美国 15 位创业教育领域知名教育者的调查显示,创业教育项目有两个重要目标:加强学生对创立和管理企业过程的了解和认识;使学生意识到获得小企业拥有权也是未来择业的一种选择。考克斯(Cox, 1996)认为,针对培养创业发展意识阶段进行的培训介入的主要目标是帮助学生对创业产生自我效能感。这一阶段的教学应侧重于为学生提供丰富的创业经验和创业机会,并鼓励学生多接触现实生活中的创业者。一位倡导者认为,培训介入的目标因所处创业的不同阶段而有所不同。他认为在创业初期,培训介入的重心应在于坚定学生创业的决心。因此,教学重点应放在切实可行的创业计划上,为此提供相应的资金、社会关系网和专业咨询等方面的个性化帮助。

伽拉万和奥辛艾德(Garavan & Ó Cinnéide, 1994)提供了一份针对欧洲范围内包括爱尔兰、法国、意大利、西班牙和英国五国在内的六个创业项目的评估报告。他们就课程设计特点、课程目标、课程内容、课程历时长短、学习方法、学习结果和目标人群等方面对这六个项目进行了对比。在综述中他们指出,共有七个常被引述的创业教育项目。尽管与希尔斯(Hills, 1988)描述的目标(即新企业的发展和掌握各种创业技巧、能力的必要性)大致相似,但这些目标似乎更为明确:即确定和鼓励创业动力,欣赏创业天赋和能力,消除对一些分析方法的风险规避的偏见,对创业具有的所有特性持包容和尊重态度,以及敢于打破陈规和支持变化。此外,更应重点学习创业知识和培养分析不同创业形势的能力。就内容而言,伽拉万和奥辛艾德提到的培训项目的重点涉及理念的产生、创业计划、产品认证、市场调研和成立公司。他们得出的结论是:创业教育本身不是在教创业,而是为大家提供小型企业的管理技能。

赫里斯和彼得斯(Hisrich & Peters, 1998)并没有从教育者和推进者的角度而是从参与者的角度去思考创业教育的目标。虽然提高创业意识并没有被纳入教学任务的范围,但参与者认为应被纳入的内容却有助于提高创业成功的概率,因此十分实用。接受创业教育的学生的主要学习目标是了解不同创业类型的优缺点和评估自己的创业技能。此外,了解市场营销、金融、经营规划、组织计划、创业启动规划和获取资源等方面知识的精髓也尤为重要。勒鲁和纽文豪岑(Le Roux & Nieuwenhuizen,1996)组织的小型企业培训项目的特点在于重视项目参与者的观点和看法。为了明确目标学生群体所认可的创业教育培训课程需要涵盖的内容,他们对 220 位有进取心的创业者进行了调查。他们发现,学生的兴趣点与赫里斯和彼得斯(Hisrich & Peters,1998)总结的大体相同,其中包括市场营销、创业教育、创业计划、管理和金融管理等方面的知识。

创业教育项目与课程的内容和持续时间

卡尼和特纳(Carney & Turner,1987)就创业者需要掌握的创业技能做了具体研究。基于在南澳大利亚阿德莱德(Adelaide)开展的"青年带动社区进步计划"(Community Improvement through Youth Program,简称CITY),他们列出了 12 个对成功创业至关重要的核心创业技能,其中包括评估和欣赏自己优缺点的能力、评估个人表现的能力、沟通技巧、谈判技巧、与权力阶层打交道的能力、解决分歧的能力以及应对挫折和压力的能力。此外,他们也指出,决策力、时间规划能力、寻求信息和建议的能力、执行能力和解决问题的能力也是不可缺少的。他们认为,这些技能和能力并不仅仅局限于创业教育领域,对成年人而言,掌握和了解这些技能和能力对其积极参与社区活动、行使政治权利和职业生涯都会有所帮助。

赫里斯和彼得斯(Hisrich & Peters,1998,第 20 页)根据创业者的需求将创业技能分为以下三种类型:

- 技术能力:其中包括文案书写能力、口头表达能力、技术管理和组织能力。

- 企业管理能力:其中包括策划能力、决策能力、市场营销和会计技能。
- 个人创业技能:其中包括自控力、创新能力和风险承担能力。

此外,赫里斯和彼得斯(Hisrich & Peters,1998)强调指出,是否拥有特定的能力,如自控力、风险承担能力、创新精神和乐于接受变化、持之以恒和富有远见的领导能力是创业者与经理人最大的不同。

有趣的是,蒂蒙斯等人(Timmons et al.,1987)指出,在创业教育培训项目的课程内容设置方面是有局限性的,而个人经验是唯一的学习途径。从这一观点出发,他们将最终得到的创业计划的质量作为对体验式学习效果的衡量标准。然而,许多创业教育项目的侧重点放在写创业计划上。吉布(Gibb,1997)对此表示质疑,尽管创业计划似乎在大多数创业教育项目中都很常见(Hills,1998)。吉布认为,过分强调创业计划并以此衡量学习结果可能会导致参与者不具备应变能力。他指出,培训者应该意识到创业计划只是创业探索中的一小部分,和它对创业者的重要性相比,它对银行经理和提供资金帮助的实体来说更为重要。韦恩(Wan,1989)在很大程度上也支持这一观点。他认为,创业计划仅仅是风险投资人用来评估新提案的参考标准之一。创业计划并不能反映创业者的个人能力,而个人能力才是影响投资人最终决定的重要因素。

杜斯比(Dunsby,1996)从各方面的调查得出的结论是,财务管理和市场营销也是创业者需要别人提供帮助的重要领域。然而,阿瑟顿和汉农(Atherton & Hannon,1996)认为我们应该为寻求成功的创业者提出更多和更广泛的要求。他们就创业者对成功的看法对英国东北地区和澳大利亚西南地区 70 位业主兼经理进行了调查。他们发现,在外部企业环境条件下处理日常事务的能力和展望未来的能力是创业者应具备的主要能力。此外,不断提高个人能力从而为企业确定发展方向和目标也是必不可少的。他们在调查中指出,商科学校的教师应该将课程重点放在这些至关重要的因素上,而不是仅仅提供和自己专业领域相关的指导。劳卡宁(Laukkanen，2000，第26页)也赞同这一观点，即大学层面的创业教育应该更关注创业的具体实践(创业者应该做什么和如何通过亲身实践实现目标)，而不仅仅是学习相关知识(把它当作和其他社会现象一样，用一种"超然"的态度去学习)。

尽管在创业教育和培训领域已涌现出一大批研究成果，詹宁斯和霍利(Jennings & Hawley，1996)认为许多创业培训计划实际上都没有解决创业者的实际需求。他们觉得项目培训人员和创业者对培训需求方面的看法是不同的，比如有时对项目培训人员而言重要的问题领域，在创业者角度看来是没什么价值的。这也许是因为许多项目培训人员所具备的小公司管理或职业经验十分有限，因此不能理解创业者所面临的实际问题。

我们在研究创业教育项目的课程内容时发现，一些项目是以任务为导向而不是以行为为导向的，它们往往侧重于小企业管理方面的特殊技能培训，如金融与市场营销，而不是培养创造力、创新能力和解决问题的能力(Deakins，1996)。许多系统的培训干预在帮助创业者调整策略以应对企业经营中出现的问题方面发挥的作用微乎其微。而以任务为导向的创业者往往更容易失败(McCabe，1998)。考虑到这一点，伽拉万和奥辛艾德(Garavan & Ó Cinnéide，1994)指出，创业教育项目实际上应该教授的内容取决于创业本身。他们支持维斯珀(Vesper，1982)的观点，即大多数创业教育项目并没有促进创业教育的发展，因为它们往往没有为参与者提供"有效"的资源，而且与参与者的投入相比较而言，培训的效果也不显著。

例如，伽拉万和奥辛艾德(Garavan & Ó Cinnéide，1994)就创业培训项目的内容、持续时间及所采用的学习方法的多样性发表了看法。这些培训项目有的为期一天，有的为期一年。当考虑到需要包含的内容和与其他职业发展课程相比较时，这些项目似乎都是短期的。希尔斯等人(Hills et al.，1996)在对波多黎各创业培训发展的报告中指出，目前有三种新兴的创业教育和培训项目模式。第一种是入门课程，其目的在于开发创业计划;第二种课程针对已经建立的企业,侧重点在于企业发展;第三种是和管理相关的课程,侧重点在于创新精神、团队建设和创业特质培养。

范·沃里斯等人(Van Voorhis et al.,1996)将为期30周的创业教育培训课程计划融入"B-17教育计划"当中,这是瑞典为无业人员提供的一个试点项目。培训课程采用跨部门团队方法,每个项目提案由20个小组成员和一个"总裁"负责,旨在培养和(或)提高建立新企业所需的核心创业技能。

销售培训方面的课程也是培训的重点。范·沃里斯等人(Van Voorhis et al.,1996)指出,推销技能不仅对成功创业至关重要,它也是政府部门和资助机构十分重视的技能,因为它们的最终目标是扩大出口额。因此,"B-17教育计划"将推销技能作为衡量项目参与者是否取得进步的标准。因为在我们进行研究时"B-17教育计划"还处在初期阶段,所以我们还没有足够的实证数据来验证它的长期效果。

创业教育项目和课程的教学方法

文献资料显示,创业教育培训和课程的学习方法多种多样,如讲座、报告以及基于视频和案例分析展开的小组讨论和角色扮演。无论是传统还是非传统的学习方法都拥有各自的特点。一些评论家如戴维斯和吉布(Davies & Gibb,1991)对传统教学方法持批判意见。他们指出,传统教学方法侧重于说教式的理论教学,并不适用于创业教育。扬(Young,1997)也赞同这一说法,他质疑用这种方法讲授一门几乎全是开展活动的课程是否有价值。同时,他指出传统的教学方法难以教授创业者实践技能和经验。然而,谢泼德和道格拉斯(Shepherd & Douglas,1996)分析了案例分析、角色扮演、情景模拟、解决问题等非传统的教学方法。他们认为,提供指导且知道结果的课堂范围内,这些方法实际上可以培养逻辑思维能力却不能培养创造性思维和创业思维。在试图评估其他教学方法时,麦克马伦和博贝格(McMullan & Boberg,1991)以卡尔加里大学

(the University of Calgary)工商管理硕士(MBA)在读学生和毕业生为研究对象,对比了该学校采用的案例教学法和方案教学法。他们发现,学生认为案例教学法更有助于培养分析能力和信息合成能力。然而,学生认为那些以方案教学法为主的课程更有助于在这一领域提高知识水平和理解能力,同时在培养评估能力上也有很大帮助。从这些角度考虑,方案教学法似乎更为有效。

在探索教育和创业二者之间的关系时,吉布(Gibb,1987b)对比了课堂学习环境和创业者在现实生活中的学习环境。他指出,许多教育机构和商科学校都着眼于过去,把学习重点放在对大量信息的理解、反馈和分析上。在现实生活中,创业者往往着眼于现在,他们并没有多少时间做批判性分析。学生花了大量时间处理问题,并通过自己的实践和经验来学习。课堂学习情况很大程度上是依赖权威和吉布所说的"专家的认可",而在现实生活中的创业者则必须依靠自己拥有的知识的准确性和他(她)的个人价值。

吉布认为应该采用一套就时间和地点两个方面更为灵活有效的、以实践经验为基础的学习方法。比如说,这种学习方法应该可以鼓励学生用开阔的视角探索和寻找问题的答案,从失败中吸取教训,独立思考并考虑自己的需求,而不是依赖于外部信息来源和专家的建议。

然而,吉布(Gibb,1987b)认为,就创业教育和培训而言,我们对培训人员、创业者或业主兼经理之间的知识转移过程知之甚少。同时,我们也并不了解创业教育项目参与者更愿意选择哪种类型的学习方法。近来,我们重视和强调学习方法,鼓励参与者采用比较灵活的学习方法,但这并不意味着一定要忽视理论知识。例如费特(Feit,2000a)主张创业教育工作者应在课程中增加理论知识内容,为学生开展以理论为基础的活动(Feit,2000b),培养他们的认知能力,以便在今后的创业中做出更为明智的决定。然而,另一些评论家则认为比较灵活和切合实际的教学方法似乎更加行之有效。例如,希尔斯(Hills,1988)突出强调了这一观点,他通过对处于前沿的教师的调查指出,学生在创业教育学习过程中比较重视实践,如写创业计划和聆听创业教育领域的演讲嘉宾的演讲,而不是仅仅局限于听讲座和参加读书会。之后他对波多黎各大学(the University of Puerto Rico)创业课程的调查得出的结论也证实了这一观点。

蒂蒙斯和史蒂文森(Timmons & Stevenson,1985)认为,创业教育是一个长久的需要一生去坚持的学习过程,所以最好的学习方法是将正规的教育与实践经验相结合。根据对参加哈佛商学院管理培训项目的100位创业者的调查,他们发现,分析性思维、会计学、金融学、市场营销学、管理信息系统和制造业等方面的知识都应该被纳入创业教育课程体系。然而,其他关键能力如判断力、人际交往能力、耐心和责任感等是不能直接从课堂学习中获得的,而只能在现实生活中习得。

康纳等人(Connor et al.,1996)认为,为了使学习变得更为有效,我们应不拘泥于案例分析和角色扮演等教学方法;相反,我们应该融入更多的体验式教学方法。斯顿夫等人(Stumpf et al.,1991)建议在创业教育过程中使用行为模拟法,他们认为这些方法比传统的教学方法更有益处。而赖特(Wright,1996)则认为在商业教育中可以使用案例和微型案例研究教学法。柯比和马伦(Kirby & Mullen,1990)认为实习是创业教育中一种比较有效的教学方法,因为这样可以帮助学生了解如何全面地管理经营小型企业,并培养相关的创业能力。为了使创业教育培训更加有效,学习内容应与实际相结合以便学生可以学以致用。有抱负的创业者往往更强调学习中的灵活性。基于这种观点,塞克斯顿和鲍曼-厄普顿(Sexton & Bowman-Upton,1991)呼吁教师在创业教育过程中多进行实验,甚至在教学过程中不事先精心安排,而是稍微随意一些。同样地,康纳等人(Connor et al.,1996)参考了科尔布(Kolb,1984)的经验学习圈理论(learning cycle),即学习过程是由四个适应性学习阶段构成的环形结构,包括具体经验、反思性观察、抽象概念化和主动实践。康纳等人认为这个过程十分关键,因为它可以帮助企业管理者将他们所学的知识运用到现实生活中的公司或企业里。

创业教育项目和课程的参与者简介

从文献资料和提供的其他各种培训课程可以看出,不同类型的创业培训项目吸引了不同类型的参与者。正如杰克和安德森(Jack & Anderson, 1998)所指出的,创业教育的"观众"来自更广泛的群体。事实上,并不是所有参加创业培训课程的人都想成为创业者。一些人或许只是想提高创业教育领域的知识水平,而另一些人则意识到学习一些创业知识是社会的需要,因此他们参与培训以便更好地了解这个领域(Block & Stumpf 1992; Jack & Anderson, 1998)。希尔斯等人(Hills et al., 1996)也支持这一观点。他们指出,虽然一些学习创业教育的学生想通过培训寻求如何创业,而另一些学生则是为了满足他们对于创业的好奇心,或许将它当作未来职业的一种选择,或者协助已经创业的人工作。

道格拉斯(Douglas, 1976)指出,传统意义上说老一辈创业者往往受教育程度相对较低,如今情况已经大不相同了。因此,正如戈尔曼和坎宁安(Gorman & Cunningham, 1997)所引用的奥费拉尔和赫里斯(O'Farrell & Hisrich)的研究指出,如今创业教育培训参与者的受教育程度与以前相比大为提高。同时,也有证据表明他们似乎都有更多的工作经验。包括盖斯(Gasse, 1990)在内的许多学者都认为工作经验对创业者而言十分有益。柯林斯等人(Collins et al., 1964)指出,通常是由于受到工作长期停滞不前、缺乏动力和工作满意度的降低等因素影响,人们才会考虑创业。因此,挫败感和渴望变得独立促使很多人参与到创业教育培训中去。

凯勒(Kailer, 1990)在对一些奥地利公司的研究中发现,人们对创业培训的态度受一些因素的影响,如公司的创新程度、公司的发展路线是否明确、公司是否有长远规划、公司员工的资历、公司领导的年龄以及其过去受教育的程度。沃特金斯(Watkins, 1983)指出,由于自身受教育水平过低,许多创业者并不重视创业教育。因此,许多业主经理不愿意在创业教育方面投入时间和物力。这与戈尔曼等人(Gorman et al., 1997)的一项调查的结果相符,即大多数小企业主对正规教育和培训持消极态度。柯伦(Curran,2000)也指出,通过对独立和赞助的评估项目的调查发现,存在的共性问题是小企业主往往不太接受别人的建议。他认为有三个因素可以解释为什么小企业主总是谢绝别人的帮助。第一,小企业主往往认为提供支持和帮助的人对自己的企业不够了解。参考莱特富特(Lightfoot,1998)的观点,科伦(Curran,2000)认为这并不意味着企业顾问缺乏企业经营方面的知识,而这方面的知识往往是可以习得的;相反,问题出在小企业主本身,因为他们不愿意接受来自"外部"的建议,认为这种建议和帮助对他们的自治权构成了威胁。第二,小企业主对他人提出的建议(如有关创业计划和财务管理方面的建议)的好处持怀疑态度,因为这些领域的课程内容往往来自于大型企业的实践。科伦(Curran,2000)认为小型企业并不是一个大型企业的缩影,在一种环境条件下较好的做法并不一定适用于另一种环境条件。第三,开发培训课程的标准化方法,虽然比较容易管理和监控,却忽视了每个小公司都有各自不同的特点和特殊的需求。因此,无论是有志向的还是现实的企业所有人,或许都没有及时认识到参与培训项目的好处。由于很多创业前的扶持方案和补助金鼓励是密不可分的,而能否获得财政资助往往依赖于是否成功地完成训练环节,所以在和有抱负的创业者打交道时并不会产生较严重的问题。而且,与早些年相比,现在的创业者的受教育程度更高,因此他们更重视创业培训(Caird,1989)。

科伦(Curran,2000)发现,尽管政策制定者们一致认为需要制定一些政策,促进小型企业发展和提高它们在经济中的地位,然而事实却是几乎没有多少小型企业在利用外界的扶持和帮助。因此,我们十分需要从宏观和微观两个方面衡量小型企业政策的效果,从而评估为小型企业开设的培训课程和项目的作用和效果。虽然目前涌现出大量各种各样的创业教育项目和课程,我们还是缺乏实证研究去评估这类培训项目和课程的内容、教学方法及其效果。而且,凯尔德(Caird,1989)发现,大量关于创业教育培训的信息都是描述性的而不是评价性的,这导致我们在评估小型企业教育时会遇到很多困难。

判断和衡量创业教育和培训的效果

包括科伦和斯坦沃茨（Curran & Stanworth，1989）、吉布（Gibb，1987b）、布洛克和斯顿夫（Block & Stumpf，1992）、考克斯（Cox，1996）和扬（Young，1997）在内的许多学者都一致认为有必要对创业教育和培训项目进行评估。希尔斯和奥辛艾德（Hills & Ó Cinnéide，1998）指出，迄今为止仅有少数研究是针对创业教育效果进行的。而且，即使有这方面的研究，也只是针对某个特定的项目及它的即时效果。尽管如此，麦克马伦等人（McMullan et al.，2001）认为，基于很多理由，我们应该评估创业教育课程的效果。首先，人们期望创业教育培训的净利润能高于成本和风险。其次，就赞助商的金钱成本和参与者的时间成本而言，培训和课程应该是"昂贵的"。第三，在评估某个培训项目的效果时，除了要考虑显性成本外，更要考虑隐性成本。比如说，邀请演讲嘉宾、指导老师和无报酬的顾问时带来的额外开销。第四，一旦学员想将得到的建议付诸实施，他们将会承担一定的风险。因此，创业教育效果评估的核心在于既要考虑到项目的成本效益也要考虑到该项目的机会成本。

然而，如何展开这方面的评估也是一个问题。鉴于对培训项目成本效益的实证研究，吉布（Gibb，1997）质疑我们能否找到方法从投资回报率角度分析培训的效果。同时，威克汉姆（Wyckham，1989）指出，我们很难确定适合的成效评价的方式和其中的因果关系。尽管如此，斯托里（Storey，2000）和麦克马伦等人（McMullan et al.，2001）一致认为评估培训课程的最好方法就是将培训成果和目标结合在一起考虑。事实上，麦克马伦等人（McMullan et al.，2001，第38页）认为"创业教育课程的目标应该首先考虑是否盈利，因此适合的衡量标准应包括已经建立的企业或挽救的企业、税收的产生和增长、创造和保持的就业机会以及已经获得的资金资助和收益性"。克拉克等人（Clark et al.，1984）指出，事实上很少有研究能真正在某个项目培训完成后去分析它对新企业的创立产生的影响。相反，大多数创业教育项目评估的标准是指导教师的知识水平、准备情况和讲课风格，以及项目本身实施的难度和项目的趣味性。因此，我们忽略的是培训课程涉及的财务问题。

斯特克(Stake，1980)建议采用回应性评估方式从总体上评估创业教育和培训项目，而评估的目的是为了提供有效的信息以便为今后项目的调整和改进提供指导。他的方法并不依赖于正式交谈，而是侧重自然的交流。他的方法基于人们在评估和衡量事物时自然而然的做法，即观察然后做出反应。因此，许多人开始思考对参与者而言培训项目的价值是什么。然而，斯特克(Stake，1980)提醒大家注意"元评价"——评估者在评估过程中用质量控制的方法，选择性地强调项目比较成功的方面而忽视不成功的方面。这种做法或许源于项目投资者的一种不成文的规定，其目的在于使以此得出的报告比较令人满意。

就小型企业政策的评估，科伦(Curran，2000)提到了两种评估：第一种是由私营营利性机构针对(负责提供政策的)政府资助机构赞助的项目进行的评估。他指出，在英国进行的绝大多数的评估都属于这一类型。通常情况下这种评估的结果是不公开发布的。第二种是由研究人员(通常都是学术研究人员)自发进行的非营利性的评估，并由另外一个机构提供资助和帮助来完成评估。这类评估的结果往往会公开并且具有一定的建设性意义。这两种评估方法的不同在于，前者更有利于项目本身或政策，而后者往往相对比较客观且没有倾向性。从这一角度来看，科伦(Curran，2000，第39页)指出小型企业项目似乎更能得到大家的认可，因为它可以促进小型企业发展、提供就业机会和促进经济发展。如果是这样的话，那么有些似乎没有效果的政策就有可能一直沿用下去。虽然他对小型企业政策评估做了很多研究，他提出的方法却不适用于创业教育和培训项目的评估。如果对这些课程的评价不是独立且客观的，那么包括创业教育项目内在的局限性问题就不能得到解决。

威克汉姆(Wyckham，1989)指出，我们通常使用三种方法来评估创业教育和培训。然而却没有一种方法能够解决开展这种培训课程带来的财务方面的问题。第一,我们可以通过考试对学生知识和技能的掌握情况进行评估。第二,我们可以根据学生的反馈对课程和教师的授课质量进行评估。第三,课程结束后,我们可以对参与者进行跟踪调查,了解他们的就业和薪水情况,搜集数据进行评估。同时威克汉姆指出,目前我们仍然没有找到为大家普遍接受的标准和准则去评估创业教育和培训的效果。然而,麦克马伦等人(McMullan et al.,2001)指出,设计一个评估方法相对比较容易,但确保该评估方法是否行之有效却很困难。事实上,韦斯赫德等人(Westhead et al.,2001,第167页)提醒大家"使用精确且精心设计的方法进行评估"。他们发现,在最初评估某个项目时,一些研究者往往是从参与者的角度入手,咨询他们的意见和看法。事实上这一方法十分常见,麦克马伦等人(McMullan et al.,2001)认为今后可能还是会沿用这一方法来评估创业教育和培训的效果。然而,他们提议,这种较为主观的方法应仅限于用在评估参与者对培训的满意度,而不能替代别的方法来评估培训项目的绩效成果。因此,他们建议如果需要评估培训课程的效果或影响时,我们还是应该采用更为客观的方法。

韦斯赫德等人(Westhead et al.,2001)提到了完全采用主观评估方法的局限性。首先,参与某个培训课程的人们是否具有代表性,可以代表整个群体。其次,受访者可能会受到一些干扰,继而给出一些他们觉得评估者可能想要的答案,而不是做出真实的回答。第三,如果我们能考虑假设参与者不参加培训可能会出现的情况,将其与培训项目参与者的实际情况做比对,便可以评估培训项目的作用和效果。第四,没有考虑项目参与者的个体特征可能会导致评估的效果被夸大。第五,研究人员应该意识到,参与者都是自愿选择参加培训项目的,因此可能导致评估结果不准确。最后,观察受访者的后续行为比描述他们的观点更为重要。

我们可以采用杰克和安德森(Jack & Anderson,1998)提出的评估模式来评估参与者是如何完成培训课程的。基于布洛克和斯顿夫(Block & Stumpf,1992)早先提出的版本,杰克和安德森提出了一个五步框架来评估创业教育和培训项目的效果。这个比较全面的模式侧重点在于衡量标准以及从培训课程开始到结束后培训课程的不同元素的作用。这种模式提供了一系列不同类别的评估方式,其中包括对正在进行的项目的评估方式和对已经结束五到十年的项目采用的评估方式。这种模式十分有用,因为它使我们意识到在整个培训期间跟踪观察参与者的进展情况的重要性。事实上,许多研究人员都意识到创业教育与培训领域欠缺的是历时研究以及进行历时研究的必要性(Wyckham,1989;Fleming,1996;Clark et al.,1984;Westhead & Storey,1996;Barrow & Brown,1996)。

伽拉万和奥辛艾德(Garavan & Ó Cinnéide,1994,第5页)指出,"我们需要历时研究,采用对照组模式比对培训项目参与者和从未接受过创业教育培训的人,检验创业教育和培训干预的长期影响"。斯托里(Storey,2000)也支持这一观点,他指出,评估创业扶持培训项目效果的有效方法应该是选择成立年限、部门、所有权和地域等方面都一致的一些公司作为"对照样本"。而且理想的情况是能够在项目启动前便选好对照组,这样对两个公司的比对研究可以同步进行。

即使采用这种评估方法,研究人员也应该注意一些问题。即使不间断地对两个对照组各自的特点进行比对,在某些方面它们还是不同的。就创业教育和培训的参与,斯托里(Storey,2000)指出,参与者在选课动机和选课标准方面是存在差异的。比如说,一些旨在寻求帮助和参与培训的公司和个体或许比较灵活并且目的明确,因此他们比较容易接受新理念。本质上讲,这些自愿参加创业培训课程的人是自我选择的结果。

当选择一些人参与到项目中去时,会出现另一个倾向。在有竞争存在的情况下,筛选只能在不同的申请人中进行选择,他们更倾向于选择那些看起来是"最佳"的申请人。于是,当比对控制组时,可能会出现很多难以预料的结果。正如斯托里(Storey,2000)所指出的,因为选定的组本身就是更好的一组,所以选定的组会比控制组表现得更好。

评估培训项目时,如果采用科学严谨的评估方法,就可以克服纯主观的评估方法的局限性。比如说，就第一个局限性而言，韦斯赫德等人（Westhead et al.，2001）在评估 1994 年壳牌技术创业项目（Shell Technology Enterprise Programme，简称 STEP）时，尽量确保了较高的问卷回收率。这就意味着他们得到的反馈是比较有代表性的。为了尽可能地克服第二个局限性，研究人员采用一系列结构式问卷的方式（这些问卷是在为期 36 个月的时间里发放的），以便得出比较客观的结果。研究人员也采用了对照组的方法，力求克服另外几个局限性。研究人员就年龄、性别、学位课程和家庭地址等几个方面将参与 1994 年壳牌技术创业项目的学生和未参加培训的控制组学生进行了对比。研究小组由此能够评估培训项目的价值。

由于需要考虑各方面的因素，创业项目效果评估是十分复杂的。然而十分重要的一点是，评估过程中要尽量做到精确和严谨，以便提供准确的信息，从而确保在此基础上得出的结论的准确性。无论是在宏观政策层面还是微观层面，用这个方法评估某个课程或培训项目是否实现了预期效果，都很适用。

小结

创业教育领域将会引起人们越来越多的关注。与此同时，这一领域的研究也得到了发展。这个领域相关的文献资料显示，就创业是否可以被教授这一问题的争论仍会继续。大多数学者仍然认为至少一些和创业相关的方面是可以通过教育和培训得到发展和提高的。然而，尽管创业教育课程和培训项目在各个层面都有所发展，但还是无法达到统一。这部分是因为在支撑这一领域的理论假设方面还存在很大的争议。此外，就如何研究这个领域，也存在很多不同的学科视角，这就导致了课程设置的多样性。还有学者认为，很多人对创业的概念和小型企业所有权方面的看法仍然存在分歧，这些分歧对创业教育课程的设计思路、内容设定和结构安排等有很大的影响。而关于评价教育和培训项目的作用这一领域，我们还未进行充分的研究。事实上，就组织者和参与者而言，开发和经营培训项目和课程的时间和金钱成本都很大,这一点或许令人惊讶。研究人员发现,衡量和评估创业教育课程和培训效果最有效的办法是考虑在多大程度上实现了项目的预期目标。创业教育工作者和相关的培训人员能明确他们想通过课程和培训实现什么目标,这才能保障评估结果的准确性,这一点十分重要。

第二部分

效果研究

第五章 研究方法

引言

　　这部分主要介绍本研究的结果,调查创业培训项目对支持和培养有抱负的创业者所产生的效果。目前这方面的文献资料仍然很少,大部分评论家往往比较关注与评估相关的困难和问题(Adams & Wilson,1995;Gibb & Nelson,1996;Gorman et al.,1997),而在此期间没有开展必要的评估研究(Caird,1989;Garavan & Ó Cinnéide 1994;Curran & Storey,2002)。而且,由于大量纳税人的钱仍投资在这一领域(Gavron,1998;Curran,2000),因此对能促进"良性政策循环"(Curran & Storey,2002,第169页)的持续评估的需求变得前所未有地重要起来。

　　本章将介绍研究想要解决的主要问题和所使用的研究方法,并阐释选择这些特定的案例和群体的方法和原因。研究结果会在后面的章节中呈现给大家。

研究问题

　　正如第一章开篇所提到的,研究本质上是对创业教育和培训性质及效果的总体调查,其主要目标是希望能在创业教育培训项目领域做出有价值的贡献。出于这种考虑,本研究旨在解决以下几个问题:

- 为什么代理机构、大学和(或)其他支持机构要提供和(或)资助创业培训项目?原因是否因项目和(或)国家的不同而有所不同?
- 创业项目想要达到的目标是什么?又是以什么为代价?项目的

目标、内容和成本是否因项目提供者(或项目)不同而有所差异？在爱尔兰和西欧其他地方进行的项目是否存在特定的差异？
- 什么样的个体会参与创业培训项目？有抱负的创业者或处于创业最初期的创业者是否真的具备(或者相信自己具备)文献中提到的对成功创业至关重要的关键特质？
- 创业培训项目事实上实现了什么目标？参与者能否获得明显的收获？参与者对这些收获的看法是否会随时间而改变？
- 通过制定一个框架来提高创业培训项目的效果是否可行？如果可行,框架应该包含哪些内容？

正如开篇所言,基于本研究的目标,我们将有抱负的创业者定义为正在考虑开始创业和可能处于准备过程不同阶段的个体。

设计研究时的注意事项

毫无疑问,因为涉及固有的过程和方法等方面的问题,评估创业项目效果是极其困难的(Bennett,1997;Storey,2000)。此外,也有其他方面的问题,如斯蒂格勒(Stigler,1971)称为"规制俘虏(regulatory capture)"的易受影响性(即因为来自赞助商的压力,失败被轻描淡写以便产生有利的结果)、创业概念的绝对优势(Curran & Storey,2002)以及特定的绩效评估的缺乏,使评估的过程更加复杂化。

就效果的实际评估而言,当前似乎并不存在能为大家普遍接受的项目评估标准(Wyckhanm,1989)。目前使用的评估方法包括回应性评估方式(Stake,1980);通过考试、调查参与者以及收集有关薪水和就业方面的资料,对知识和技能进行评估(Wyckhanm,1989);并结合其他一系列办法跟踪研究参与者的发展和变化(Jack & Anderson,1998)。人们认为,许多创业项目评估往往依赖于客户调查,而这些调查中的参与者仅仅被简单地询问其观点和看法(Nahavandi & Chesteen,1988;Pelham,1985)。然而,简单地描述参与者的观点仅仅是效果研究所关注的一部分,因为真正的目标一定是研究参与者完成项目之后的后续行为。

麦克马伦等人(McMullan et al.,2001)认为有三种可以用来评估创业项目效果的标准方法：
- 对客户满意度的主观评估；
- 客户有关协助对其后续表现所起作用的看法；
- 客观评估标准，如就业机会增加、销量增长等。

然而，正如第四章所讨论的，这些方法存在很多局限性。而且，进行效果研究时还伴随着一系列固有的问题，如数据缺失、抽样困难、对照组数量少或没有对照组，以及在分析数据时需要进行处理和提出假设等（第38页）。麦克马伦等人（McMullan et al., 2001）指出，只依赖参与者满意度或对项目效果的主观判断来评估项目则会得出错误的结论（第37页）。出于这种考虑，我们应该将属性评估方法与客观评估方法相结合，以便支撑效果评估得出的结论。

设计本研究的相关项目时，我们也注意到定量和定性方法的使用。定量研究主要关注的是事实的收集，采用传统的调查方法和科学的手段得出量化的、可归纳的结论（Bell, 1991）。然而，由于定量研究是以大量具有代表性的统计数据样本为基础，因此它的局限性在于研究往往提供的是总体陈述而不是个体陈述或个体案例。

而定性研究更关注对个体的看法和态度的理解，旨在寻求见解而非统计分析（Bell, 1991）。因此，它一般被应用于不能有效使用定量方法的研究领域（Eisenhardt, 1989; Walsham, 1995）。有趣的是，有时候定性研究被认为是比较差的，因为与定量方法相比，定性研究方法推测性比较强、采集数据较少，因此不能满足统计效度标准。然而，由于定性研究是基于人类行为和社会现象的研究方法，研究者可以监控并评估一些对实际发生情况不断改变的看法（Curran & Storey, 2002）。

研究方法

鉴于伴随着效果研究而产生的一系列难题和各种评估方法的弊端，本项目的研究方法在多方法框架基础上将定性和定量方法相结合。然而饱受争议的是，一些多方法研究只关注统计分析（Diesling, 1971），因此我们需要重视将这类分析与定性数据相结合(Smithson,1991)。而且,就创业项目评估而言,只测量项目的定量(如经济)结果不能全面地展示出项目的真实价值(Johnson & Sack,1996)。因此,本研究将客观、主观和属性评估方法结合起来,包括:

- 案例研究(八个案例),整合了定性和定量的数据。这些数据来源于档案材料的分析(项目文献和评估报告)以及深入访谈。
- 纸质问卷,提供给不同的创业项目参与者,旨在建立有抱负的创业者的资料档案(102份问卷)。
- 一系列的纸质问卷(五份调查问卷),精心设计的问卷旨在收集定性和定量数据,并对特定有抱负的创业者群体(35人)进行历时三年的研究。
- 一份比较完善的创业评估纸笔测验,即创业倾向测验,三组有抱负的创业者群体参加了该测验——实验组、控制组和对照组(共38人),其中有两组参与了创业培训项目,而另外一组则没有参加培训项目。

如果研究者正在研究的是之前没有被研究的领域,即使单一案例能够证明其合适性,但就这些单一案例的设计是否具有充分的效度、信度和普适性的问题,仍存在很多争议(Yin,1994)。为了完成重要的构想,研究者需要意识到因时间和人的不同,案例的实际情况也不尽相同(Glaser & Strauss,1967)。多案例研究可以促进理论构建和理论验证,也可以使我们更深入地了解整个研究过程(Yin,1981)。基于这些原因,本研究选择了多案例研究。同时,本研究也采用案例研究的方法,因为这种方法能够为我们提供更加全面的视角,提出一些通过其他方法一般无法获得的见解(Pettigrew & Whipp,1991;Gable,1994;Babbie,1995)。基于研究的目的,本研究选择典型案例(Hammersley,1985),所使用的数据至少有两个来源,如文件、档案记录和访谈(Yin,1994)。书证包括宣传文献和政策文件,以及各种相关的报告和学术文章。档案记录包括组织机构的记录、名录、项目计划、预算以及之前搜集的数据或评估报告一类的调查数据(Yin,1994,第83页)。

通过参考这一领域其他研究的方法和相关要素,进一步证明了我们选择这种研究方法的正确性(O'Farrell,1986；Hisrich,1988；Garavan & Ó Cinnéide,1884；Adams & Wilson,1995；Fleming,1996)。此外,值得注意的是杰克和安德森(Jack & Anderson,1998)采用了布洛克和斯顿夫(Block & Stumpf,1992)的创业项目评估框架。该框架大力提倡使用项目前和后的评估措施(包括创办企业的数量和类型、获取的知识以及参与者对学习和能力的自我认知)。这个框架对本研究的项目设计有着直接的影响。

初步调查

在真正开始研究之前,我们先对一小群有抱负的创业者进行初步研究。他们刚刚完成了创业培训项目。同时,我们也对一小群知名创业者进行研究。他们似乎并没有参与过任何形式的创业培训项目,而且他们的企业已经持续经营了一到八年之久(参见 Henry & Titterington,1996)。这一初步调查是至关重要的,因为它揭示了很多只能在更全面的研究中探索的问题,从而使大家进一步了解项目研究。除此之外,初步调查着眼于解决如何接触和访问一批未被曝光的(未被扶持的)创业者这一难题(如那些从未参加过创业培训项目的创业者),组建具有代表性的控制组。组建该组是因为大多数创业者被要求参加某种形式的创业培训项目以获得政府资金援助资格,这意味着我们需要一个有所差异的控制组。

案例选取

我们用三年时间完成了本书的研究。研究首先分析和对比了在欧洲五个国家开展的八个创业培训项目。该分析对这些培训项目的类型、结构、内容和目标进行综述,为后续的研究奠定了基础。本研究分析的项目包括：四个爱尔兰项目(其中一个项目是跨国项目,涉及地区包括爱尔兰的南北方)、一个瑞典项目、一个西班牙项目、一个芬兰项目及一个荷兰项目。选择这些特定案例是出于三个方面的考虑:第一,这些项目代表典型案例,符合本研究设计的主要目标之一。第二,它们都是由大学或高等教育学院的产业联络处和创业服务中心组织的,因此具有多样性的同时也具有共性。而且,尽管这些项目提供者不只和有抱负的创业者接触,但大多数情况都是与这些人打交道。第三,选取这些项目是因为我们中的一位编者能够通过其在欧洲的人脉直接获取这些项目的信息。案例研究的方法使八个项目中的每个项目的结构、内容和成本都能得到全面的分析和对比。原始数据的缺陷也都通过与项目提供者或投资者的结构式访谈得到了弥补。

深度访谈

本研究也对前面提到的项目提供者或投资者进行了深度访谈。之所以选择深度访谈这种方法,是因为它是信息最重要的来源之一。同时,作为研究方法,它比问卷(尤其就适应性而言)具有明显的优势(Bell,1991)。由于深度访谈主要应用于探索性研究,对于定量研究只能给予浅显解释的问题,深度访谈能给出更全面的答案(Domegan & Fleming,1999)。因此,我们认为深度访谈是最合适本研究的方法类型。深度访谈有助于受访者全面地表达对创业培训项目的提供和资助方面的看法(Kinnear & Taylor,1996)。设计访谈的主要目的是探求组织机构决定提供和(或)资助创业项目的主要原因。同时,访谈也有项目提供者(主要是项目经理)以及不同创业项目投资者的参与。本研究共进行了11次访谈,每次持续时间约为一个半小时。

调查问卷

选择创业培训项目参与者的初衷是他们可以代表有抱负的创业者。选择这些参与者是因为他们参与的项目早已被我们选择作为对比研究的案例,因此获取比较方便(本研究中项目参与者的个人资料详见第七章)。

研究设计了简单的自我评价类型题目以评价参与者个人对其创业特质和技能的认知,这种设计出于多种原因:首先,虽然用来测量创业特质的心理测量方面的测试和量表很多,但每份测试在发放和解释时都存在各自的困难和争议。第二,也可能出现分析工具不一致的情况,这会导致新兴创业者资料不一致的情况出现(Kets de Vries,1996)。第三,大家对其整体信度仍有一些疑虑。

而且,也有人认为不应该只重视心理测试的结果,而是应该结合其他分析方法一起使用(Fowler,1997)。这一点再次证明我们应该使用多方法框架,因为它综合了几种不同来源的信息。

在创业培训开始前我们使用第一份问卷来评估参与者,这份问卷的设计出于两方面考虑:第一,有助于积累有抱负的创业者或项目参与者的相关资料,为此问卷调查了四组人(共 102 人)。第二,它代表了历时研究五个部分的第一阶段,该历时研究跟踪了解某个特定项目参与组(实验组)的进展情况,这也是研究的核心部分。问卷的问题涉及参与者的背景、创业理念和创业动机,也包括参与者对个人创业特质的认知和商业技能(能力)等相关问题。其他问题还包括参与者期望通过参与某一项目获得什么收获。当参与者开始进行创业培训后,这些之前检验过的问卷就会被交给参与者本人。案例分析部分包括本研究四分之三的创业项目。因此,我们也能够提供必要的指导。然而,在荷兰项目中,出于组织协调方面的原因,问卷调查是通过邮寄方式交给参与者的。本研究相应的研究活动得到了荷兰同事的大力支持,因此确保了反馈率。

历时研究

通过初步自我评价型问卷,我们完成了历时研究的第一阶段。研究的第二阶段至第五阶段的侧重点在于某一组有抱负的创业者身上,即 35 位全爱尔兰行业赞助创业项目(即项目 A)的参与者,或称为实验组(详见第六章)。在历时研究中选择该组作为实验组是因为这是研究进行时就参与者人数而言最大的单个项目之一。而且,项目 A 处于试验阶段,因此项目提供者和投资者都赞成进行全面评估。除此之外,出于组织协调方面的原因(项目设在爱尔兰),我们容易获取项目数据,参与者也愿意为研究出力,这意味着追踪调查该组的进展情况比较容易。

研究的第一阶段早于创业项目开始之前,但第二阶段和第三阶段的研究是在项目 A 进行的不同时段展开的。第四和第五阶段的研究分别在项目完成后的一年和两年后进行。

第一份问卷(第一阶段)是直接交给项目 A 的参与者本人,而第二份问卷和后续的问卷则是通过邮寄的方式交给他们的。这些问卷通过附信的方式发放,解释研究的目标,内容也比第一份问卷相对少一些。正如所预想的一样,随着研究的推进,由于一些原因(如参与者退出项目或参与者不能返回问卷),问卷的反馈率也在下降。在历时研究的第一阶段,收回问卷 35 份(100%),第二阶段(项目进行到一半时)为 32 份,第三阶段(项目结束时)是 25 份,第四阶段(项目完成一年后)是 23 份,第五阶段(项目完成两年后)也是 23 份。通过邮寄方式发放的问卷的反馈率在 70% 到 97% 之间,对于邮寄问卷而言,这样的数量已经很不错了(Babbie,1995)。

创业倾向评价

就问卷涉及的心理学方面的问题而言,我们决定通过另外一种更加结构化且易于操作的测试来补充简单的自我评价形式。为此,我们选择了创业倾向测验问卷。创业倾向测验由杜伦大学开发,是一份结构化的纸笔评价测试,受访者在事先准备好的测试项上打分,这些测试项代表了态度、偏好或行为习惯。受访者被要求在一份列有 54 项问题的问卷上选择同意或不同意(Caird,1991,第 179 页)。该测验通过评价五种创业特质来衡量创业倾向,这五种特质包括:预计风险承担、创新倾向、高成就需求、高自主性需求以及内控点。出于组织协调方面的原因,该测试只应用于项目 A 的参与者(即控制组)和对照组。

数据分析

由于调查组规模小,而历时研究又是在三年内分几个阶段进行的,所以我们只进行了有限的统计分析。在纸质版问卷中,涉及定量数据相关的问题,我们按问题出现的频率和回答某一类问题的受访者数量的百分比记录了问卷的反馈。对没有提示且更定性或开放的问题,基于全部受访者数量的百分比,我们统计了最常见和最少见的反馈。因此,调查结果更侧重于定性分析,在合适的领域进行重要性测试。

就访谈而言,受访者的数量也很少,而且访谈涉及的问题也比较定性和开放。因此,研究主要从最普遍的反馈来分析访谈结果,并特别关注项目提供者和投资者对新兴趋势或共性问题的看法。

控制组和对照组

出于对比核心研究调查结果的考虑,我们确定了两个组。第一组是由 48 名有抱负的创业者组成的控制组,他们在创业预启动阶段便有了创业理念。他们都表达了想要成为创业者的意愿,而且大约在实验组(项目 A)开始时,这 48 名创业者已经申请参与创业项目。虽然这些参与者的情况似乎与核心组参与者大体相似,但前者没有设法在创业项目中获得一席之位。到目前为止,我们认为这在很大程度上归咎于过度的捐款。选择该组是因为考虑到效果研究中获取合适控制组的困难,而这一组似乎是当时能够获得的最"纯粹的"控制组之一。事实上,这两组怀着相似理想和抱负的创业者有着相似的起点,他们的进展情况也同步得到检验,如在项目 A 完成两年后(或在控制组初次申请参与创业项目三年后)进行检验,这给对比增加了效度。

幸运的是,研究者有机会研究另一组有抱负的创业者。被称作对照组的一组,由来自其中一个创业项目的 38 名参与者组成(详见第六章)。这组的情况十分有趣,因为他们正面临着裁员的境地,所以他们"被迫"将创业作为严肃的职业选择来考虑。我们认为将实验组(由完全是自我选择的、自愿的、有抱负的创业者组成的组)和裁员组(非自我选择的、非自愿的人组成的组)这两组的进展情况进行比较,能够使我们更深刻地理解培训项目的效果。而且,与作为促进因素的失业的影响和(或)资源利用相比,这种比较两组的方式为我们提供了很好的机会去检验创业培训的真实效果。这种比较方式也使创业培训的影响和用途在两种完全不同的情境下得到检验,因此引起大家就这种干预的合理性进一步进行讨论。在历时研究进行到第五阶段时(项目完成约18个月后),我们对对照组进行调查。对控制组和对照组的调查主要侧重于有抱负的创业者得到的或可能已经得到的经济产出、创业理念转变情况以及总体收益。

研究方法的局限性

虽然本研究采用的方法比较全面,但仍有明显的缺陷。首先,群组规模小,而且反馈率在历时研究中逐渐下降,这意味着研究结果必须放在具体情境下去考虑。我们不敢断言整个研究结果和后续章节中的结论具有普适性。与此同时,我们十分期待项目产出、成本和报告收益能够得到进一步的研究和广泛的比较。

就案例研究而言,如果可以采访到每个创业项目更多的参与者,对研究会更有利。然而,正如大多数创业项目所常见的,主要是因为经费限制,这样的项目通常只涉及了少数人而且通常只有项目经理才能够提供大量研究所需的信息。

就创业倾向测验工具而言,尽管操作起来似乎比较容易,但也有其局限性。有人认为这类测验的结果不应该只适用于创业者而应该适用于普遍有进取心的人(Caird,1991,第182页)。同时,简单的、"强迫选择"的形式可能会使受访者有意识地选择那些被社会认同的反馈,因此可以得到高分(Caird,1991,第182页)。然而,其他人认为测验是有效的,并建议应该考虑进一步应用该测验,尤其是检测测验工具的判别和效度预测方面(Cromie & O'Donaghue,1992)。考虑到这个局限性,我们将创业倾向测验作为初步问卷中其他自我评价类型分析的辅助工具使用。

最后，尽管我们力图减少研究的偏向性，但我们对实际调查的项目，尤其是爱尔兰项目太过熟悉了。事实上，可以说本研究中的案例展现的是便利的样本，这损害了研究的外部效度。尽管这给如何解释研究结果带来了难题，但却有助于为大家提供文档资料和有关项目参与者、提供者以及投资者的信息。一般来说，这些信息对于其他项目的评估而言是不可能获取的。

小结

本章阐释了研究方法，并描述了选择这些特定的案例和群体的方法和原因。我们没有断言这种研究方法是全新的，但多方法研究确实具有一定的优势。此外，本研究采用了时间量表，并采用能够突出强调项目参与者本人看法的高度定性的方法，这些尝试和努力都使得本研究更具价值和有效性。

第六章将会讨论研究的调查结果，即项目比较、参与者分析，以及从历时研究角度考虑项目的整体效果。

第六章 创业培训项目对比分析

引言

在第一章我们已经讨论过干预的优点与不足。然而,关于创业能否被教授这个问题仍存在很多争议。尽管就应在创业项目中包含哪些创业要素的问题还有很多争论(Timmons & Stevenson,1985;Miller,1987;Arzeni,1992;Boussouara & Deakins,1998),许多研究者还是比较支持创业可以被教授这一观点。

尽管创业教育项目往往是关于创业并且将提高创业意识作为主要目标,但创业培训课程更关注的是为创业提供指导(Jamieson,1984)。因此,这类课程旨在帮助有抱负的创业者开展实际的创业活动。随着对提供结构化干预的兴趣持续上升,人们意识到有必要进一步了解一些机构选择干预创业过程的原因这个基本问题。关注结构化创业干预培训这一领域将会使大家更加清楚地了解这种干预是否有效。

基于此理论,本章通过检验五个欧洲国家的八个创业项目来研究创业教育培训项目的效果。本研究确定了创业培训项目的优点与不足,并调查了其对经济和非经济领域的整体影响。

案例——八个创业培训项目

正如第五章所述,本研究采用多案例研究设计来分析八个创业培训项目,其中包括:

- 四个爱尔兰项目
    ——一个全爱尔兰产业赞助项目(项目 A)

——一个跨国项目(项目 B)

——一个行业赞助的裁员项目(项目 C)

——一个都柏林项目(项目 D)

● 一个荷兰项目(项目 E)

● 一个瑞典项目(项目 F)

● 一个芬兰项目(项目 G)

● 一个西班牙项目(项目 H)

我们通过书面证据的分析(参见第五章)以及与项目提供者和投资者半结构化的访谈获得数据。尽管设计访谈的主要目的是判断组织提供和(或)资助创业培训项目的主要原因,它也询问了受访者对参与这些培训获得的收获的看法。我们对来自培训资助机构的四名代表以及培训机构的七名代表进行了访谈。这些提供资助的机构包括:爱尔兰理工学院的董事会秘书处(the Secretariat of the Council of Directors of the Institutes of Technology in Ireland),它代表欧洲社会基金都柏林分部(the European Social Fund,简称 ESF);爱尔兰国际基金会(the International Fund for Ireland,简称 IFI);爱尔兰的一个大型制造公司以及爱尔兰企业署。提供培训的机构包括:位于爱尔兰的一个理工学院的校园创业服务中心(对两名代表进行了访谈)、负责瑞典项目运营的大学、负责芬兰项目运营的商业开发中心、负责西班牙和荷兰项目的大学以及负责都柏林项目的爱尔兰大学(the Irish University)。

项目 A:全爱尔兰产业赞助项目

项目简介:项目 A 是一个大型制造公司和一个爱尔兰的理工学院的联合项目,旨在促进爱尔兰全岛的大学生创业。实验项目于 1996 年 1 月启动,目标群体是高等教育机构的大学生,目标是通过培训培养并提高参与者的创业能力。为了获取准入资格,申请者需要具备高等教育学历、学位或更高的资格,并具有可行或初步可行阶段的创业理念。该项目被设计成兼职项目。也就是说,参与者可以是在职人员、未就业人员或在校学生。包括奖金在内,整个项目预算约为 126 974 欧元。

结构和内容:该项目在竞争框架下将结构化培训、金钱奖励以及资格证书等方式相结合,同时包含了六个集中企业培训模块和个人评估课程,以及由爱尔兰企业署提供的与经验丰富的导师见面的机会。该项目通常为期六个月,参与者有机会获取资格证书,也有机会在本研究进行期间赢得 22 855 欧元的奖金。

培训侧重于英国小企业领导机构(the UK Small Firms' Lead Body,1996)认定的创业计划中比较重要的几个方面:

- 提出商业企划
- 明确法律和金融方面的要求
- 规划企业经营情况
- 规划市场策略
- 监控(控制)企业的经营状况和质量
- 规划人力资源开发

上述基于"业主-管理创业计划"项目(the Owner-Management Business Planning Program)的几个方面,是英国小企业领导机构于 1996 年为那些准备创业、并负责自己企业管理的小企业制定的一套标准。这些已经更新的标准与英国国家职业资格认证挂钩,使参与者有机会获得高等资格。正规的培训课程在都柏林中心进行,根据区域提供指导和评价课程以适应每个参与者的需求。由于参与者遍布各地(该项目接受来自爱尔兰 32 个郡的民众的申请),所以项目减少了培训课程的数量,并设计了内容全面的培训手册作为参考和远程学习的辅助工具。35 名大学生被选作实验计划的参与者,选择的标准仅仅是基于他们在申请表中提到的创业理念。

整体效果:在项目结束时,35 名参与者中有 3 人称他们已经进入创业启动阶段;另外有 15 人表示他们愿意开始创业,但需要对产品开发、财务计划尤其是确定投资商方面做进一步的准备工作。

在项目结束刚好一年后,研究者又对参与者进行调查以评估他们的进展情况。创业者收到了一份邮寄给他们的问卷,以便统计已步入创业启动阶段的企业的数量。得到的反馈显示,该项目中有 11 名参与者已经开始全职工作,还有 3 名参与者继续攻读硕士学位。35 名参与者中有 9 人从事个体经营,其中有 8 人已经按照在项目进行时产生的想法创立了自己的公司。

项目 B:爱尔兰跨国项目

项目描述:作为跨国企业支持项目,项目 B 始于 1992 年,旨在帮助那些技术型的产品或服务理念。在本研究进行期间,该项目由北爱尔兰的一所大学和一个位于南爱尔兰的理工学院的创业服务中心联合管理。该项目的目标群体是个体创业者和寻求开发新产品或服务的小企业,后者致力于促进当地技术型企业的创立和发展。

结构和内容:两位管理者负责项目的日常经营——一位来自北爱尔兰,另一位来自南爱尔兰。联合咨询委员会负责监督项目的整体进程,并且就项目的开发和融资提供整体的战略建议。该项目历时 15 个月,共分为两个阶段。第一阶段为期三个月,关注的是市场可行性。在此期间,参与者要就他们推出的产品或服务进行全面的市场调查,以确保在资源投入之前这些产品或服务拥有足够的商业潜力。在第一阶段结束时,参与者要对整个过程进行回顾,并向评估小组展示市场调查的结果。只有那些最有发展潜力的项目才能进入下一个阶段。项目的第二阶段为期 12 个月,具体取决于参与者的需求,期间创业者关注开发样机、确定合适的营销策略并完成创业计划。研究者实施正式的定期评价以监控参与者的进程和发现早期的问题。

项目为参与者提供培训、社交机会、营销和技术咨询、办公设备以及秘书等帮助,参与者还可以使用图书馆、实验室、计算机和其他设备。因此,该项目预算较高,在本研究进行时需要约 222 200 欧元的年预算。除此之外,参与者能够通过当地资助计划获取一些直接的资金援助。

正式培训包含市场调查、营销策略、企业管理、生产和质量、专利和版权、营销技巧、财务(或投资)以及展示技巧和创业计划开发。项目管理者和国家相关机构的地方办事处也会通过每两周一次的一对一非正式的形式为参与者提供商业辅导和指导。除此之外,该项目联合当地公司进行行业指导,通过职业高级经理提供时间、专业知识和宝贵的人脉,帮助有抱负的创业者开发产品或服务。

整体效果:在项目的前三轮运作中,共有30个技术项目在15个月的时间里得到了扶持,继而成立了26家新公司。这意味着新创公司成功率达到了86%。总体上看,这26家新公司创造了56个新的就业机会。

项目C:爱尔兰行业赞助的裁员扶持项目

项目描述:20世纪90年代末期,爱尔兰一家大型制造公司宣布进行一项重要的裁员项目。面临着裁员的员工多数已经为公司服务了十年或十年以上,他们在生产、质量、财务、人力资源、培训、分配和总体管理上具有一技之长。为降低这些决定带来的影响,公司开发了一个专门的企业发展项目,旨在鼓励和帮助这些员工建立自己的企业从而避免失业。

结构和内容:项目为这些员工提供了为期三天的集中培训,内容包括营销、财务和创业计划开发三个方面。培训课程在三周内进行(每周一天)。项目也邀请了当地投资和资助机构的代表参与培训课程,他们与这些员工交流并就可行的投资类型和投资水平提出建议。此外,该项目也为参与者提供了培训手册,方便他们制定创业计划时参考。在培训结束后的几个月里,该项目又为参与者提供了一系列一对一的指导(咨询课程),帮助他们将创业计划转变为正式的商业提案。导师按要求与项目参与者见面,整个项目持续约六个月。

除了培训和指导,制造公司也为裁员小组安排了获得当地专门创业基金的渠道,这能为符合资格的员工提供多达12 700欧元的种子资金。为了获得这些资金,公司要求参与者完成培训项目并递交一份可供评估小组评价的创业计划。这些资金能够在需要的时候用作国家机构或银行提供的资助或贷款的补充。该项目总预算约为11 500欧元(不包括种子资金)。然而,需要注意的是种子资金这一因素是该项目的重要组成部分,也是激励参与者完成创业计划的关键因素。

整体效果:在项目结束时,48名参与过项目的员工中有3人已经开始着手创建自己的公司,另外有 15 人表示他们愿意创业,但还需要做更多的调查和准备工作。在项目结束刚好一年后,研究者重新调查和监控参与者以评价他们的进展情况。在这一阶段,已有 8 人创建公司并开始营业。另有 12 人表达了将很快成立公司的强烈意愿并且已将创业理念推进到下一阶段。与其他创业项目不同的是该项目是"一次性"项目,专门为那些处于裁员境地的员工设计。正因为如此,尽管其他面临裁员的公司也可能在将来提供类似的项目,但特定的雇主基本不可能再次提供这个项目。

项目 D:爱尔兰都柏林项目

项目描述:项目 D 由一所位于都柏林的大学运作和管理,并结合当地创业服务中心的专长和设施,帮助创业者发展知识型企业。该项目的目标群体是拥有创新知识型产品或出口服务方案的大学毕业生。对参与者的选择是基于他们对创建新企业的付出和潜力。该项目致力于向创业者提供援助、帮助他们确定和开发自己的创业理念、将创业理念转化为可行的原型阶段并设法成功实行创业计划。同时,该项目也帮助创业者组建多学科团队,准备详细的创业计划。

结构和内容:该项目为期九个月,最多时有 15 名参与者参加。项目结合了研讨会、座谈会和咨询课程以帮助创业者开发自己的创业理念,该设计的初衷是帮助项目发起人分析提案的优缺点、提高效率并识别发展壮大的机遇。该项目的最终目标是制定一个实际的创业计划以建立新的公司,并展示给专家小组。此外,参与者也能与导师联系,得到导师就技术和业务方面提供的建议和帮助。在项目完成之际,参与者需要在专家小组面前展示自己最终的创业计划并参加答辩。最后,表现最佳的参与者可以得到奖金或商业咨询奖励,项目中进展最好的方案也会得到奖励。

培训具有实用价值,其中包括一系列法律和建立公司方面的问题、实施的可行性研究和进行市场调查、了解财政来源、接触财政机构以及制定财务计划。该培训通过每月为期半天的大学研讨会展开,设计灵活、高度互动。该项目大约花费 127 000 欧元,这笔款项由大学和当地创新中心提供。

整体效果:在运作的第一年,该项目扶持了11名创业者,其中7人在参与项目时已经建立了自己的公司,尽管这些公司仍处于发展的初期阶段。接下来的调查表明,这些参与者对项目的整体评价相当不错,其中33％的受访者认为项目"非常不错",其余人认为项目"相当不错"。55％的受访者认为他们的要求"完全得到了满足",45％的受访者认为他们的要求"相当好地得到了满足",所有受访者都认为问题处理得"基本无误"。受访者也对项目的持续时间和进度给予了高度评价,认为这一方面"基本无误"。从调查中我们可以看出,所有项目参与者都认为该项目是有益的,其中他们认为最大的收获便是可以与其他创业者(商务人士)进行交流。受访者提到的其他收获还包括指导、研讨会、有侧重的创业计划、对不同问题的更好理解、来自项目管理方的精神支持以及有机会突出商业提案的优缺点。该项目11名参与者共创立4家新企业,并提供9个新的就业机会。

项目 E:荷兰项目

项目描述:项目 E 由荷兰大学于1984年开始进行。该项目的主要目标是鼓励大学毕业生在所在地区建立自己的知识型企业。该基地多年来逐渐发展,不仅包括本校毕业生,还包括本校教职工、其他大学的毕业生和大学外有着几年行业经验的人。在项目进行的第一年,知识型项目主要在大学内开展。后来,创业者通常把项目搬到位于大学校园内的当地商业中心进行。随着企业的发展,创业者后来开始在大学科技园内自己的办公地点工作。

结构和内容:该项目由大学校园内的产业联络处(Industrial Liaison Office)运营和管理。通过该项目,有抱负的创业者可以在一年内获得全方位的扶持,其中包括:

- 办公地点和设备——创业者可以在大学里安家落户,也能按要求使用传真、电话、计算机和实验室设备。
- 培训——在进行创业理念研究和测试的同时,有抱负的创业者可以参加大学商学院提供的《成为创业者》这门课程。
- 财政——参与者每人在第一年都能获得 13 600 欧元的无息贷款。这笔无息贷款是个人而不是公司的贷款,需要在五年内还清。
- 指导——当地有经验的商务人士抽出时间无偿为这些创业者提供指导。

为了获得这些扶持,创业者需要有大学研究组感兴趣的创业理念和一份创业计划纲要。创业者可以在一年中的任何时间申请参加项目,并由一个委员会评估其资格。如果创业者成功获得了参与项目的机会,该委员会将为创业者提供指导和帮助。遗憾的是,我们无法从相关文献中获知该项目的具体预算。然而,在和项目提供者访谈的过程中,他提到了每个参与者每人 100 000 欧元的项目价值。这个"价值"附加在向参与者提供的整个项目的扶持上。基于 15 名参与者提供的数据,这笔钱每年将给整个项目带来 150 000 欧元的价值。有趣的是,项目的一份内部报告则提到基于这 15 名参与者的数据(即每人 150 000 欧元),该项目整体的预算是 225 000 欧元。尽管明显有其他的运营成本,这些成本已经算到大学自己的经费中去了,这种情况在这类项目中非常普遍,因此很难做精确的预算评估。在项目前的第一年,大部分的资金都通过荷兰政府的经济事务部(the Department of Economic Affairs)提供。从那以后,该项目由欧洲社会基金和一个大学成立的"周转资金"资助。许多预算项目仍由大学自己的经费提供。为了对下面的内容进行对比分析,我们将预算经费的实际数值定为 225 000 欧元,因为这个数字是官方的数据。

整体效果:从 1984 年项目启动到 1997 年末,共有 230 人参与了该项目,创立了 170 个知识型企业。对该项目最近一次的评估显示,创建的公司中有 78% 的公司仍然存在。这些公司平均每个公司雇佣 9 个员工,涉及不同的行业部门,如多媒体、机械工程和微电子。

项目 F:瑞典项目

项目描述:项目 F 是瑞典一所大学的创新中心的项目。该项目的目标群体是拥有可行性创业理念的人,目的是解决创业者在尝试建立和管理新企业时常常遇到的难题。

结构和内容：该项目包括很多研讨会，讨论的主题主要是创业和小型企业管理。参与研讨会的同时，参与者为创建新企业制定创业计划，并利用一些可用的财政资源从事市场调研、调查和相关的出差旅行。项目的一个重要部分是由来自现有人脉的经验丰富的商务人士为参与者提供指导。项目管理团队与当地科技园紧密合作，科技园为新公司提供创业服务中心的扶持设施。项目按年开展，并持续 12 个月，通常在午后或傍晚进行，这意味着项目可以轻松地与学习或工作相结合。项目包括八个五小时的研讨会和三个咨询课程，在此期间创业者与商业顾问见面讨论创业计划开发并对项目做出反馈。此外，项目参与者被分成组，通常每组配有两名比较有经验的创业者导师。导师见面不是事先安排好的，通常由组员和导师直接安排。

作为项目的一部分，参与者有机会成为当地两个商业社交网的免费会员，并且不需要承担项目费用。项目侧重于创建成功企业的关键因素。八个实践研讨会课程涵盖了创业计划的方方面面。此外，参与者也得到了项目的监管和建立社会关系网的机会，还可以使用创业服务中心的设备。尽管没有正式的参与资格要求，但项目参与者往往是受教育程度较高的大学毕业生或有着丰富行业经验的人。

该项目由瑞典工业与技术发展局（the Swedish National Board for Industrial and Technical Development，简称 NUTEK）和技术桥梁基金会（the Technology Bridge Foundation）资助。项目运营成本约为 113 700 欧元，每年至少 15 名参与者能够得到资助。根据项目提供者提供的数据，每年每位创业者的平均花费是 4 500 欧元。

整体效果：项目始于 1993 年，在之后的四年里，共创造了涉及很多行业部门的 25 家新公司。项目结束时，通过业务拓展、指导和建立社会关系网的形式（具体取决于每种企业的具体要求），创业者仍能够继续获取创新中心的扶持。在 20 世纪 90 年代末期研究开展的时候，该项目与大学提供的其他辅助项目一起，在他们所在地区创造了超过 5 000 个大多数是电子行业的就业机会。

项目 G：芬兰项目

项目描述：在研究进行时，项目 G 由科学机构、技术研究中心、公共机构、金融家和当地商业团体共同运作。该项目是由芬兰企业发展中心提供的一系列创业扶持项目的一部分。该发展中心以一所科技大学为基地，并由一个私有科技园公司经营。该项目创业培训由贸易和工业部（the Ministry of Trade and Industry）、芬兰国家技术创新局（the Technology Development Centre，简称 TEKES）和一个区域专业知识中心（Regional Centre of Expertise）共同资助，并且这些投资者都是项目指导委员会的代表。项目的主要目标是促进研究型企业的建立和发展，并通过这些企业提高就业率以及向风险投资人提供优质种子公司。该项目的目标群体是在科学和技术领域工作的研究者、大学毕业生和职业学院毕业生，项目旨在帮助他们将创业理念发展为制造业和服务业领域的新型高科技或知识型企业。

结构和内容：项目 G 帮助新创业者识别将理念发展为企业所需的资源或将理念授权给其他公司。该项目也帮助创业者评估拟创立的企业可获得的利润。据此，项目可分为三个阶段。第一阶段侧重于项目评估，即从效度、未来利润和市场潜力的角度评估创业者的创业理念。在这一阶段，创业者要做市场调查并制定创业计划纲要。第一阶段的时间比较灵活，取决于创业者的创业理念和在接触项目提供者之前做的研究的数量。

在第二阶段，创业者参与为期六个月的业务培训和咨询项目，侧重于创业计划的进一步开发、新企业管理、经济事项、营销和销售技巧以及与申请许可证相关的法律事宜。创业者有机会接触顾问和学生进行市场调查和分析。在此阶段，研究者会重新评估创业者的创业计划，并考虑企业建立以及种子资金方面的要求。

项目第三阶段的目标群体是已经完成项目第二阶段的企业，这些企业已经做好了为国际市场制定策略的准备。在这一阶段，为了进行市场研究，他们也可以进一步接触顾问和学生。负责管理项目的商业发展中心为因项目发展起来的企业提供额外的扶持机制,如种子资金、为发展策略提出建议的导师、创业服务中心设备、软件项目的专业知识中心和帮助项目参与者建立人脉的社交俱乐部。项目 G 的成本约为 505 000 欧元,获得了包括参与者本身(加入项目时需支付小额的费用)的很多组织的资助。管理项目的发展中心贡献了约 15%—20% 的资金。

整体效果:在研究进行时,该项目已经在第一阶段(评估阶段)收到了超过 600 份的申请。这一阶段采纳了 230 个提案,其中有 170 个提案随着项目的发展有所进展,并最终发展成为新企业。因为项目建立起来的企业中有 20% 已经发展到项目的国际(增长)阶段。到 1998 年为止,这些企业已经创造了约 800 个就业机会,另外还有 1300 个间接创造的就业机会。因为项目建立起来的大部分企业是信息(通讯)行业和医疗与健康行业(55%),其他企业均匀地分布在电子、设计、商业服务和能源行业等领域。

项目 H:西班牙项目

项目描述:项目 H 是为促进西班牙东部的就业而提出的一个范围更广的项目的组成部分。该项目由西班牙的一所理工大学负责,主要目标是为大学生提供就业机会,并通过创建新企业支持技术成果转化。项目也致力于通过营造良好的环境在大学内促进创业。该项目支持由大学生和教职工创建的以新技术为导向的创业服务中心。在研究进行时,项目已经获得了大学校长和当地的企业孵化器(亦称创业服务中心)(Business Innovation/Incubation Centre)的支持。当地一个储蓄银行、一个中小型企业支持机构和一所大学共同为项目提供每年 20 000 欧元的预算。项目由大学技术转移办公室(the University's Technology Transfer Office)的一个小团队运作。

结构和内容:该项目分为两个阶段。在第一阶段,对项目感兴趣的创业者需要提交一份简短的提案。然后,被选中的申请人要以简化的创业计划的形式提交一份更详细的申请。这些计划将被评估,成功的申请人将获得进入项目第二阶段的资格。第二阶段为期 10 到 12 个月,参与者能够获得帮助来制定完善的创业计划,他们还能得到开发产品或服务的资金,以及商业管理方面的培训。在此阶段,参与者还需要做一系列心理测试,以便了解他们的薄弱之处,以便提供相关的培训和扶持。这些测试评价了参与者的认知能力、口头表达能力、创造力、志向、自信、自我约束能力、人际交往能力、组织能力和动机。此外,项目还为创业者提供了技术和商业方面的建议以及一些人脉。项目结束时有颁奖典礼,典礼上会为最好的商业提案提供适度额度的奖金。就创业培训而言,每年的内容和形式都因参与者的需求而有所不同。当地创业服务中心和大学教育中心负责提供相关培训,培训内容主要涉及创业、管理、个人发展和创业计划。

西班牙项目将其成功归功于以下几个核心原则:
- 员工个人与每一位创业者的参与;
- 好的创业计划指导;
- 评估创业技能和能力的系统(心理测试);
- 培养创业精神的教育;
- 商业咨询。

整体效果:项目 H 从 1992 年开始运作以来到 1999 年为止共收到 528 份申请,其中在技术评估阶段共采纳了 431 个提案。这些提案促成了 77 个创业计划的开发,进而创建了 56 个新企业。这一低产出量似乎归咎于参与者的高退出率——他们参与项目但并没有进行到创业计划阶段。然而,进一步的调查却表明,年复一年,项目完成率也有了很大的提高,即从 1992 年至 1994 年不到 10% 上升到 1996 年至 1998 年超过 18%。尽管如此,新企业的创建率从 1994 年至 1996 年的 78% 下降到了 1998 年的 65%。但是,我们并没有关于这些新创企业的存续率或增长率的确切数字。然而项目的文献资料显示,这些新公司是低科技型的,需要适度的投资,平均雇用人数为四人。项目计划在未来扩大范围以吸引大学的往届毕业生参与、增加项目预算额外资金的分配、创建基金会以提供持续的资助、提出一系列创业理念以及提供创业服务中心设施。

对项目提供者和投资者的采访

共有11人就上述分析的八个项目的提供和资助接受了结构式访谈。由于不能直接接触一些项目投资者,我们选择了一个负责管理部分爱尔兰欧洲社会基金的代表作为访谈对象,因为她的一些观点能够应用到欧洲社会基金在其他欧洲地区资助的项目中。为了方便研究和比较,我们根据七位项目提供者和四位项目投资者的反馈将这些访谈的结果进行分类。

项目提供者

接受访谈的七位项目提供者代表了下列机构:
- 负责项目A、B和C的爱尔兰理工大学产业联络处(有两位代表接受了访谈);
- 负责项目D的都柏林大学产业联络处;
- 负责项目E的荷兰大学产业联络处;
- 负责项目F的瑞典大学;
- 负责项目G的芬兰企业发展中心;
- 负责项目H的西班牙大学。

提供创业项目的原因

访谈中,七位项目提供者认为培养创业精神和促进地区经济发展是他们所在组织职责的重要组成部分,而提供创业项目是实现这一职责的方法之一。芬兰项目代表提到她的组织提供创业项目的目的是创建知识集约型企业并创造"健康的"新型就业机会。这同样也是项目D和项目H的侧重点。项目H和项目E的代表也提到技术转化是他们提供创业项目的主要原因,荷兰代表希望将来能与一些创业者一起研发项目。访谈中瑞典代表提到提供创业项目是提高大学声望和吸引生源的重要手段。从七个访谈中我们似乎可以看到,项目提供者认为他们需要吸引更多的创业者和创建更多新企业,尤其是技术型和知识集约型企业。

提供项目的目标

访谈中负责项目 A、B 和 C 的两位爱尔兰理工学院代表指出，创建新企业是他们所在组织提供创业项目的主要目标。项目 B 创建的是技术型企业，而且创业项目能够为他们的创业服务中心带来新的承租商。这也是芬兰项目的目标之一，该项目另一个目标是每年在该地区创建 30 至 40 个技术型企业。七个组织的共同目标是创造新的就业机会。此外，瑞典代表提到"与其他大学竞争"和"树立形象"也是他们的主要目标。瑞典项目、荷兰项目和都柏林项目都将支持大学生创业作为项目的重点。

受访者被要求就项目是否真正实现了他们的目标进行回答。反馈既有笼统也有具体的回答。芬兰代表的反馈十分具体：项目收到了 600 份申请，建立了 170 个新企业并创造了 800 个新的就业机会。代表都柏林项目（项目 D）的受访者的反馈也同样具体，他提到 1996 年以来建立的 36 个新技术型企业，其中 90% 的企业在访谈进行时仍在经营。瑞典代表指出，他们的项目实际效果比预期要好很多，每年至少创建 12 个新企业，进而提高了大学的声望。负责项目 A、B 和 C 的爱尔兰的理工学院以及荷兰和西班牙的代表都觉得项目实现了他们的最初目标；同时，他们对新创企业和新增就业机会的数量以及对当地产生的影响都做出了积极的评价。

然而，西班牙代表十分谦虚，他们说很满意项目取得的成果，但也意识到还有很长的路要走。荷兰大学的受访者承认项目还有一个重要的目标没有达到，即与新企业一起开发新的研发项目。

判断目标达成程度使用的方法

在所有这七个访谈中，主要的指标如提出申请的创业者人数、参与者人数、新创企业和新增就业机会的数量，都是在非正式的形式下进行监控的。来自 A、B、C 和 D 这四个项目的爱尔兰受访者和项目 G 的芬兰受访者在访谈中表示，项目由提供者自己或顾问开展正式调查。瑞典的受访者承认就可利用的定量数据而言，得到的一些产出非常"模糊"，但他们普遍认为大学的声望和形象都得到了提升。

参与者对收获的看法

毫无例外,所有受访者都对项目充满信心,认为它对参与者真的有益。在这一点上,来自都柏林、芬兰和西班牙的受访者都给出了相当具体的反馈。都柏林项目的受访者指出,项目通过提供实践研讨会、同伴学习、专家指导以及提供逐步开发创业理念的方法为参与者带来了收获。据称,芬兰项目中的企业开展活动的速度已经得到提高,并在帮助下创建了大约180个新企业。受访者称该项目帮助有抱负的创业者"穿越死亡之谷",管理资金和发展壮大。西班牙代表提到项目带来的主要收获在于开拓了参与者的思路,并且给他们提供了更加快速的成长机会。

对于荷兰大学而言,参与者认为主要的收获是得到了行业指导、大学工作空间和设备。瑞典受访者指出,参与者认为项目帮助他们避免了有可能带来重大损失的错误和问题。来自项目A、B和C的代表认为,他们的项目在培训、同伴的支持以及结构方面让参与者受益,这在某种程度上促进了项目参与者的迅速进步。就项目B而言,参与者获得了办公地点、办公室和可以开发创业理念的支持性环境。就项目A而言,为项目入围者提供的宣传对他们而言极其有益。项目提供者认为,项目A和B的"扶持"以及与理工学院的联系也是很有益的。

用来衡量收获的方法

在大多数情况下,上述方法可以用来衡量项目对参与者是否有益。除此之外,还有以下几个方法供大家参考:

- 都柏林项目在项目进行期间使用了个人咨询课程,项目结束时采用了评估的形式。
- 瑞典项目采用了非正式的参与者直接反馈和往届参与者通过社交网络进行反馈的形式。
- 芬兰项目使用年度调研来判断企业如何存活,并与其他企业比较增长率。

- 西班牙项目在项目进行期间采用了调查问卷和个人跟踪调查的方式。

提供项目时遇到的困难

七位受访者都提到他们所在的组织在项目开展的过程中遇到了困难。代表项目 D、G 和 H 的三位项目提供者提到他们最大的困难是资金问题。大多数情况下,资金似乎按年分配,很难保证持续性。项目 D 的受访者提到该项目"资金严重不足",而芬兰代表指出有必要为顾客需要的专家咨询提供额外的资助。项目 A、B 和 C 的代表指出,他们的主要困难是不能在当地吸引足够多的高素质的创业者,其他困难还包括在经费有限的情况下进行管理以及向项目投资者报告所需的时间。荷兰受访者遇到的困难是如何为创业者配备合适的导师以及如何在大学内为项目参与者找到办公场所。对于瑞典项目而言,尽管情况已经在改善,他们遇到的最大困难仍是如何得到学校精神上的支持和鼓励。

提供项目所投入的时间和资源

大多数项目提供者认为,他们所在的组织已经在项目中投入了比预期还要多的时间和资源。这似乎也是所有爱尔兰项目、荷兰项目和西班牙项目共同面临的情况。只有瑞典的代表觉得该项目没有占用太多的时间,因为很多项目提供者是外界人士。芬兰代表对该问题的回答非常具体,他提到 25 000 欧元到 33 500 欧元之间的项目花费和三年里相当于 11 人的工作量。西班牙代表的反馈也很具体,他提到每年投入了 20 000 欧元,并有六个全职员工参与项目。都柏林项目代表提到的数据是 1 000 工时和大约 33 000 欧元。爱尔兰和荷兰受访者都指出,很难统计出项目涉及的所有资源的具体数据,尤其是对某些项目重点问题的时间投入(如招聘和完成阶段)更是难以统计。有趣的是,基于项目 E 参与者的反馈,荷兰代表认为就个人收获而言,项目价值约为 10 万欧元。

物有所值

每一位受访的项目提供者都指出,项目使公司获得了很好的收益。

然而，来自项目 A、B 和 C 的爱尔兰受访者觉得或许有可能从项目中获得更多的价值。其他人评论说，他们的组织参与创业项目，得到了额外的收益，如（项目 A、B、C 和 G）为创业服务中心找到了更好的承租商。都柏林项目（项目 D）的代表认为，就新企业、新就业机会和营业额而言，项目为他们带来的财富已经远远超过了他们投入的资金和资源。瑞典的受访者评论说，投资者也从中获得了很多收益。

为项目提供的未来计划

毫无例外，所有受访的项目提供者都明确地表达了他们的组织想继续提供创业培训项目的意愿。然而，这还要取决于必要的资金保障。荷兰受访者补充道，他们已经提高了创业项目的学术价值，因此项目现在的学分绩点比以前更高。

就改变所提供的项目的性质问题而言，七个受访的项目提供者都愿意就各自的项目做出改变。都柏林项目（项目 D）的代表指出他们一直都在反思；荷兰受访者认为项目亟待增加其他要素；瑞典项目提供者似乎也早已决定改变其项目的持续时间。

项目提供者似乎热衷于对项目做出改变，这可能是源于他们个人的实践经验和参考了参与者对项目的反馈。其中一位爱尔兰的受访者（项目 A 的代表）认为如果项目的持续时间是一年的话，会比半年的效果要好，因为这样更有利于保持项目的连续性。他表达了想要增加一些额外培训课程和邀请更多有经验的创业者当演讲嘉宾的意愿，这些都是参与者认为项目比较令人满意的特点。就项目 B 而言，大家认为或许因为提供了太多的扶持，很多扶持并不能被参与者充分利用。同时，因为项目吸引了早期的创造者和活跃、有抱负的创业者申请加入，所以对项目所做的改变应该针对这两类人。

在瑞典项目中，项目时间已经被缩短到七个月，因为项目提供者认为如果项目持续一年，参与者会疲劳。项目计划增加内部创业和出口两方面的课程。瑞典代表也指出，项目投资者没有做出任何改变，但还会继续支持项目。

西班牙代表提到的唯一改变似乎是建立基金会来帮助项目持续注资,因为他们面临的比较大的问题是缺乏奖金。保证持续的资金来源是项目D的一个难题,因此他们有计划地改变资金来源使项目得以维持和强化。在芬兰项目中,对资金的担忧使人们计划开始寻求风险资本和赞助形式的私人投资。受访者也提到了需要扩大服务范围,这样创业者在"人生"的每一个阶段都能得到资助。最后,荷兰项目受访者指出,他愿意丰富项目的内容,如增添视频会议和夏季学校等内容来提高创业意识并吸引早期创业者,这种"预项目课程"使参与者能够为参与其他项目和课程积累学分。

其他方面

访谈结束时,受访者被问及是否希望做出其他评论,只有一些人做了评论。其中荷兰代表认为,监控和核查项目这两个方面对项目参与者和管理者都非常有益。瑞典和都柏林受访者认为,项目为有抱负的创业者提供了很多支持,以后还会进一步发展和完善项目。项目A、B和C的代表就大体上项目组成部分的不足提出了建议。例如,大多数创业项目包含了创业计划的完成,但经验表明,这不能作为判断成功的标准。一些参与者完成了创业计划但最终却不会成功。这些代表也指出,从参与者那里获取必需的"可交付产品"来满足项目的要求变得越来越困难了,因为创业者对自己的创业理念经常是保密的,并且不愿意把创业计划的细节写进文件里。

项目投资者

受访的四个代表来自以下四家机构:

- 爱尔兰理工学院的董事会秘书处,它代表欧洲社会基金的一部分(都柏林);
- 爱尔兰国际基金会;
- 负责两个行业赞助项目(项目A和C)的制造公司;
- 爱尔兰企业署。

资助创业项目的根本原因

四个投资机构的代表在访谈中表示,扶持创业项目是他们所在组织的整体任务或职责的一部分。来自唯一一个私人投资部门的制造公司的代表说,解决失业问题是公司"企业责任项目"的一部分。欧洲社会基金的受访者指出,资助创业培训项目是欧盟结构型基金机构(the EU Community Structural Funds)研发项目的一个具体目标——促进创新和创业发展。爱尔兰国际基金会的受访者说,资助创业项目是其企业创业项目的一个具体目标,旨在促进经济发展。爱尔兰企业署的受访者指出,他们的任务是创建新企业,所以扶持创业项目有助于完成这一目标。

主要目标

就具体目标而言,行业代表称公司的主要目标是向全国的大学毕业生提供创业培训,目的是发展新企业。爱尔兰企业署的目标与之大体相同,即扶持、鼓励和发展爱尔兰的企业。爱尔兰国际基金会资助创业项目的主要目标源于他们的年度报告,包括促进经济和社会发展,鼓励和促进北爱尔兰民族主义者和工会主义者之间的沟通与和解。这也是企业创业项目的具体目标之一——"鼓励人们将创意发展成为盈利的企业"。欧洲社会基金代表给出了更加具体的反馈。她指出,他们的主要目标是提供促进创业和创造就业机会所必需的技能。然而,他们各自的研究指出,在爱尔兰,由于政府过多地关注吸引海外投资,现在非常需要支持本土行业。

就项目目标的实际达成程度而言,欧洲社会基金的代表认为,他们资助的项目基本上呈良好的成功趋势,尽管对一些项目而言,做出判断为时尚早。爱尔兰国际基金会认为,他们资助的项目圆满地实现了公司的目标。他也指出,爱尔兰国际基金会非常有信心,认为他们的扶持确实对新企业的创立起到了帮助作用。爱尔兰企业署和行业受访者认为,他们的组织所扶持的项目已经获得成功,同时也达到了投资者的目标要求。然而,尽管欧洲社会基金的代表确实提到了很多代表其组织而进行的调查,受访的投资者中没有人能够引用具体的数字或结果来支持他们的观点。

就判断项目是否达成目标而使用的方法而言,来自四个资助机构的受访者都说他们的组织(至少是用非正式的方法)监控了其投资的多项产出。例如,爱尔兰企业署认为,前来向他们寻求进一步扶持的人的数量可以被视为衡量项目成功和目标实现情况的标准。企业赞助商依靠项目提供者编写的评估报告做出判断。然而，欧洲社会基金和爱尔兰国际基金会在测量最初目标的达成程度时做得比较全面，前者使用来自项目提供者严谨的季度报告，后者使用顾问所做的独立评估。

项目参与者的收获

和项目提供者一样，受访的四个资助者代表认为，他们扶持的项目给参与者带来了收获。对爱尔兰国际基金会而言，他们认为项目 B 的主要益处在于使个人的创业理念更切合实际，同时项目也能降低参与者面临的风险。行业代表认为，提供专家培训和指导是参与者得到的主要收获，因为这确保了更高的成功率。他们认为，提供便利从而方便项目参与者彼此联系的做法非常有益。爱尔兰企业署与高等教育机构联系紧密（二者有很多相关的项目），以及与许多同行都有联络，这是大家公认的最有利的方面。有些项目是跨国项目，这为拓宽参与者的地域市场以及提供材料、技能和人脉等其他资源带来了更多的机会。欧洲社会基金代表的反馈并不像其他人那样具体。她认为，鉴于资助项目的性质，他们还不能确定参与者真正得到的收获。然而，她认为已经有迹象表明，参与者获取了创建企业所必需的创业技能。

就判断参与者的收获使用的实际方法而言，研究涉及的投资机构倾向于使用与上述项目提供者所概括的相似机制。在爱尔兰社会基金会、欧洲社会基金和行业赞助商的案例中，信息最初的来源包括项目相关管理者的反馈和报告。爱尔兰国际基金会也单独对他们的项目进行了评估，这些评估通常是以与项目参与者的访谈形式进行，从而了解他们对项目带来的收获的看法。爱尔兰企业署的员工通常会加入到其投资的项目的座谈小组中，这使他们有机会从参与者那里获得反馈。

投资项目所面临的困难

受访的四个投资者中有三人称，他们的组织在资助各自的项目时没有遇到任何困难。然而，欧洲社会基金的代表指出，她的办公室直到很久以后才收到欧洲社会基金的资助,并且不确定今后是否能继续获得资助。

投资者投入的时间和资源

当问及在项目中投入的时间和资源时,受访者做出了相当具体的反馈。他们中的大多数人提到了投入的资金数量和员工投入的时间。欧洲社会基金通过董事会向爱尔兰创业发展项目投入的金额每年约为 457 000 欧元,此外还为其配备了一个全职管理者和一个评估委员会。爱尔兰国际基金会投入的金额已经超过了 412 500 欧元,但没有提到管理时间的投入。行业代表提到了近 600 000 欧元的投资及 1.5 个全职员工的参与,而爱尔兰企业署的投资超过 63 000 欧元,以及一些管理和行政时间的投入。

物有所值

受访的四个投资代表认为其组织扶持的项目物有所值。在爱尔兰国际基金会的案例中,受访者补充道,参与者和项目提供者建立的合作伙伴关系是非常有益的。欧洲社会基金的代表认为,当参与者完成项目,进一步开发自己的创业理念并进入创业启动阶段时,他们的收益更大。爱尔兰企业署的受访者认为,从他们的角度来看,真正的收益在于他们扶持的创业项目给创业者提供了额外的收益,而这些收益并不来自资助组织本身。行业代表感到很满意,因为其组织所资助的项目确实物有所值。

未来计划

研究中所有资助机构的代表都指出,他们的组织愿意继续扶持创业项目。欧洲社会基金(董事会)的代表指出,尽管他们愿意并且期待参与到以后的项目中,但这取决于在欧盟层面可利用的资金的数量。爱尔兰国际基金会的受访者称,他们一直在寻找新的方式资助中小型企业,而行业受访者提到公司已经承诺将进一步资助项目 A 下两轮的运作。

没有投资机构的受访者打算改变各自项目的资助安排。然而,投资者很快补充道,在大多数情况下,他们的组织会受到可利用的资金量的影响，或是受实际资助机制未来变化的影响。因此，尽管没有具体的改变投资安排的计划，大家也不能保证以后还会继续资助培训项目。资助取决于董事会批准的申请的数量，并且资助通常是按年提供的。如在爱尔兰国际基金会的案例中，他们通常只在试验阶段对项目（包括创业项目）进行资助，然后期望其他机构接手。因此，爱尔兰国际基金会不太可能再次资助项目B。欧洲社会基金的代表称，她所在的组织不打算改变投资安排，但总体上在新世纪的投资会有所减少，这明显会对具体投资哪些项目产生影响。爱尔兰企业署在访谈进行时刚刚完成了重组，所以还不确定这会对以后的投资安排产生怎样的影响。尽管行业赞助商最近已经承诺继续资助项目A的运作，公司具体的投资管理安排还是要取决于海外总公司是否同意。因此，尽管没有投资者打算做出改变，但事实上，改变似乎不可避免。

其他方面

访谈结束时，两名投资者做了进一步的补充说明。欧洲社会基金的代表提到行业运作项目资助的企业发展项目是一个非常好的机制，因为它可以建立与教育系统的联系，从而促进爱尔兰的创业、创新以及研究与开发。爱尔兰国际基金会的代表指出，他觉得资助项目的成功与否主要取决于"有实际经验的人"，即需要项目管理者和团队的支持。

八个创业培训项目的对比分析

在进行项目的对比分析时我们遇到了一些问题，尽管这些项目的总体目标有明显的相似性，但它们的整合方式却不同。在许多案例中，我们得不到特定项目要素的分类明细，通常也无法区分正规培训和实践"工作坊"以及指导和商业咨询。同时，我们也很难比较一些项目的成本，因为很多项目在预算中包含了资助，而另外一些项目单独处理了此项，并且没有把其当作整体运营成本的一部分。此外，一些项目（如荷兰项目）的经费成本被并入了提供资助的组织的一般管理费用里，或由其他部门支付。尽管受这些情况的限制，我们还是可以用一些有趣的方法比较项目。表

6-1 从内容(尤其就培训、指导、商业咨询、办公设备、金融、资金获得和后续扶持而言)方面对这些项目进行了对比。

值得一提的是,所有项目都包含了一些结构化的培训或"工作坊",以及指导和项目以外的拨款。在所有案例中,培训和"工作坊"课程涵盖了与计划和建立新企业相关的多门学科,这促进了创业计划的完成。除了项目 C 以外的所有项目都包括商业咨询。少数项目(两个项目,即项目 A 和 D)提供了种子资金或奖金,并且只有两个项目(项目 B 和 E)为参与者提供了创业服务中心或办公场所。

其中三个项目(项目 E、F 和 G,即荷兰、瑞典和芬兰项目)提供了后续扶持,尽管我们还不明确具体包括什么。整体来看,荷兰项目似乎是最全面的,因为它包括除了奖金或种子资金以外的所有要素。然而,项目提供者认为低息贷款的一部分是创业者的种子资金,这部分在表 6-1 中被归纳为生活津贴(因为这部分钱通常是按月提供给创业者以支付他们的一些费用)。

尽管如表 6-1 所示,结构化的培训或"工作坊"课程在内容上看起来十分相似,但就培训内容而言,瑞典项目(项目 F)似乎最全面,它包含了 12 个与商业相关的主题,包括定价和质量管理以及其他项目没有包含的主题。芬兰项目培训内容的全面性次之,其中包括 11 个主题。与芬兰项目相比,项目 C(爱尔兰裁员项目)的培训内容少了很多,只有四个主题,是我们对比的八个项目里主题数量最少的。然而,培训内容的分类细则并不总是清晰明了的,如西班牙项目(项目 H)似乎在创业这个主题下合并了很多不同的主题。同样,在有关荷兰项目的文献资料中提到了作为项目培训输入手段的"成为创业者"的课程,但也只是确定了几个具体的主题。有趣的是,只有项目 A、B 和 E 提供了培训内容认证,而项目 E(荷兰项目)还对其他课程提供了学分。

表 6-2 就项目定量标准做了进一步的对比,如项目持续时间、参与者人数、项目成本、参与者成本、新创企业和新增就业机会的数量以及二者的平均成本。

表 6-1 项目内容对比分析

	爱尔兰项目						
	项目 A 爱尔兰	项目 B 爱尔兰	项目 C 爱尔兰	项目 D 爱尔兰	项目 E 荷兰	项目 F 瑞典	项目 G 芬兰
培训(或研讨会)主题	创业计划、创业理念开发、金融、人力资源、市场调查、营销、经营和生产	创业计划、创业理念开发、可行性研究、金融、人力资源、市场调查、营销、经营管理、质量管理、销售	创业计划、创业理念开发、金融、营销	创业计划、公司成立(合法性)、金融、网络营销、营销、管理、市场调查、专利、产品开发	创业计划、创业、可行性研究、金融、市场调查、产品开发	创业计划、公司成立(合法性)、创业、可行性研究、金融、领导能力、管理、专利、评价、合作关系、管理、销售	创业计划、公司成立(合法性)、分配、可行性研究、金融、人力资源、领导能力、营销、管理、合作关系、销售
培训或"工作坊"内容	√	√	√	√	√	√	√
指导	√	√	√	√	√	√	√
商业咨询	√	√	×	√	√	×	√
办公(创业孵化)设备	×	√	×	×	√	×	×
生活津贴	×	√	×	×	√	×	×
奖金或种子资金	√	×	×	√	×	√	×
资金获取	√	√	√	√	√	√	√
资格证书	√	√	×	×	√(学分)	×	×
后续支持	×	×	×	×	√	√	√

注：√相当于项目中有该要素；×相当于项目中没有该要素。

表 6-2 项目持续时间、成本和产出对比

	项目 A	项目 B	项目 C	项目 D	项目 E	项目 F	项目 G	项目 H
	爱尔兰	爱尔兰或北爱尔兰	爱尔兰	爱尔兰	荷兰	瑞典	芬兰	西班牙
项目总持续时间	12个月	15个月	6个月	9个月	12个月	12个月	9个月	12个月
培训或"工作坊"	6天	10	3天	4.5天	变化的	8天	10—12天	10天[+]
指导(课时数量[1])	3—4	3—5	3	9	变化的	6	变化的	变化的
参与者人数	35	15	38	15	15	15[+]	50[+]	150[+]
项目平均成本[2](欧元)	126 974	222 204	114 288	126 974	225 000	113 713	504 564	200 000
参与者平均成本[2](欧元)	3 628	14 814	301	8 465	15 000	4 549	10 091	1 333
新创企业数量(成功率平均百分比)[3]	8(23%)	8.7(58%)	8(21%)	4(27%)	12(80%)	5[+](33%[+])	21[+](42%[+])	18[+](12%[+])
每个新创企业的成本[2](欧元)	15 872	25 541	1 429	31 744	18 750	22 743	24 027	11 111
新增就业机会	16	18	8	8.5	96	15	100	72
每个新增就业机会的成本[2](欧元)	7 936	12 345	1 429	14 938	2 344	7 581	5 046	2 778

注：1. 指导课程在1.5到3个小时之间；
2. 成功率(%)等于基于参与者的数量，项目转化为新企业的比例；
3. 所有的数值都是基于"项目平均值"。

就持续时间而言，最长的项目似乎是为期 15 个月的项目 B（爱尔兰跨国项目），最短的项目是为期六个月的项目 C。创业项目的平均持续时间是 10.88 个月。就参与者而言，西班牙项目吸引和扶持的创业者的人数最多，即平均每个项目有 150 个参与者。相反，扶持参与者人数最少的项目为 15 人，其中项目 B、D、E 和 F 四个项目的情况都是如此——它代表了八个项目的典型参与水平。

有趣的是，这些项目的运作成本似乎差别很大，从（项目 C）11 428 欧元到（项目 G）504 564 欧元不等。大多数情况下，成本差异反映出项目提供的内容和扶持程度的差异。因此，在不知道每个项目预算的细则时，我们无法进行确切的成本比较。然而值得一提的是，基于可利用的数据，每个参与者的平均成本是 7 273 欧元，其中项目 C（爱尔兰裁员项目）中每个参与者的成本是最低的（301 欧元），而项目 E（荷兰项目）中每个参与者的成本是最高的（15 000 欧元）。

就项目对新创企业或新就业机会的影响和经济效益而言，芬兰项目似乎对经济发展的贡献最大，即平均每个项目创建了 21 个新企业，并提供了 100 个新就业机会。然而，每个新创企业的成本是 24 027 欧元，每个新就业机会的成本是 5 046 欧元。这两个数字都不是八个项目中最低的。整体来看，八个项目创建的新企业和创造的新就业机会的平均数量分别是 11 和 42，平均成本分别约为 19 000 欧元和 7 000 欧元。荷兰项目的成功率似乎是最高的，已将平均 80％ 的计划转化为新企业。相反，西班牙项目的成功率似乎是最低的，仅仅将平均 12％ 的参与者的计划转化为新企业。

在进行对比时，尤其是在做成本对比时，我们必须十分谨慎。正如前文提到的，这些创业项目的整合方式和成本都是不同的，这意味着我们很难判断出每个项目具体的预算。尤其值得注意的是荷兰项目，因为项目提供者提到的是估算的项目价值，这比可用的文件中提到的预算数字高很多。而且，许多项目中的预算条款似乎都并入到组织的一般管理经费里。这很正常，因为所有项目都是由大公司的部门运营，所以应该会有一些分摊的费用。然而,荷兰项目中每人15 000欧元的预算仅能支付个人贷款或生活津贴,因此为培训、指导、办公场所和行政管理留下的资金便很少。同时,我们也需谨慎对待项目C(爱尔兰裁员项目)的成本,因为它并不包括参与者直接获得的资助。尽管这些资助是在项目以外进行管理,它们显然也会影响项目的参与度和完成情况及新创企业的数量。参与者把每人高达12 700欧元的资助看作是项目的重要组成部分。

除了对比项目内容和多项产出外,我们也可以对这些项目提供者和投资者的观点进行比较。整体来看,尽管项目提供者的反馈比投资者的反馈更加具体和可量化,但二者给出的回答有很多相似性。例如,从访谈中我们可以看到,项目提供者和投资者都参与到创业项目中,因为这是他们各自组织职责的一部分。所有项目的主要目标都是通过创建新企业和提供新就业机会来促进经济发展。然而,项目提供者似乎还有其他次要的目标,即为创业服务中心吸引更多的承租商和提高组织的整体声望。项目提供者和投资者都认为他们的目标在参与项目中得到了实现,并且参与者也有很多的收获。我们也将非正式的监控和正式的评估相结合,判断目标的完成程度和参与者获益的程度。有趣的是,项目投资者似乎非常依赖项目提供者的反馈,因为后者似乎更加严密地监控项目的各个方面。关于性价比和将来他们是否打算继续参与创业项目的问题,项目提供者和投资者都表示愿意继续参与到此类项目中。然而,他们的观点还是有所不同的,主要体现在两个方面。首先,就面对的困难而言,项目提供者提到他们经历了许多困难,但投资者说他们没有经历过困难。第二,就是否打算改变所提供或资助的项目的本质而言,所有项目提供者似乎都热衷于做出改变,但没有投资者有此打算。

小结

本章详细地对比分析了来自五个欧洲国家的八个项目,并讨论了创业培训项目的整体效果。我们从项目目标、结构、内容、成本和总体效果的角度对项目进行了调查。同时,我们也对很多项目提供者和投资者进

第六章 创业培训项目对比分析

行了结构化访谈,确定他们扶持这些项目的目标、对目标达成程度的看法以及对项目未来的计划。基于所做的对比和分析,我们可以得出一系列结论。尽管这些创业培训项目在结构、内容和目标方面都有很大不同,但它们之间也有一些相似之处,如培训主题的类型、提供的指导和商业咨询。而主要的不同在于数据方面的差别,即项目成本和产出明显不同。就将参与者的计划转化为新企业和新就业机会方面而言,虽然一些项目似乎比其他项目更加有效,但我们还需谨慎地对比各个项目。

通过访谈我们发现:尽管项目提供者和投资者对收益的看法和判断收益的方法不同,但他们都认为参与者从项目中有所收获。同时,对比分析使我们能够在看似最有效的项目中确定一些重要的因素。我们将结合这些因素以及将在下一章介绍的历时研究的结果,总结出一套比较实用且可以提高项目效果的实践指导原则。

第七章 项目参与者简介

引言

从第二章和第三章的大量文献综述中我们可以看出,创业者拥有一些区别于他人的社会、心理和行为方面的特质。然而,支持这种观点的大部分实证研究数据都是基于对知名创业者的分析,却很少有研究会关注有抱负的创业者,也很少有人会关注这些特质在预创业阶段和早期发展阶段是否会在个体身上有所体现。

因此,这部分研究旨在分析什么类型的个体会参与创业项目,并确定这类个体(如有抱负的创业者)是否真的拥有对创业成功至关重要的特质。基于此,我们从第六章提到的八个创业培训项目中选出四个项目的参与者作为分析对象。这些参与者群体来自荷兰项目(参与者来自不同的组群)和三个爱尔兰项目(参与者分别来自 1996 年和 1997 年组群)。为了便于获取信息,我们选择了这些参与者群体。研究一共调查了 121 名参与者,其中 102 名提供了有价值的反馈。值得注意的是,这 102 名受访者中有四位参与者(一位来自项目 B,三位来自项目 E)的公司在加入创业项目之前就已经步入创业启动阶段。然而,这些公司处于启动过程中的最初期。因此,这些受访者仍然符合我们之前在研究中对有抱负的创业者所下的定义。我们将在本章介绍这部分研究的调查结果和描述实际的调查小组,并就这些小组参与者的社会、心理和行为方面的特质进行调查研究。

描述调查小组和反馈率

调查组 1——来自项目 A 的参与者(爱尔兰)

调查的第一组由来自项目 A 的 35 人组成,每人都按要求完成了问卷,所以问卷的反馈率是 100%。这些个体参与了 1996 年或 1997 年全爱尔兰产业赞助的创业项目。这些有抱负的创业者都是爱尔兰籍,其中 7 人(占总人数的 20%)来自北爱尔兰。所有参与者都有着处于可行性阶段或预可行性阶段的创业理念,并且至少已经获得了高等教育文凭。大多数参与者都是单身男性,女性仅占总人数的 20%。在项目开始时,参与者中有 7 人(四男三女)有未成年子女,其中两位女性是孕妇(都是二胎)。参与者提出的创业理念涉及许多行业部门,其中有 86% 的理念(30 个创业理念)是关于制造业,其余则是关于服务业。

调查组 2——来自项目 B 的参与者(爱尔兰)

该小组由 1997 年跨国项目 B 的 18 名参与者组成,其中有 14 人(占总人数的 77%)完成了问卷。同样地,每一名参与者也都是爱尔兰籍,其中有 12 人(占总人数的 85%)来自北爱尔兰。所有参与者都有处于可行性阶段的创业理念,其中一人在参加项目之前已经创立了自己的公司,公司当时正处于企业发展的最初阶段。尽管项目没有准入要求,但该调查组中有 8 人(占总人数的 57%)接受过高等教育,4 人(占总人数的 28%)在继续攻读硕士学位。项目参与者大部分是男性(占总人数的 85%),其中 7 人已婚,6 人有未成年子女。他们的创业理念涉及的领域很广,其中包括医疗、电子、农业或渔业领域(占总数的 64%),还有其他行业,如运输、软件、印刷、塑料和培训等。

调查组 3——来自项目 C 的参与者(爱尔兰)

第三组由来自项目 C 的 38 名参与者组成,所有人都完成了问卷。这些个体是裁员小组的一部分。作为 1997 年整个裁员扶持项目的一部分,雇主为裁员小组提供了创业培训。尽管项目没有准入要求(雇主决定谁有资格参与裁员计划），但小组中 68% 的人（25 人）都是大学本科或专科毕业生。该组中大部分人（总人数的 63%）是女性，其中有 76% 的人已婚，71% 的人有未成年子女。除两人以外，大家都有处于可行性阶段或预可行性阶段的创业理念，其中 32%（12 个）的创业理念关于培训和咨询业，26%（10 个）的是关于旅游业，其余（总数的 37%，即 14 个创业理念）则是关于食品、手工、零售和其他部门。该组中有两人还没有具体的创业理念，他们仍在考虑一些选择。

调查组 4——来自项目 E 的参与者（荷兰）

调查的最后一组包括 15 个来自项目 E 的不同群组的个体。这些人在调查进行时都在荷兰。问卷被邮寄给项目的 30 名参与者，并得到了 15 份有效反馈。这是目标样本的规模，因为其代表了该荷兰项目每年扶持的个体的平均数。该组中有 3 名参与者在参加项目之前已经创立了自己的公司，并且公司正处于企业发展的最初阶段。其他人有着可行性阶段的创业理念，所有人都有硕士或博士学历。项目参与者大部分人已经结婚（73%），所有人均为男性，其中 60% 的人有未成年子女。该组成员提出的创业理念比其他组的更加"高科技"，其中 53%（8 个）的创业理念是关于科技咨询领域，26%（4 个）是关于微滤或科学领域，其余的创业理念（21%，即 3 个）则是关于软件和医疗科技领域。

社会特质

年龄

尽管上述四个项目对于年龄都没有具体的限制，但项目 A 要求申请者必须是在 1990 年及之后毕业的人。该项目选择的参与者的实际年龄在 20 至 35 岁之间，大部分参与者（占总人数的 49%）处于 25 至 29 岁之间，其余参与者的年龄几乎平均分布在 20 至 24 岁和 30 至 35 岁之间。比较来看，来自项目 B 的参与者年龄要大一些，大部分处于 41 至 45 岁的年龄段（6 名参与者，相当于总数的 42%）。相反，项目 C 中大部分参与者处于 31 至 40 岁年龄段。荷兰调查小组的大部分参与者(项目 4)处于 31 至 35 岁年龄段(5 名参与者,相当于总数的 33%),而 26%(4 名)的参与者处于 41 至 45 岁年龄段。

教育和工作经历

尽管只有项目 A 和项目 E 要求参与者具有高等教育文凭,但如上面提到的,其他项目对参与者的资格要求也相当高。参与者需要具备的资格涉及很多领域,从一般商务和营销领域,到工程和其他技术领域。就工作经历而言,几乎所有参与者,即 102 位受访者中有 97 人(占总人数的 95%)在参与特定的创业项目之前已经有至少一年的工作经验,而有 83 人(占总人数的 81%)已经有三年以上的工作经验。40 位参与者(占总人数的 39%)有管理经验,22 位参与者(占总人数的 21%)有销售经验,几乎一半的参与者(占总人数的 48%)工作的领域和他们提出创业理念的行业部门直接相关。

创建企业的类型和角色定位

如上文所述,参与者想要创建的企业类型包括一系列的行业部门。表 7-1 所展示的是调查中涉及的 102 名有抱负的创业者提出的创业理念的分类。

尽管表 7-1 并没有说明,但正好有一半的创业理念(51 个)是基于制造业的,其余一半是基于服务业的。就提出创建的企业结构而言,有一半以上的创业者(57 人,相当于总人数的 56%)是独立开发他们的创业理念的,其余的参与者(45 人,相当于总人数的 44%)则加入了创业团队。

表 7-1　创业理念或行业部门

理念类型或行业部门(102 个)	提出的创业理念的数量	在小组中占的比例
教育、培训和咨询(包括技术咨询)	22	22%
旅游和娱乐	19	19%
食品	8	8%
纺织	6	6%

续表

理念类型或行业部门（102个）	提出的创业理念的数量	在小组中占的比例
农业或渔业	5	5％
工程	5	5％
制药	5	5％
医疗	4	4％
软件	4	4％
电子	4	4％
塑料	2	2％
没有具体的理念	2	2％
交通运输	1	1％
其他*	15	15％
总数	102	100％

注：* 包含基于个体服务的理念，如文秘、会计和家具设计。相关比例四舍五入为1％。

我们也要求参与者描述他们在企业中的角色或拟扮角色。75％的受访者（76人）将他们的角色描述为总经理或企业所有者；11％的受访者将他们的角色描述为参与到拟建企业的生产和技术领域中的人；5％的受访者将他们的角色定位在营销领域；3％的受访者指出他们将会在企业的财务部门工作；12％的受访者觉得他们至少在企业初始阶段可能会事无巨细，亲力亲为。有趣的是，尽管在任何企业中营销的重要性都不言而喻，但只有7％的受访者觉得他们的角色实际上是在销售自己计划提供的产品或服务。然而，对企业拟定的销售职能的进一步分析表明，58％的受访者认为他们要承担销售责任，至少是在初始阶段需要这样做。23％的受访者已经确定让其他人或代理机构代表他们负责产品或服务的销售，25％的受访者还没有决定企业中负责销售的人选（因为回答的多样性以及采用了舍入法处理，这部分分析的数据和比例可能不等于100）。

动机

为了评价创建企业的不同动机，我们让参与者给出他们决定创业的理由。项目 C 的参与者没有被问到这一问题,因为他们的动机明显与即将到来的裁员窘境有关,而且他们参与创业项目也是受到雇主提议的影响。出于无意的疏漏,这一问题在荷兰调查小组(项目 E)中被忽略了,而且也没有足够的时间通过第二次邮寄问卷的方式来纠正这一失误。因此,该问题只在四个调查小组中的两组被提到,即项目 A 的参与者(35 人给予反馈)和项目 B 的参与者(14 人给予反馈)。我们在表 7-2 中将这 49 人的反馈做了分类。

表 7-2 想要创建企业的原因

想要创建企业的原因(n=49)	人数*	所占百分比*
成为自己的老板,独立	21	43%
迎接挑战;个人成就或满足	19	39%
成功和赚钱	10	20%
有机会形成自己的理念	5	10%
现在的工作不顺利	2	4%
有更好的生活方式	2	4%
能雇用别人	2	4%

注:* 反馈率不等于调查的总数(即 49 人),而且因为给出的回答的多样性,比例的和也不等于 100。

有趣的是,参与者对"为什么想要创业"这个问题给出的最常见的回答是成为自己的老板和实现个人满足,而不是想要成功和赚钱(49 名受访者中只有 10 人提到了这个原因)。对四组参与者(共 102 人)的进一步分析显示,对大部分参与者而言,这是他们第一次创业,只有 18% 的参与者(即 19 人)称他们已经参与过或至少曾经试图建立企业。保守地说,一些人早期的创业尝试已经小有成就,而另一些人在创业之前或创业伊始就失败了。

期望

为了确定个体参与创业项目的原因,我们一开始便让来自四个项目的参与者列出他们对项目的主要期望。这些期望涉及的范围很广,如获得检验创业理念可行性的机会和在创业准备阶段获得一些新的技能和知识。表 7-3 是对参与者主要期望的总结。

表 7-3　参与者的期望(参与调查的人数为 102 人)

获得企业创建和运营的支持和指导	29%	有机会争取奖金或得到资助	6%
完成创业计划	25%	建立社会关系网和结识更多人	5%
探索可行领域和形成创业理念	24%	物质设施,与大学或研究院建立联系	5%
获得新技能和知识	16%	获得技术支持	4%
获得营销或商业技能	12%	没有期望或没有反馈	2%
有机会关注创业理念	8%	获得经验	2%
获取财务计划和获得资金方面的帮助	7%	接触不同的专家	1%

注:数据显示了就参与者特定期望而言的反馈率。因为给出的回答的多样性,比例的和不是 100。

在这部分的调查中,参与者最常提到的期望是"获得对企业创建和运营的支持和指导"——29% 的参与者将此列为他们对创业项目的主要期望。"完成创业计划"和"探索可行领域和形成创业理念"也是参与者常提到的期望,分别有 25% 和 24% 的参与者提到这两项。奇怪的是,很少有参与者(占总人数的 6%)将财务因素,如奖金、实际资助款或生活津贴列为重要的期望,即使这些领域被清楚地标记为项目扶持的一部分。

心理特质

为了进一步分析参与创业项目的个体类型,我们要求参与者就一些文献中认为对创业成功至关重要的特质打分。我们使用了李克特五级量表(Likert scale),最低分是 1 分,最高分是 5 分,参与者需要就自己的热情、成就需求、积极主动、预计风险承担、创新精神、领导力、投入程序和决心、自信、沟通能力和判断力的水平评分。

整体上,整个组(102 人)似乎对自己的创业能力相当自信。相对于其他特质,大多数参与者就这一特质给自己打了高分,只有几个人给自己的分数低于 3。表 7-4 是对这些分数的总结。

表 7-4　创业特质的自我评定(参与调查的人数为 102 人)

特质	每项反馈率百分比(%)						平均值
	?	1	2	3	4	5	
热情	1	0	2	5	29	65	4.55
成就需求	0	1	1	7	33	58	4.37
积极主动	2	0	0	13	55	31	4.14
预计风险承担	1	0	5	31	39	25	3.80
创新精神	3		1	22	43	32	4.04
领导力	2	1	2	27	48	20	3.78
投入程度(或决心)	3	0	0	9	36	53	4.40
自信	1	1	3	17	47	32	4.02
沟通能力	2	0	1	23	57	18	3.89
判断力	2	0	2	26	55	16	3.82

注：因为四舍五入，比例的和可能不是100。"?"代表不知道或没有反馈。

如表 7-4 所示，有 65%和 58%的参与者在"热情和成就需求"这两项上给自己打了最高分(5分)。而"热情、投入程度(或决心)"特质所得分数的平均值最高，分别是 4.55 和 4.40。与之相反，参与者在"领导力和预计风险承担"这两项给自己打的分数最低，平均值分别是 3.78 和 3.80。这两项也拥有最多的低分(即 3 分或低于 3 分)，其中 36%的受访者就"预计风险承担"给自己打了 3 分或更低的分数，30%的受访者就"领导力"给自己打了 3 分或更低的分数。参与者在"沟通能力和判断力"这两项也给自己打了低分，平均值分别是 3.89 和 3.82。

为了判断参与者是否独立地就每个特质给自己打分，或者说他们打分的特质之间是否密切相关，我们对其中一个调查组——项目 A(35 名参与者)做了进一步的分析。我们使用零假设，即假设每一项分数都是独立的，构建了期望值表格。然后我们将观察到的、参与者就和自己相关的每个特质给出的分数进行比较。该分析指出，似乎参与者对成就需求和热情的评分存在着相似的倾向。在本案例中，16 名参与者就这两项给自己打了 5 分。考虑到这些分数的期望值是 12，这些结果似乎具有一定的显著性。从表格 7-5 的对角线我们还可以看到很多 0 值。

表 7-5　创业特质的观测值和期望值（来自调查小组 1 的参与者——项目 A）

35 人		观测值					
		成就需求					
		1	2	3	4	5	总人数
热情	1	0	0	0	0	0	0
	2	0	0	0	0	0	0
	3	0	0	1	1	0	2
	4	0	0	3	5	5	13
	5	0	0	0	4	16	20
	总分数	0	0	4	10	21	35
		期望值					
		成就需求					
		1	2	3	4	5	总人数
热情	1	0.00	0.00	0.00	0.00	0.00	0
	2	0.00	0.00	0.00	0.00	0.00	0
	3	0.00	0.00	0.23	0.57	1.20	2
	4	0.00	0.00	1.49	3.71	7.80	13
	5	0.00	0.00	2.29	5.71	12.00	20
	总分数	0	0	4.01	9.99	21	35

提到的证据相关性有:积极主动和热情(比较了 11 对,与观测值"5"相比,期望值为 7.43);创新和热情(比较了 15 对,与观测值"5"相比,期望值为 9.71);积极主动和成就需求(比较了 12 对,与观测值"5"相比,期望值为 7.80);创新能力和成就需求(比较了 14 对,与观测值"5"相比,期望值为 10.20);创新能力和积极主动(比较了 10 对,与观测值"5"相比,期望值为 6.31);自信和领导力(比较了 5 对,与观测值"5"相比,期望值为 2.57)。每一个例子里都有大量参与者给自己打出相当高的分数,这远远高于我们的预期。然而,尽管有这一证据,还是存在很多争议,因为研究结果不够充分,分数在 1—5 之间的太多,所以我们没有十足把握说

明这些例子存在关联。

有趣的是,参与者对预计风险承担和其他特质的自我评定之间的相关性并不大。例如,当与热情这一特质的评分进行比较时,三名参与者就预计风险承担这一特质给自己打了低分(2分);(与1.11的期望值相比)却就热情这一特质给自己打了高分(4分)。同样,在比较风险承担和成就需求之间的关系时,两名参与者就风险承担这一特质给自己打了低分(2分),却就成就需求这一特质给自己打了高分(4分)。一名参与者就风险承担这一特质给自己打了2分,但就成就需求这一特质给自己打了5分。相对照的期望值分别是0.86和1.80。

然而,参与者就风险承担和创新能力这两个特质所给的分数之间似乎存在联系,与期望值6.43和4.37相比,有10名参与者给每项打了4分,7名参与者给每项打了5分。因此,这些就风险承担特质给自己高分的人似乎也就创新能力特质给自己打了高分。

行为特征

为了评价参与者创建企业所做的准备并判断他们的实际发展需求,我们让这102名项目参与者就很多关键商业领域的技能和知识进行自我评定。我们再次使用李克特五级量表,分析结果如表7-6所示。

表7-6 商业技能和知识水平的自我评定(参与调查的人数为102人)

商业技能和知识	每个评分项的反馈率百分比(%)						平均值
	?	1	2	3	4	5	
融资	1	5	18	47	57	9	3.10
销售管理	3	9	18	45	22	4	2.90
现金流管理	1	7	18	33	32	10	3.17
员工管理	1	9	8	28	35	19	3.40
企业法律问题	2	31	31	23	8	6	2.24
健康和安全法规	3	23	27	28	15	5	2.48
就业法规	3	23	34	28	9	4	2.33

续表

商业技能和知识	每个评分项的反馈率百分比(%)					平均值
	?	1	2	3	4	5	
库存管理	4	15	12	31	23	16	3.10
工作计划和安排	1	4	6	31	43	15	3.52
质量控制	0	6	16	24	27	25	3.36
质量标准	1	8	14	28	28	21	3.34
市场调查和计划	0	7	22	40	31	5	3.14

注:因为四舍五入,比例的和不一定是100。"?"相当于不知道或没有反馈。

有趣的是,参与者没有就商业技能(知识)给自己打出如创业特质一样的高分。实际上,在商业技能评分表中这部分得分的平均值是3.00,大部分受访者几乎就所有技能给自己打了3分或3分以下。与创业特质分析中的平均分值4.08相比较,大多数参与者就大部分特征给自己打了4分或4分以上。

商业技能(知识)部分得分最低的似乎是法律领域(如企业法律问题、健康和安全法规以及就业法规,平均分值分别是2.24、2.48和2.33)。诸如融资、现金流管理和销售管理等技能方面得分也很低,平均分值分别是3.17和2.90。

小结

第六章描述了八个创业项目,而本章讨论了对其中四个项目的参与者所做的分析得到的结果。我们对每个调查小组都做了总体描述,分析了参与者不同的社会、心理和行为方面的特征。基于研究的项目可以得出的结论是:虽然参与创业培训项目的人各式各样,但他们中有许多人具有某些相同的特征。这些特征包括(作为学历标准)接受过高等教育、大部分参与者是男性,有工作经验并且年龄在30岁以上。受调查的参与者似乎对他们的创业特征相当自信,但对创业技能和知识就没那么有自信了。因此,参与创业项目最普遍的原因是为了获得创建和经营公司所需的扶持和指导。

第八章 创业教育与培训——效果评估

引言

我们在第四章中提到,尽管大家对创业能否被教授这一话题仍有争议,大多数研究者则相信至少这个学科领域的一些要素是可以通过教育和培训得到发展和(或)强化的。然而,尽管创业教育与培训领域的研究在逐渐发展,对评估这些创业教育和培训的影响的研究却还很少。这一点让人颇为吃惊,因为无论对参与者还是赞助商而言,课程和项目的开发和运行可能要花费大量的时间和金钱。事实上,许多培训项目不能真正地满足创业者的切实需求。

我们对第六章提到的其中一个创业项目展开了深入的包含五部分的历时研究,本章旨在通过介绍和讨论这项研究来丰富该领域的文献资料。这个项目是本研究的核心内容,我们可以用贾米森(Jamieson,1984)的术语将其描述为培养"创业所需的能力"。也就是说,这个项目旨在为有抱负的创业者自主创业做准备,其具体目标是鼓励参与者创立和经营自己的企业。本研究是在该领域进行的为数不多的历时研究,在三年的时间里跟踪了解了35名有抱负的创业者的发展情况,使大家从定性研究角度理解这些项目的效果。

五部分的历时研究

我们意识到创业培训项目效果评估的局限性(如第四章讨论的),于是我们采用了历时研究的方法,其中包括项目 A(实验组)和其他两组(控制组和对照组)的参与者。使用历时研究的方法,一方面使研究团队能确切地判断所研究的核心创业项目的效果,另一方面能确定人们对效果的看法是否会随时间的推移发生改变(Fleming,1996)。在创业项目效果评估的过程中,确保采用有效的方法尤为关键。正如第四章所述,用来评估项目最常用的方法往往具有主观性,该方法要求参与者表达自己的观点。虽然麦克马伦等人(Mcmullan et al,2001)认为这种方法对于判断参与者的满意度而言是可以接受的,但我们还是应该采用客观的方法评估项目的绩效成果。

如上文所述,这项历时研究中涉及三个小组,具体如下:

- 实验组——该组为核心调查组,包含来自项目 A 的 35 名参与者。
- 控制组——该组有 48 人,他们具有创业理念并且大约在项目 A 开始时就申请参加创业项目,但没被选为参与者。因此,该组没有接受过任何创业培训(在本章也被称作"未接触"组)。
- 对照组——该组由来自项目 C 的 38 名参与者组成。他们正面临裁员境地,老板为其提供了作为一整套扶持项目一部分的创业培训(在本章也被称作"裁员"组)。

采用控制组和对照组这一方法使我们可以在两个完全不同的情况下检验创业培训项目的效果和益处,同时扩大了对这种干预合理性的讨论范围。在本历时研究中,通过调查个体参与者对项目带来的收获的看法,我们可以从参与者的角度衡量创业培训项目的影响以及判断他们对项目的看法是否随时间的推移而改变。同时,我们也就新建企业和新增就业机会的数量对项目的经济产出做了分析,这可以丰富和补充为数不多的有关项目效果的实证研究数据。

历时研究为期三年,与实验组(项目 A)同步进行(但比实验组持续时间长),分别在项目开始之前、项目进行期间和项目完成后向参与者提问。为此,研究设计了纸质问卷,并在下述几个阶段发给参与者:

第一阶段:项目开始之前

第二阶段:项目进行一半时

第三阶段：整个项目结束时
第四阶段：项目完成一年后
第五阶段：项目完成两年后(大约在参加项目三年后)

本研究第一部分的目标是分析项目参与者的社会、心理和行为方面的特质，并调查他们参与该项目的原因。研究结果也包括了第七章提到的对其他参与小组的分析。这一背景信息有助于为大家提供参考框架，从而衡量项目参与者的发展情况。为了便于参考，表 8-1 将实验组中参与者的重要特质与第七章中提到的汇总数据分离出来。

表 8-1 实验组(项目 A)参与者特质的总结

表 a)：社会特征(35 人)	
国籍	都是爱尔兰人：80%(28 人)来自爱尔兰共和国；20%(7 人)来自北爱尔兰
性别	男性：80%(28 人) 女性：20%(7 人)
年龄	20—24 岁年龄段：26%(9 人) 25—29 岁年龄段：48%(17 人) 30—35 岁年龄段：26%(9 人)
受教育程度	至少是拥有高等教育学历
专业	商业(或营销)：40%(14 人) 工程：14%(5 人) 其他：46%(16 人)
工作经验	有一些工作经验：97%(34 人) 有三年以上工作经验：70%(25 人) 有与创业理念直接相关的领域的工作经验：44%(16 人)
就业状态	就业：86%(30 人) 个体经营：0%(0 人) 未就业：6%(2 人) 全职学习：8%(3 人)
创业理念类型	都处于可行(或预可行)阶段 基于制造业的：86%(30 人) 基于服务业的：14%(5 人)

就他们的心理特质而言，项目 A 的参与者似乎都非常自信，对表中（参见第七章）大多数特质尤其是成就需求、热情和创新能力几个方面都给自己打了高分。有趣的是，他们就判断力和承担风险能力给自己打了最低分，只有少数的受访者在李克特五级量表中给自己打了 2 分。

就对商业技能的自我评估而言，参与者似乎对自己的能力就没有那么自信了，他们就表中列出的大多数技能（尤其是就业法、安全法规和融资几个方面）都给自己打了低分。整体来看，项目 A 的参与者就表中每一项商业技能给自己打的分数都要低于他们就心理特质打的分数。

研究的第二部分在项目进行一半时展开，按照正规的培训课程就几个方面评估项目本身的影响，如参与者如何看待培训的整体质量、获得的收获、学到的技能以及他们是否通过项目获得有用的社会关系网。除此之外，我们让参与者指出他们是否感觉项目存在缺陷并且指出需要改进的方面。同时，完成了项目的正规培训后，我们再次让参与者就主要的商业技能给自己打分，这样就能与之前他们在项目开始前给出的反馈进行对比。

研究的第三部分旨在评估项目的其他具体要素，如指导、评估、资格认证（英国国家职业资格）和竞争力。就此，我们在整个项目完成时分发问卷，从而衡量参与者对自己获得的扶持的总体看法，并且判断他们的看法是否发生改变。在这个阶段，我们还要完成指导和评估课程、资格认证、撰写创业计划等方面的工作。与此同时，我们在项目进行期间让参与者就工作量和时间投入发表自己的看法，并评估这些与他们预期相比是多还是少。我们也会询问参与者如何看待项目对他们创业理念开发、创业能力和个人发展的影响。最后，我们再次要求参与者为完善项目提出建议。

研究的第四部分——跟踪调查，是在项目刚好完成一年后进行的，目的是确定参与者中已经创业的人数，以及新创企业本身和员工雇用情况。对那些还没有达到创建企业阶段的个体而言，调查是为了确定他们的就业状态，了解他们是否愿意继续自己最初的创业理念或再开发新的创业理念,以及确定将他们的创业理念推进到企业创建阶段所需的工作。同样地,我们也询问了参与者如何看待从项目中获得的收获,从而确定他们对这些收获的看法是否会随着时间而改变。

研究的第五部分在参与者完成项目的两年后进行。该部分研究旨在确定项目参与者创建企业的数量是否发生了变化,以及企业的性质和员工雇用情况。对那些创业理念没有取得进展的人来说,研究是为了确定没有进展的原因以及他们是否打算在未来某个时候改进和完善该理念。同时,我们也提出了有关项目带来的收获问题,再次确定参与者的看法是否随时间而发生改变。除此之外,我们也让参与者提出改进项目的建议,并询问他们对自己创业能力的信心是否因为参与项目而发生改变。

研究的每个阶段的反馈率都非常高。研究第一部分的反馈率是最高的,随着时间的推移反馈率逐渐降低,这一点不足为奇。第一阶段得到的反馈率是100%,调查的35个人都做出了反馈。在调查进行到第二阶段时,两名参与者因为工作原因退出了计划,因此还剩下33人,其中32人做出了有价值的反馈。在研究的第三阶段中,33人中有25人做出了反馈。在研究的第四阶段,23人给出了有价值的反馈。在研究的第五阶段(也是最后阶段),最初的反馈率是52%(即调查的33人中有17人做出了反馈)。后期借助电话跟踪和信函提醒,研究第五部分的反馈率增加到70%(即23人做出了有价值的反馈)。下面我们将按照每一部分来介绍这五部分的研究结果(不包括第七章介绍的第一部分的研究结果)。

第二阶段的研究结果:项目进行一半时

正规培训的完成意味着项目进行了一半,在这一阶段,我们询问了参与者到目前为止对项目的总体看法。他们需要用"很差"、"差"、"满意"、"好"和"非常好"等就项目发表自己的看法。56%的受访者(18人)认为项目"非常好",其余人认为项目"好"。没有受访者用"满意"、"差"和"很差"来表达自己对项目的看法。同时,我们也询问参与者是否觉得自己对项目最初的期望得到了满足。即使只是在项目进行一半时,超过90%的受访者认为他们的期望得到了满足,其余人表示"不确定"。

除此之外,我们也要求参与者描述他们从项目中获得的收获(参见表 8-2),只有不到三分之一的参与者提到最主要的收获是接触到其他创业者,而大约 19% 的人称商业培训是其主要的收获。能够更好地了解一般性商业运营和获得营销法律方面的知识是得分第二高的收获。同时,参与者也指出,与其他创业者的接触以及制定出创业计划是从项目中获得的最重要的收获。

表 8-2　对项目带来的收获的看法(参与调查的人数为 32 人)

与其他有抱负的创业者的联络	29%	社交	6%
商业培训	19%	切实可行的建议	3%
营销知识和企业法律知识	16%	对创业理念的测试	3%
对企业经营的更好理解	16%	获取信息	3%
个人发展	13%	刺激	3%
从培训者那里获得的知识	13%	遇见不同领域的专家	3%
对促进企业成功的因素的理解	13%	深入培训与评估	3%
动机	10%	扶持	3%
按计划工作	6%	各种商业技能	3%

注:因为不同的回答,百分比合计不等于 100。

为了调查项目参与者在项目组内建立人际关系的情况,我们询问参与者,作为参与项目的直接结果,他们是否建立了有价值的新人脉。约有四分之三的参与者给出的答案是肯定的,他们称已经为拟推出的商品与潜在客户、产品供应商以及国外市场建立了联系。有趣的是,参与者指出,对项目有贡献的培训人员和特邀演讲嘉宾也是对创业者有用的新人脉。

我们询问了参与者通过参与项目获得了哪些新技能和知识(参见表 8-3),他们提到了从营销、金融到质量控制方面的技能和知识。而其中他们最常提到的是营销方面的知识和技能——超过半数的人将此列为自己获取新技能(或知识)的重要领域。

表 8-3 获取的新技能和知识（参与调查的人数为 32 人）

营销	52%	不确定	3%
金融	23%	对资金来源的认识	3%
创业计划	19%	生产管理	3%
人力资源管理	10%	寻求新社会关系网的能力	3%
法律领域	10%	创业技能	3%
更好地理解公司启动的要求	6%	果断	3%
更好的判断力	3%	分析能力	3%
信息和培训	3%	沟通能力	3%
质量控制	3%	研究方法得到改善	3%

注：因为不同的回答，百分比合计不等于 100。

除此之外，我们要求参与者说出他们认为参与项目获得的最重要的新技能（或知识）是什么。尽管没有在表 8-3 中体现，但创业计划和营销是他们认为自己获得的最重要的技能。

就是否觉得项目存在缺陷这个问题，受访者中有一半人指出项目确实存在缺陷。他们提到的缺陷包括"没有提供足够的针对个人的培训课程"、"没有提供足够的有关金融、营销和专利方面的信息"以及"没有提供足够的小组讨论时间"等。令人吃惊的是，虽然只有 16 位受访者指出了项目中存在的缺陷，却有 25 位受访者就项目改进提出了建议。其中提到最多的建议是"希望能够提供更多的小组讨论和实践课程"、"调节项目时间表从而在更长的时间内涵盖更多的培训"以及"增加一对一的课程"。

我们也要求参与者就项目是否影响他们创业的成败发表自己的看法。大多数受访者指出，项目在"很大程度上"影响着他们，决定了他们是否具备可以走向企业创建阶段的能力。三名受访者认为项目将会对企业创建产生"轻微"影响，其余受访者则认为项目对帮助其达到企业创建阶段产生"中度"影响。

鉴于项目正规的培训部分在研究的这一阶段已经完成，我们必须确定培训中使大家收获最大和最小的方面。营销和法律培训课程被列为收获最大的方面，而被认为是收获最小的课程包括人力资源管理和经营管理。

我们也要求参与者指出,通过参与项目,他们是否觉得自己的商业技能和知识水平得到了提高。为此,随着培训项目的完成,我们让参与者再次就主要的商业技能给自己评分。参与者并不会拿到最初的评分单作为参考,但我们从分数中可以清楚地看到,他们在培训课程结束时就每一种技能领域给出的分数的平均值都比之前高。这说明他们认为,通过参加培训项目,自己的商业技能和知识水平得到了提高。其中他们认为提高最大的领域包括就业法规和企业法律方面的技能(知识)——与参与者最初评分的平均值相比,这两个领域分别提高了1.07分和1.01分(基于最初的李克特五级量表)。为了确定这个提高从统计学角度来看是否有效,我们就原始数据进行了一组配对样本 t 检验(paired sample t test)(个人分数),以便进一步比较参与者在培训前后的评分。测试结果如表 8-4 所示。

表 8-4　商业技能和知识水平方面的提高
——配对样本 t 检验结果(实验组——项目 A)

技能(知识)领域	平均差	标准差	有效案例	t-检验统计
融资	0.44	1.366 4	32	1.822
销售管理	0.41	1.011 5	32	2.293
现金流管理	0.66	1.285 4	32	2.905
员工管理	0.39	1.229 6	31	1.766
企业法律问题	1.06	1.236 5	31	4.773
健康和安全法规	1.06	1.459 1	31	4.045
就业法规	1.09	1.201 1	32	5.134
库存管理	0.69	1.401 3	32	2.785
工作计划和安排	0.22	1.237 4	32	1.006
质量控制	0.41	1.291 6	32	1.796
质量标准	0.56	1.293 6	32	2.449
市场调查和计划	0.66	1.003 5	32	3.721

注:总数为 32,一些例子中数据为 31。α 值=0.05。

零假设为培训后参与者的评分不会增长。t 表中数值是 1.645，α 值是 0.05。因此，如果关键值的计算结果少于 1.645，那么将不能反驳零假设。如表 8-4 所示，所有项中只有一项（工作计划和安排）的测试统计没有达到 1.645。这些结果为反驳零假设提供了足够的证据，说明培训项目对参与者的商业技能和知识都有积极的影响。大多数参与者也觉得项目对他们个人的发展有"重大（积极）的影响"，这一事实进一步证明创业项目能给参与者带来很多可测量的收获。正如凯尔德的研究（Caird，1989）所强调的，参与者也认为，作为参与项目的结果，他们的创业能力得到了提高。

第三阶段的研究结果：项目完成时

在项目 A 进行到一半时，参与者接受了一系列一对一的指导和评价课程培训。在项目结束时，该组被要求从不确定、有益和非常有益三个方面对项目的要素进行评分（参见表 8-5）。

表 8-5 指导和评价课程的评分

分　　数	指 导 课 程	评 价 课 程
不确定	24%	20%
有益	36%	36%
非常有益	32%	40%
没有参加这些课程	8%	0%

值得注意的是，三分之二的参与者要么认为指导课程和评价课程是有益的，要么认为它们非常有益，因为这符合他们想要更多一对一课程的愿望。

项目 A 完成的一部分内容也包括达到英国国家职业资格认证的三级水平。研究也向所有完成项目的 33 名参与者提供获得这一资格的机会，其中有 23 人提交了可供评估的依据。20 名候选人设法完成了不同单元的资格认证课程，其余三人没有在规定时间内提供足够的依据。项目结束时,参与者被要求回答他们觉得该资格认证对他们的项目有多大益处。小组中有40%的人认为资格认证对他们的项目"有益",24%的人认为"非常有益",其余人认为"不确定"。就得到资格认证需要完成的工作和规定的时间范围而言,所有接受这部分调查的参与者都觉得工作量比预期的要大,并且没有足够的时间来完成。然而,调查中一半以上的参与者觉得对于有抱负的创业者而言,在企业准备和计划方面获得完成工作的证书是十分重要的(Henry et al,1997)。

为了确定参与者对由项目带来的收获的看法是否随时间而发生改变,我们让参与者就此发表看法。受访者中有40%的人认为"培训课程"和"创业计划的完成"是他们在项目中获得的最大收获,28%的人认为奖金是收获最小的方面。令人吃惊的是,20%的受访者认为(除了奖金以外)指导课程是收获最小的方面。而在此前的问题中,68%的人要么认为指导课程是"有益的",要么认为它是"非常有益的"(参见表8-5)。而且,在研究的第二阶段,一些参与者已经指出他们更喜欢被提供更多针对个人的指导课程。然而,五名参与者也指出,项目所有的要素都是有益的。其中一位参与者甚至评论道,他觉得参与项目使自己很"特别"。

项目全部完成时,我们让创业者再次回答他们觉得最初期望的达成程度。使用李克特量表统计,其中分数1指"一点都没有",分数5指"非常好",80%的受访者给出的分数是4分或者更高,36%(9人)给出的分数是5分。

为了进一步检验创业培训的影响,参与者被要求回答在没有项目帮助的情况下,他们的创业理念是否能够发展到现在的阶段。几乎三分之二的受访者(64%)称若是没有项目的帮助,他们的创业理念可能不会发展到现在的阶段。为了确定参与培训对小组成员个人发展的益处,参与者被要求就项目在这方面的影响评分。再次使用李克特五级量表,1代表"没有实际影响",5代表"影响重大",72%的受访者给出的分数是4分或者更高。除此之外,参与者被要求回答作为项目直接的结果,他们对自己创业能力的信心是否有所提高。根据使用的李克特五级量表我们可以看出,1代表"没有以前那么自信了",5代表"变得非常有信心",52%的参与者给出的分数是4分或者更高。有趣的是,在项目结束时,三名参与者称他们已经步入创建企业阶段。15名调查参与者说他们愿意开始创建公司,但需要做进一步的产品开发和寻找投资者。

项目所有的要素完成后,参与者再次被要求回答是否觉得项目存在缺陷。尽管总体上,参与者认为项目没有很大的缺陷,大多数人都提出了至少一条关于改善的建议。四条主要的建议包括项目需要更多的小组讨论、邀请更多"真正的"创业者加入、提供更多一对一的指导课程,以及给更多的时间让大家完成创业计划和资格认证工作。其他建议包括提供给参与者更多有关他们个人创业理念的讨论和更多培训课程的机会。

第四阶段的研究结果:项目完成一年后

这部分研究的两个主要侧重点在于经济产出和了解项目完成后参与者进展到哪个阶段。因此,参与者被要求回答他们的创业理念是否已经发展到企业的创建阶段。八名受访者称他们已经建立了自己的企业,共创造了16个新的就业机会。项目中平均每个新企业创造的就业机会是两个。就那些没有达到创建企业阶段的受访者而言(15名受访者),他们被要求回答是否打算继续实践自己的创业理念,以及这些创业理念是否因参与项目而发生重大的改变。三名受访者称他们不想继续了,其余12名受访者称他们愿意继续下去。那些表达愿意继续实践创业理念的人中,8人称因为参与项目,他们的想法与最初的想法相比发生了重大改变。大多数情况下,参与者将资金和研发看作是他们实现理念过程中最重要的组成部分。在本研究阶段,多于一半的受访者已经找到了工作,还有3人继续全日制学习。

为了确定参与者对由项目带来的收获的看法是否随时间而发生改变,我们让受访者详细说明他们认为最有用的方面(参见表8-6)。

表 8-6 项目结束一年后的收获(参与调查的人数为 32 人)

收　　获	反　馈　率
商业建议与培训	41%(9)
提供结构模板,帮助做计划	27%(6)
帮助获取资金	18%(4)
其他各种收获	18%(4)
社会关系网与人脉	14%(3)
声誉——与银行(机构)打交道时有好处	14%(3)
一般性的扶持和指导	9%(2)
增加自信	5%(1)
有助于找工作	5%(1)
导师	5%(1)

注:括号里的数字代表受访者人数。答案各不相同。

第五阶段的研究结果:项目完成两年后

研究的第五阶段旨在确定参与者在项目完成两年后在就业情况、创业理念和个人发展等方面的进展情况。此外,我们也想确定参与者对项目带来的收获的看法是否随着时间而发生改变,并将其与前面的研究结果作对比。我们让参与者回答他们的就业情况,从而确定他们的就业情况是否自一年前的研究起发生了变化。这部分研究显示,14 名受访者找到了工作,还有 8 名从事个体私营。有趣的是,只有 1 名受访者继续进行全日制学习,没有人处于失业状态。

研究的另一个有趣的结果是,实际上在参与项目后,项目 A 中大部分受访者并没有建立自己的企业,这也可以被看作是研究得出的一个重要且好的结果。这意味着创业培训项目中一个经常被忽视的作用就是,它能够帮助大家意识到自己的创业理念可能并不切实可行,或者有待进一步地开发。

自项目完成已经过去两年多的时间,我们要求参与者回答他们是否继续致力于自己的创业理念。13 名参与者称他们还在继续,其中 8 人已经建立了公司,并雇了40名员工。而每个新公司平均雇佣的员工数为5人。

对那些没有继续致力于自己创业理念的人来说,这似乎主要归因于参与者有全职工作、对自己的理念失去信心或他(她)意识到创建企业的方案不可行。参与者也提到了其他原因,如失去兴趣、缺乏资金或觉得项目过于耗时。七名参与者称主要原因是他们意识到产品没有市场或他们还需要投入很多钱。一名参与者觉得风险太大,另一人称一位竞争者剽窃了她的理念。此外,还有六名在项目完成后没有继续自己创业理念的人称,如果能有必要的资金、更充分的市场调研、更多的生产设备和一份好的财务规划,他们以后还是愿意继续的。这些人期望在四年内创建自己的公司,而其他人没有说会继续创建自己的公司。

和研究之前的部分一样,我们再次提到了有关收获的问题,目的是确定参与者对项目带来的收获的看法是否随时间而发生了改变。受访者觉得最主要的收获是培训和完成创业计划,这与第四阶段结束时的情况相似。

就项目中最没有收获的方面而言,奖金、人际关系网以及指导和评价课程是参与者提到的最主要的几个方面。七名受访者无法指出哪个领域最没有收获,因为他们要么不太确定,要么觉得所有方面都很有益。我们也让参与者回答是否对本阶段的项目有任何改进建议。尽管他们提到了很多不同的建议,但希望项目能提供更多后续扶持以及包含更多的指导课程是他们提的主要建议。

有趣的是,就参与者对自己创业能力的看法而言,12人称对自己当前的创业能力更加自信了;6人称对自己当前的创业能力相当自信;5人称对自己当前的创业能力的看法没有改变。

随时间而改变

表8-7显示的是项目A的参与者在项目开始、结束及完成一年和两年后的就业情况。有趣的是,未就业人数有了小幅度的良性变化——在

项目开始和结束时有两人没有工作,而在项目完成一年或两年后,受访者中没有人处于无业状态。项目参与者就业情况的最大变化是创建新企业(因此被定义为个体经营)的人数。

表 8-7 就业情况变化(实验组——项目 A)

整体变化——(每个阶段的受访者人数各不相同)				
就业情况	开始(35)	结束(25)	一年后(23)	两年后(23)
已经就业	30(86%)	18(72%)	12(52%)	14(61%)
个体经营	0(0%)	3(12%)	8(35%)	8(35%)
未就业	2(6%)	2(8%)	0(0%)	0(0%)
全日制学习	3(8%)	2(8%)	3(13%)	1(4%)

注:括号里的数字分别指代受访者人数和占总人数的百分比。项目开始时的相关数据来自个人申请表。

如表 8-7 所示,调查中每部分的反馈率都有所变化,所以我们可以清楚地看到人们并没有对每一部分都做出反馈(如一些人在项目结束时做了反馈,但一年后却没有再次做出反馈)。因此,为了进一步调查项目 A 参与者的就业情况变化,我们跟踪了解了那些对调查每一部分都做出反馈的参与者(15 人)三年内具体的就业情况变化(参见表 8-8)。

表 8-8 实验组(项目 A)参与者的跟踪调查

(15 名参与者)	开始	结束	一年后	两年后
004	已经就业	已经就业	已经就业	已经就业
005	已经就业	已经就业	已经就业	已经就业
006	全日制学习	全日制学习	已经就业	已经就业
008	已经就业	个体经营	个体经营	个体经营
010	已经就业	已经就业	已经就业	已经就业
013	全日制学习	已经就业	已经就业	已经就业
014	已经就业	个体经营	个体经营	个体经营
017	已经就业	已经就业	全日制学习	已经就业
019	已经就业	已经就业	全日制学习	已经就业
021	未就业	未就业	已经就业	个体经营

续表

（15 名参与者）	开始	结束	一年后	两年后
025	已经就业	已经就业	个体经营	已经就业
027	已经就业	已经就业	个体经营	个体经营
031	已经就业	已经就业	个体经营	已经就业
032	已经就业	已经就业	已经就业	已经就业
035	全日制学习	全日制学习	全日制学习	已经就业

如表 8-8 所示，尽管其中四人（参与者 004、005、010 和 032）的就业状态没有发生变化，大部分人在参与项目后的就业情况还是发生了积极的变化，从未就业、已经就业或全日制学习转变为已经就业或从事个体经营。其中有两名参与者（参与者 025 和 031）建立了自己的公司，并在恢复全职的传统工作之前从事了一年的个体经营。另外两名参与者（参与者 017 和 019）在项目完成一年后作为研究生重新接受全日制教育，并在课程一结束就找到了全职工作。

如上文所述，实验组没有人在参加项目前建立自己的公司。项目 A 完成一年后的调查显示，8 名参与者已经建立了自己的公司，共雇用 16 名员工，平均每个公司雇用 2 名员工。一年后，当研究的最后一部分完成时（即项目完成两年后），雇用的员工总数已经升至 40 人，平均每个公司雇用 5 名员工。

为了确定参与者对项目收获的看法是否发生了改变，我们需要考虑参与者在项目开始前的最初期望。绝大多数参与者（分别有 12 人和 11 人）将得到对企业创建的扶持和指导以及完成创业计划列为他们对项目最主要的期望。获得检验创业理念可行性的机会以及能够获得新技能和知识是大家最少提到的期望（分别有 2 人和 4 人提到这两个方面）。当项目进行到一半时，与其他创业者联络和培训成为大家最常提到的收获，获得检验创业理念可行性的机会则是大家最少提到的收获。在项目结束时，参与者对项目收获的看法稍有变化——参与者更加频繁地提到培训和完成创业计划是他们主要的收获。令人吃惊的是，这时指导被认为是项目中最没有收获的方面。

　　项目 A 完成一年后,参与者的反馈或多或少与项目结束时的反馈相似,培训再次成为大家最常提到的收获,指导则是大家最少提到的收获。项目完成两年后,大多数参与者仍然将培训列为主要的收获,还有 6 名受访者强调了创业计划的完成是项目带给他们的收获。令人吃惊的是,这时获得检验创业理念可行性的机会成为大家最少提到的收获,尽管这是项目开始时参与者最初的期望之一。这说明项目没有给参与者足够的机会来检验其创业理念的可行性。

　　就个人发展而言,从项目结束到项目完成两年的时间内,参与者对自己创业能力的看法似乎发生了重大改变。在项目完成时,52％的参与者指出,和以前相比他们对创业能力感到更加自信或相当自信。两年后(历时研究的第五部分完成后),这个数字上升到 78％。

　　尽管参与者对项目满意度在每个阶段似乎都很高,他们仍对研究的不同阶段提出了很多不同的改进建议。在项目进行一半时,参与者建议增加更多的小组课程和一对一课程,并且允许他们用更多的时间完成项目。项目结束时,这些方面仍然是参与者提出的主要建议。在研究最后的阶段(即两年后),提供后续扶持、提供更多的一对一指导课程成为大家最常提到的改进建议。值得注意的是,尽管反复提到一对一课程,参与者却将其评为项目中最没有收获的方面。

控制组和对照组的对比

　　因为与控制组(即参与者没有接受创业培训的组)的联络程度和其他两组(即实验组——来自项目 A 的参与者,对照组——来自项目 C 的裁员组)不同,我们没有对控制组参与者进行自我心理分析。因此,这样的测试会是一个很好的机会。我们选择采用创业倾向测验(参见第五章)对三个小组(实验组、控制组和对照组)进行了测试。该测试便于我们做对比分析,也进一步补充和完善了在研究早期阶段对实验组和对照组进行的自我分析。实验组获得了 16 份有用的测试成绩,控制组获得了 12 份有用的测试成绩,对照组获得了 10 份有用的测试成绩(参见表 8-9)。有趣的是,将控制组和对照组的创业倾向测验总成绩与实验组进行对比,我们并没有发现明显的差异。对照组的创业倾向总成绩的平均值是最高的,即 38.2。控制组的成绩是 36.5,而实验组的是 37.69。事实上,我们从记录中可以看出:对照组的最高平均值体现在成就需求、内控点和预计风险承担几个方面,控制组只有自主需求的平均值较高,而实验组只有创新倾向的平均值较高。

表 8-9 实验组、控制组和对照组创业倾向测验总成绩的平均值

创业倾向测验成绩类别	实验组(A) (16 名受试者)	控制组 (12 名受试者)	对照组(C) (10 名受试者)
创业倾向测验总成绩	37.69	36.5	38.2
成就需求	8.56	8.7	9.7
自主或独立需求	3.69	3.83	3.2
内控点	8	8.42	9
创新趋势	8.5	7.67	7.3
预计风险承担	8.94	7.83	9

有趣的是,整体上看,三个组里完成创业倾向测验的 38 名参与者中只有 15 人的分数超过了该测验的平均分 41.04。在凯尔德(Caird,1991)的研究中,她认为这个数值对判断企业所有者-管理者的创业倾向而言十分重要。这 15 人中 6 人来自实验组,4 人来自控制组,其余 5 人来自对照组。

尽管本研究并没有提供充分的证据表明,有抱负的创业者实际上拥有了成功创业所需的关键心理特质,但研究确实提供了足够的证据说明他们认为自己具备这些特质。相反,受访者对自己的商业技能和知识并不那么自信,这也表明他们参加创业培训项目是为了提高这方面的能力,这一点是可以理解的。

为了进一步调查创业倾向测验成绩数据间可能存在的明显差异,我们采用未配对样本 t 检验来分析每组平均值的差异。基于没有重大差异的零假设,即平均值之间的差异都等于 0,检验结果如表 8-10 所示。

表 8-10　未配对样本 t 检验和创业倾向测验结果的对比

		成就需求	自主需求	控制点	创新能力	预计风险	合计
实验组[1]	平均值 1	8.56	3.69	8	8.5	8.94	37.69
控制组[1]	平均值 2	8.75	3.83	8.42	7.67	7.83	36.5
	N1	16	16	16	16	16	16
	N2	12	12	12	12	12	12
	S1	2.250 0	1.580 0	1.830 0	2.130 0	2.460 0	8.060 0
	S2	2.260 0	1.530 0	2.110 0	2.350 0	2.330 0	6.650 0
	S^2	5.081 6	2.430 6	3.815 6	4.953 9	5.788 2	56.188 5
	检验统计	−0.220 7	−0.235 1	−0.563 0	0.976 5	1.208 2	0.415 7
	自由度	26	26	26	26	26	26
	关键值	2.056	2.056	2.056	2.056	2.056	2.056
实验组[1]	平均值 1	8.56	3.69	8	8.5	8.94	37.69
对照组[2]	平均值 2	9.7	3.2	9	7.3	9	38.2
	N1	16	16	16	16	16	16
	N2	10	10	10	10	10	10
	S1	2.250 0	1.580 0	1.830 0	2.130 0	2.460 0	8.060 0
	S2	1.700 0	1.990 0	1.890 0	2.110 0	2.210 0	7.410 0
	S^2	4.247 8	3.045 3	3.432 6	4.505 1	5.613 8	61.192 8
	测试统计	−1.372 1	0.696 6	−1.338 9	1.402 5	−0.062 8	−0.161 7
	自由度	24	24	24	24	24	24
	关键值	2.064	2.064	2.064	2.064	2.064	2.064
控制组[1]	平均值 1	8.75	3.83	8.42	7.67	7.83	36.5
对照组[2]	平均值 2	9.7	3.2	9	7.3	9	38.2
	N1	12	12	12	12	12	12
	N2	10	10	10	10	10	10
	S1	2.260 0	1.530 0	2.110 0	2.350 0	2.330 0	6.650 0
	S2	1.700 0	1.990 0	1.890 0	2.110 0	2.210 0	7.410 0
	S^2	4.109 7	3.069 5	4.056 1	5.040 8	5.183 7	49.031 0
	测试统计	−1.094 5	0.839 8	−0.672 6	0.384 9	−1.200 2	−0.567 0
	自由度	20	20	20	20	20	20
	关键值	2.086	2.086	2.086	2.086	2.086	2.086

因为在所有的例子中检验得出的数据都小于关键值,我们可以得出的结论是:组间创业倾向测验的平均值没有明显差异。

我们也调查了控制组和对照组的很多其他领域,并就此与实验组做了对比。我们在历时研究第五阶段的同一时间进行了组间对比。这些对比主要侧重于经济产出、创业理念进展情况以及获得的收获,如表 8-11 所示。

表 8-11 组间比较

调查问题领域	实验组(A)	控制组	对照组(C)
参与调查的人数	33 名受访者	48 名受访者	38 名受访者
反馈率	23(70%)	18(38%)	19(50%)
就业情况			
—已经就业	14(61%)	11(61%)	6(32%)
—个体经营	8(35%)	3(17%)	9(47%)
—未就业	0(0%)	3(17%)	4(21%)
—全日制学习	1(4%)	2(11%)	0(0%)
是否继续致力于创业理念			
—是	13(57%)	5(28%)	13(68%)
—否	10(44%)	13(72%)	6(32%)
新创企业数量	8	3	9
新增就业机会总数	40	19	9
每个公司员工雇用情况的平均水平	5	6	1

注:括号里的数字指的是反馈率。

有趣的是,在没有参加创业培训的控制组中,不到三分之一的受访者在申请创业培训后真正地继续致力于自己的创业理念。项目中实验组和对照组所有的参与者(除了在项目进行一半时退出的两名控制组的参与者)至少都在项目进行期间继续致力于自己的创业理念,而一半以上的人在完成项目后继续致力于自己的理念,这并不令人吃惊。

就那些没有继续致力于自己理念的人来说,似乎有以下几个原因。对照组的主要原因包括:一个人得到了全职工作,另一人的搭档退出了项目,或因为理念不可行或不适合。控制组(没有参加创业培训的组)的原因包括:一个人得到了全职工作,一个人没被选进其中的一个项目,或因缺乏自信、时间和投入精神。

控制组

  在被创业培训项目拒绝后,控制组大部分参与者都没有继续致力于自己的创业理念,也很少有人寻求进一步的帮助。该组中有两人得到了参加另一个创业项目的机会,还有一人获得了一笔数目很小的资助款。在调查进行时(大约在申请创业培训项目三年后),四名受访者指出他们愿意在未来某个时间继续致力于自己的创业理念。然而,为了达成这一目标,他们指出首先还要解决很多问题,如需要做进一步的调查、确保得到资本投资、需要别人给予合适的建议以及准备创业计划。尽管其中一位受访者指出他(她)希望在一年内创建公司,其他人没有明确指出未来创业的时间。在5名不打算继续致力于自己创业理念的受访者中,有两人称不创业是因为他们更喜欢全职工作。

  这些受访者也被问及如果他们参加了创业项目,该项目会对他们有何帮助。我们得到的反馈多种多样——他们认为,创业项目应该会为他们提供必要的商业技能和知识、使他们获得创建企业的建议、帮助他们了解创业所需要的时间和工作量、给他们提供经济基础和人脉、激励他们达到创建阶段并给予他们信心。两名受访者称不知道项目能否对他们起到帮助作用,还有一人说他确定项目有帮助,但说不出是如何起到帮助作用的。

对照组

  在没有创建公司的对照组(裁员组)成员中,只有一人称他愿意在今后继续致力于自己的创业理念。这位受访者称达到创建企业阶段不需要更多的资源。而对于那些没有继续致力于自己理念的八个人而言,主要的原因包括获得了全职工作、搭档退出了项目、意识到需要投入更多的资金以及对项目失去了兴趣。就实际获得的培训和扶持而言,项目C(裁员组)的参与者将营销方面的培训、资金来源以及如何开发创业理念列为项目中最有收获的方面。相反,他们认为项目中最没有收获的方面是银行家提供的课程以及金融(现金流)课程。

我们也要求对照组的参与者回答,他们对自己的创业能力的信心是否因参加项目而发生改变。八名受访者称没有改变,六名受访者对自己的创业能力更加自信。有趣的是,两名参与者称和以前相比,他们没有那么自信了。而三名受访者没明确表示是否发生了变化。

我们也搜集了对照组成员对创业项目提出的改进建议,其中包括邀请真正的创业者做演讲嘉宾、提供真实的成功企业案例研究、为每个培训课程提供更多的时间、提供更多的理财计划、引入小组课程以及提供侧重于每种创业理念的个性化培训。

评价创业培训的影响

为了判断本研究的核心创业项目(项目 A)的影响,我们在项目开始前和项目完成时了解了实验组和对照组(项目 C——裁员组)参与者的就业情况。在项目 A 开始时,30 名参与者已经就业,两名参与者未就业,3 名参与者是全日制学生,没有人从事个体经营(细节参见表 8-7)。当我们完成历时研究时,该组中有 14 人已经就业,8 人开始从事个体经营,1 人在进行全日制学习。就对照组(项目 C 的参与者)而言,尽管在研究开始时他们都是有工作的,后来却面临着裁员的处境。在项目 C 完成时,受访者中有 6 人已经就业,9 人从事个体经营,4 人未就业,没有人在进行全日制学习。

我们也比对了控制组的受访者(即那些没有获得创业培训机会的人)。最初的就业情况是,该组的 18 名参与者中有 14 人已经就业,4 人进行全日制学习,没有人从事个体经营或失业。当历时研究的第五阶段完成时,受访者中有 11 人已经就业,3 人从事个体经营,3 人失业,2 人进行全日制学习。

尽管三组给出的反馈率都不是 100%,我们还是可以得出结论:当与未接触组人员（控制组）比较时，接触创业培训的两组（实验组和对照组）人员的就业情况有了显著的积极变化。同时，与控制组相比，实验组和对照组新创企业的数量显著增多。而就业人数增加、最初的失业人数减少以及对照组当时面临的裁员境地，这些事实进一步证明未接触组（对照组）的成员没有其他两组成员发展得好，也进一步证实了创业培训的益处。

历时研究的结论

从深入的分析可以得出的结论是：参与者对项目的评价非常高，他们强调指出了项目带来的几点收获。大多数参与者觉得参与项目后，他们对自己的创业能力比从前更加自信了；他们也觉得自己的创业理念因参与项目而取得了显著的进展。就业情况、新创企业和新增就业机会的数量等方面的积极变化表明，项目带来了明显的经济收益。我们可以很清楚地看到，与控制组（即那些没有得到创业培训机会的人）相比，参与创业项目和获得培训机会的两组人（即实验组——来自项目A的参与者和对照组——来自项目C裁员项目的参与者）发展得更好。这部分研究最重要的结果是，参与者认为创业项目对他们的商业技能和知识水平产生了显著的积极影响，并且积极地促进他们创建公司。除此之外，创业项目带来的另一个主要收获是给参与者提供了与其他有抱负的创业者交流的机会。然而尽管如此，参与者认为项目存在很多不足，并提出了许多改善建议。

创业培训项目——框架

尽管针对创业教育与培训领域开展的研究有所增加，然而大家就如何更好地设计和开发适合的课程和项目并没有达成一致。事实上，在创业教育和培训项目的学习结果、内容、结构、传递模式和目标群体等方面确实存在着很大的多样性。正因为大家对这一领域的认识和看法缺乏一致性（参见第四章），并且基于本书提到的实证研究每一阶段的研究结果，我们提出了未来开发创业培训项目的框架。这一框架的重点是扶持有抱负的而不是知名的创业者；它的首要目标是帮助参与者创建和经营自己的企业，即贾米森（Jamieson，1984）提到的培养创业所需的能力，或者用伽拉万和奥辛艾德（Garavan & Ó Cinnéide，1994）的话说是为小型企业主提供教育与培训。如前面提到的，评估创业教育和培训项目的效果是很复杂的，因为需要考虑很多变量。参考了迄今为止可以获得的文献资料，我们提出了一种研究方法并尝试去探究许多培训项目带来的影响。根据在此基础上进行的实证研究，我们意识到很多设计和开发未来项目时需要考虑的重要要素。因此，我们建议将看似最有效果的项目中包含的一些组成部分如结构、时长、培训、内容和产出（参见第六章）融入到框架中。

这种方法的基本原理在于我们回顾的项目目前确实存在，并且这些项目确实带来了影响。尤其从使项目参与者的企划变成真正的企业这一角度来看，荷兰项目和爱尔兰跨国项目（项目B）似乎是成功率最高的项目。同时，芬兰项目对经济发展的贡献似乎最大，该项目带来的新创企业和新增就业机会是最多的。除此之外，值得一提的是，西班牙项目尽管不是最成功的项目之一，却是唯一一个在参与者参与项目之前对他们进行测试的项目，其目的不是为了确定谁是最适合的，而是为了确定参与者的薄弱之处，从而在培训中帮助他们解决这些问题。任何旨在为创业者增加培训和教育机会的项目框架，都应该考虑融入这样的测试。然而，如果一个项目框架没有考虑实际参与培训项目的个体的类型和他们的期望、观点和建议，这样的框架是不完整的。

从调查中我们可以清楚地了解到：许多有抱负的创业者往往接受过高等教育且拿到了学位，并且很多人已经获得了硕士学位。同时，多数受访的参与者都有至少一年的工作经验，并且这些人中的大多数都工作了三年以上。虽然受访者的经历各不相同，但他们中几乎有一半的人都曾在与自己拟创企业直接相关的领域工作过。我们在开发框架时一定要考虑这些人的情况，因为这会影响项目参与者的期望。从进行的研究来看，似乎创业项目的参与者希望项目能够在创建和经营公司、完成创业计划、探索创业计划可行性、开发创业理念以及获取新技能和知识等方面为他们提供扶持和指导。

同时，就参与者个人情况而言，大多数有抱负的创业者觉得自己有热情、富有创新精神、积极主动、能投入（有决心）并且很自信，具有高成就需求。然而，受访的项目参与者认为自己在承担风险、领导力、沟通能力和判断力等领域并不擅长。就技能和知识水平而言，他们觉得自己比较薄弱的领域在于销售管理、商业和法律、健康和安全以及就业法规等。因此，应该把这些纳入创业培训项目中。

五部分的历时研究指出，参与者获得的主要收获包括培训课程、商业建议、创业计划的完成以及建立人脉。此外，参与者认为测试创业理念可行性也是主要的收获。指导和评估课程也是大家反馈比较好的方面。整体来看，参与者提到营销和法律培训课程对他们最有益处。参与者提到的改善建议包括提供更多的小组课程、更多一对一课程、邀请更多的真实创业者加入作为演讲嘉宾以及给予更多的时间完成项目。在调查的后半部分，他们还提到了希望提供一些后续的扶持。

除了需要考虑项目参与者的建议和观点外，为了尽可能得到全面的反馈，我们也应该考虑项目提供者和投资者的经历和观点。在对这类人群进行访谈时，我们应该关注他们就参与者得到的收获、遇到的困难以及计划的变更等发表的看法。就收获而言，项目提供者的观点似乎与参与者的看法一致，前者认为"工作坊"、专家建议、同伴学习、循序渐进地开发创业理念的方法以及手把手的指导，是参与者获得的主要收获。而投资者则认为参与者得到的主要收获是培训、创业理念可行性的"真实检验"、降低风险以及与高等教育机构建立联系。

唯一遇到的难题是项目提供者担心资金，这一点影响到为参与者提供的专家咨询服务的次数。同样就项目的变更而言，只有项目提供者对这部分做了计划，他们建议提供更多的培训课程、邀请更多的创业者作为演讲嘉宾、扩大服务的范围、获取投资资本以及在项目开始前为有抱负的创业者提供"热身课程"来提高他们对现有课程的认识。负责项目 A、B 和 C 的爱尔兰理工学院也指出，他们比较担心的是过分强调创业计划，以及从参与者那里获得可交付成果的难度越来越大。

小结

本章介绍了五部分历时研究的结果，该研究侧重于创业培训项目 A。为了便于分析，在本章中我们也称之为"实验组"。

这部分的研究结果有助于突出项目参与者获得的收获以及他们获得的新技能和知识。同时，我们也注意到，随着研究从一个阶段进入另一个阶段，参与者对项目带来的收获的看法也发生了改变。我们也从新创企业和新增就业机会方面估算了项目整体的经济产出。

我们也就实验组与其他两组的进展情况做了比对——控制组是由那些拥有创业理念但没有参与任何创业培训课程的人组成，而对照组的成员正面临裁员困境，其雇主提供了创业培训（项目 C）作为整套扶持的一部分。这一部分研究的结果进一步突出强调了创业培训对有抱负的创业者产生的积极影响。

基于实证研究，我们提出了许多需要创业培训课程设计者和提供者考虑的问题。我们在下一章会详细地讨论这些问题。

第九章 结论

引言

很多学者和研究者围绕着创业和新企业创立对经济和社会总体的影响和重要性问题展开了讨论，而本研究正是始于这个讨论。有充分的证据显示：创业对健康经济的发展和增长十分关键。正如许多学者和研究者所指出的，小型企业部门的发展尤其重要，不仅因为小型企业的数量有了显著的增加，而且因为它们的就业份额也有所增长。事实上，欧盟中大部分的企业都是中小型企业，约占就业总数的三分之二，并且拥有超过60％的营业额，这一点进一步证明了小型企业部门的重要性。

基于上述事实，我们有足够的理由赞同对创业的干预。然而，由于扶持新企业的发展需要投入大量的时间和金钱，并且判断扶持机制是否有效也很困难，所以围绕着创业干预展开的争论还会继续。也就是说，我们不能忽视干预存在的事实，更不能无视干预政策早已引起了大家广泛关注的事实。正如第一章所讨论的，这一点通过不断改变国家（如爱尔兰）的企业政策以及英国现存的较大范围的干预政策，都已经得到证实。

本研究的主要目的在于调查创业教育和培训的本质和效果，并为创业培训领域做出一定的贡献。本书第一部分回顾了理论框架，第二部分全面介绍了本研究，其中包括对五个欧洲国家的八个创业培训项目的对比分析，以及在三年时间里跟踪研究35名有抱负的创业者的进展情况的历时研究。除此之外，本书也分析了102名项目参与者的特质，以便描述有抱负的创业者的基本形象。案例研究的选择主要基于可获取性和是否具有代表性——这些案例都是代表由大学或高等机构管理的创业培训项目的典型案例。35 名有抱负的创业者组成了核心小组,选择他们是因为该项目是当时正在进行的创业项目中最大的项目(就参与者数量而言),而且我们也能接触得到。

本章将介绍辅助创业培训项目开发的框架;同时,本章也将总结研究的主要结论,并讨论由创业项目设计、提供和效果带给大家的启示。

创业培训项目框架

如果将第八章确定的要素放在一起,我们就可以形成辅助创业培训项目开发的框架,如图 9-1 所示:

```
第三阶段 ——项目结束后:
● 测试参与者
● 评估项目
● 提供后续扶持
● 提供社交机会
● 跟踪研究参与者

第二阶段 ——项目进行中:
● 培训和"工作坊"课程
● 成功的创业者做演讲嘉宾
● 商业咨询
● 指导
● 项目管理者监控
● 创业服务中心孵化设施
● 生活津贴
● 获得种子资金

第一阶段 ——项目开始前:
● 项目开始前的"工作坊"
● 申请过程(提案评估)
● 项目开始前对参与者进行测试(商业技能和创业特质审核)
```

图 9-1　创业培训项目的开发框架

第一阶段——项目开始前的阶段——可以组织一天至一天半的互助学习活动,从而鼓励参与者、提高他们的意识并解释项目涉及的内容。接下来是申请过程,由项目管理团队和成功的创业者组成的创业专家小组评估有抱负的参与者的申请。最后,一旦参与者被选中,他们将按要求参与技能审核以确定他们具体的培训需求。

第二阶段——项目进行期间——为期一年，可以包括前面所列的一些核心要素。提供为期大约十天的正规培训或研讨会课程似乎是比较适合的，其中至少包含项目参与者提到的主要主题，如创业计划、营销和金融。如果可能，可以邀请成功的创业者和往届参与者做演讲嘉宾。将培训和资格证书结合在一起不一定会对参与者有益，这主要还是要取决于小组内参与者的类型。将培训与一套标准联系起来，如之前提到的英国国家职业资格认证或工商管理硕士，可能会为项目提供者提供一个有用的、可以遵循的培训框架。同时，也可以通过研讨会的形式将资助机构、扶持机构及潜在投资者介绍给项目参与者。参与者应该可以通过项目获得机会来检验自己创业理念的可行性，并且获得有建设性的反馈。

第三阶段——项目结束后——可以测试参与者的商业技能和知识来确定培训的直接影响。除此之外，应该展开全面的评估，同时考虑经济产出和参与者的观点。后续扶持是本研究中许多项目都忽略的要素，同时它也是参与者所需要的。如果可能，应该予以提供。不幸的是，从本研究开展的调查来看，没有提供后续扶持的主要原因似乎是缺乏资金。最后，为了继续评估培训的影响，应该追踪研究项目参与者，以便确定项目的历时价值并继续给其他现存的扶持机制提供建议。

描述有抱负的创业者的基本形象

本书第二章和第三章回顾了很多有关创业特质的文献资料，介绍了心理、社会、行为以及其他多种研究创业者的方法。最初，定义一些术语如创业者，以及区分创业精神和创业也很困难。文献资料显示：创业者可以是承担风险并致力于通过创建企业牟利的人，而创业则代表一种心态。基于本研究的目标，我们采用了更加传统的方式定义创业者，即创建企业的个体；而有抱负的创业者则被定义为正在考虑创建企业和可能处在不同准备阶段的人。在本研究中，我们选择创业项目参与者来代表有抱负的创业者。

尽管有关创业者形象的文献资料很多,也有很多性格测试,却没有一个能够真正定义什么样的人才是创业者。文献中有关创业者的简介并没有一致的定义,并且研究者们认为有一系列的要求都对创业成功至关重要。在许多方面,对"长鼻怪"的寻找似乎还在继续(Kilby,1971)。

尽管如此,我们可以从文献中看到绝大多数研究者都认可的核心创业者特质。我们也试图用这些特质描述有抱负的创业者形象。

背景

尽管有抱负的创业者的年龄不同,但他们往往都处于30到40岁之间的年龄段。基于原始数据,本研究发现,典型的创业项目参与者的年龄是34岁(平均值),最年轻的参与者19岁,年龄最大的参与者54岁。此外,参与创业项目的个体绝大多数是男性(68%的受访者),并且大约有一半的参与者已经结婚生子。就受教育程度而言,绝大多数项目参与者至少拥有高等教育学历,一些人还拥有硕士学历,并且大多数人有至少三年以上的工作经验。

创业理念和期望

然而,本研究中的项目参与者提出的创业理念涉及很多行业部门,虽然这些理念在基于制造业和服务业的项目上平分秋色,但教育、培训、旅游、娱乐和相关咨询却是最受他们欢迎的。令人吃惊的是,尽管目前技术领域有很多机会,但这个领域仍然缺少商业提案,而且非技术型创业者仍然非常流行。

似乎有证据显示,创业项目参与者和渴望成为创业者的人并没有全面考虑创建和发展新企业真正需要什么。例如,尽管大多数有抱负的创业者通常在参与创业项目之前心里就已经有了某个创业理念,但他们在申请参与项目前的工作开展情况却不同。在很多情况下,他们的提案也只是处于概念阶段。同时,本研究显示,不到一半的创业项目参与者拥有与他们提出的创业理念直接相关的行业部门的工作经验,而大部分人之前没有参与过创业。除了上述提到的,他们似乎更喜欢个人而不是团队创业。许多有抱负的创业者希望自己当老板,大多数人将自己视为企业的总经理(或所有者),而且相当多的人没能找出如何解决销售和市场营销机制方面问题的办法,这些虽然令人失望,却也证明有抱负的创业者的想法很天真。

本研究表明,人们参与创业项目是为了学习如何完成创业计划及创建(或经营)企业。同时,对于许多参与者而言,创业项目仅仅被视为测试潜在创业理念可行性的"试验田"。如果情况属实,那么项目提供者对企业创建水平的期望似乎需要改变,因为要想在项目的时间周期里靠尚未成熟的提案或没有经验的天真的人提出的纯概念式的提案创造新的创业理念着实困难。

这似乎可以证明在项目本身开始前开展一些"热身"工作坊是十分必要的。这类工作坊不仅使项目提供者有机会加快他们对申请的筛选进程,也使参与者能够真正认识到创建及经营企业实际需要的是什么,他们将有机会得到别人对自己创业理念的反馈,继而着手开始一些可行性工作并起草创业计划大纲。通过这种方法,有抱负的创业者可以准备充分地参与项目,更加清楚小型企业发展真正需要什么,并实事求是地看待自己的优缺点。毫无疑问,这反过来会有助于提高项目的整体效果,项目提供者和投资者也会觉得自己的付出物有所值。

主要特质

本研究指出,有抱负的创业者尽管很天真,却也非常自信。他们就一些主要的创业特质如热情、成就需求和内控点等,给自己的评价很高。然而,创业倾向测验成绩显示,尽管在成就需求、自主需求、内控点、创新倾向以及预计风险承担等方面,有抱负的创业者和凯尔德(Caird,1991)定义中的知名创业者之间的平均分数差别很小,但两组人的整体创业倾向测试成绩的平均分数都比凯尔德研究中的分数低。尽管没有充分证据证明有抱负的创业者事实上具备了创业成功所需要的主要心理特质,但本研究显示,他们认为自己具备了这些特质。相反,受访的创业者对自己的商业技能和知识水平并不那么自信,这表明绝大多数参与创业项目的人希望提高这些技能,这是可以理解的。

创业培训项目的提供与资助

原因

通过对项目提供者的访谈,我们可以看出:大多数机构参与创业项目是为了促进创业精神,并对他们所在区域的经济发展做出贡献。在这种情况下,创建新企业和创造新的就业机会似乎是提供这类项目的主要原因。很明显,项目提供者还有些次要目标,如促进大学毕业生创业、树立更好的声望以及吸引更多的学生报考他们的大学。尽管没有证据显示不同项目(或不同国家)的提供者的目标存在显著差异,但一些以技术为导向的机构(或项目)似乎更重视创建知识集约型企业或技术型企业,这一点并不奇怪。而且,这些拥有创业服务中心的机构还希望可以吸引新的承租商。与此同时,通过新创企业和新就业机会来促进经济发展似乎也是投资者参与创业项目的主要原因。然而,大多数投资机构的目标似乎涉及面更广且十分严谨,并且资助创业项目也十分适合以创业为导向的项目。尽管官方文件(如年度报告等)对资助机构目标的描述不尽相同,但实际上并没有有力的证据可以证明投资者的目标各不相同。从本质上说,这些机构要么支持要么不支持经济发展。换言之,如果资助这类项目是机构职责的一部分,那么就需要考虑资助的提案。如果不是,那么这类项目从一开始就不会被考虑。

我们进行的访谈表明,大多数投资创业项目的机构是为了创建新企业和提供新的就业机会,似乎从一开始这类目标就是机构的职责所在。而且,因为许多扶持机构的任务和职责经常受到政府政策的直接影响,而且确实是由政府政策所决定,于是职责似乎是提供创业项目的驱动力量,这恰恰与既定的需求或要求相反。

尽管研究的结果表明,一些参与这类项目的扶持机构有次要的目标,但研究中涉及的这些机构的核心目标并没有因项目或项目提供者的不同而有所不同。然而,专业的创业项目往往更关注某一特定领域,如促进技术型企业的创建和发展，这是可以理解的。

项目目标

从研究中可以看出，创业项目确实试图在项目提供者所在地区创建新企业，并且持续创造新的就业机会。就这方面而言，项目提供者和投资者都认为项目已经取得了成功。整体来看，项目提供者似乎能够用特定的经济术语描述项目成功与否，这通常是通过参与者完成项目的数量、新创企业的数量以及新增就业机会的水平来表现的。另一方面，投资者似乎不太清楚他们投资的项目成功与否，而是需要依赖项目提供者的进展报告。

项目成本

在第六章，我们就项目总体预算、参与者平均成本、新创企业平均成本以及每个新增就业机会的成本等几方面，对与创业项目有关的成本做了比较。如第六章所述，成本比较问题还有很多不确定性，有证据显示目前经营一个创业培训项目的成本大约是19万欧元，这意味着平均每个参与者的成本超过了7 000欧元，而新创企业和新增就业机会的平均成本分别是19 000欧元和7 000欧元。总体来看，爱尔兰创业项目的运作成本比欧洲其他地方创业项目的成本要低。通过对比爱尔兰和其他欧洲国家的项目，我们在第六章也强调了国家间的成本差异。从平均值可以看出，其他欧洲项目的成本几乎是爱尔兰项目成本的两倍。因此，就不同的项目提供者和国家而言，创业项目的相关成本似乎差异很大。

项目内容

尽管创业项目具有多样性，但研究表明这些创业项目有很多共性。我们回顾的所有项目都包括一些结构化的培训或工作坊、指导以及发放津贴。尽管项目的文献资料里并不总是详细地列举培训包含的实际主题，但创业计划、金融、营销和可行性测试似乎是很多项目都包含的基本主题。然而，尽管几乎所有的欧洲项目都包括后续扶持，爱尔兰的项目却都不包括后续扶持。就持续时间而言，大多数项目似乎持续了11个月左右(平均数),而最受大家推崇的持续时间为12个月(众数)。每个项目参与者的众数似乎是15。然而,这个数字因项目不同而有很大的不同,其中一个项目(西班牙项目)的参与者数量达到了150多,而我们分析的八个项目参与者的平均数是41.6人。

研究指出,大多数机构参与项目的原因很相似,如创建新企业和创造新的就业机会,这一点进一步证实了他们的总体目标(目的)具有共性。而且,事实上受访的机构往往是通过新创企业和新增就业机会的数量,以及从提案到新企业创建的转化率来衡量成功的,这证明他们的目标本质上是按定量标准衡量的。

尽管创业项目之间似乎存在一些不同,但这种趋势不会持续存在(参见第一部分对其他研究的回顾)。事实上,我们可以看到大多数项目共有的一些要素,如前面提到的培训、指导和资金资助。同时,研究指出,爱尔兰经营的项目和西欧其他国家经营的项目不同之处在于成本和所扶持的参与者的数量,而不是在于结构、内容或持续时间。

效果

从研究中我们可以看出,创业项目取得了多种多样的成果。基于第六章我们可以得出的结论是,至少一些成果是可以清楚地量化或用特定的经济指标描述的。就整体而言,我们回顾的八个项目在创业的不同领域培训了333名参与者,创建了85个新企业和创造了334个新就业机会,而这些都是在每个项目运行一轮后取得的成果。从总体的平均值来看,典型的创业项目可以培训42人,帮助创建11个新企业和创造42个新就业机会。当然,这样的产出是有代价的。而且,如第六章所述,这些产出似乎因项目和国家不同而有所不同。将爱尔兰运作的创业项目与其他欧洲国家的项目进行比较,我们得出的结论是:尽管大体上爱尔兰项目的运作成本较低,但这些项目带来的产出(即新创企业和新增就业机会的数量)也较少。然而,我们也必须意识到:整体来看,爱尔兰项目最初的参与者也比较少,所以成本和产出也比较低。显然,当项目在结构、持续时间、内容、参与水平和预算等方面存在的差异很大时，对成本进行直接比较也会十分困难。然而，基于研究我们可以看出，其他欧洲国家在创业培训方面的投入比爱尔兰的投入大很多，因此这些欧洲国家取得了更好的成果——就从参与者的提案到新企业创建的转化率而言，这些国家的整体成功率是41.8%，而爱尔兰的成功率则是32.3%。

参与者的收获

爱尔兰项目A（即我们历时研究中的核心实验组）中超过90%的参与者觉得项目已经实现了他们最初的期望。尽管项目进行到一半时正式的培训已经完成了，但参与者对该核心创业项目却十分看好。所有参与者都认为项目"非常好"或"很好"，超过90%的人称他们最初的期望得到了满足。同时，他们中大多数人认为培训项目对其"影响很大"，使他们能够将创业理念推进至企业创建阶段。这些研究结果显示了参与者获得的收获的总体类型。具体来说，这些收获包括建立新人脉、获得新技能及创业理念取得了新进展。然而，与控制组相比，参与者在技能和知识水平方面的提高（参见第八章的配对样本 t 检验）、新创企业的数量或新就业机会的增多以及个体就业情况的改善，这些都是很明显的收获。如果没有我们进行的历时、定性和定量的研究，这些收获可能不会被观察到。

参与者似乎也掌握了很多商业技能或知识，而营销、金融以及创业计划是他们最常提到的。在第八章我们比较了参与者在参加项目前后的自我评定，从而进一步强调了他们在商业技能（或知识）方面的收获。事实上，绝大多数参与者觉得项目对其个人发展有"重大（积极）影响"——他们认为自己的创业能力因参与项目而得到了提高，这进一步说明创业项目使参与者获得了可测量的收获。

对收获看法的改变

在之前的章节中我们提到，参与者对创业培训带来的收获的看法会随时间而改变（Caird，1989；Fleming，1996）。为了判断本研究的参与者对收获的看法是否随时间而改变,我们需要考虑他们最初对项目的期望是什么。希望得到有关创建企业和完成创业计划方面的扶持和指导是项目开始时参与者提到的主要期望。然而,在历时研究的第二阶段,参与者的实际收获似乎是与其他有抱负的创业者的联络和培训。在研究的第三阶段,参与者对收获的看法发生了细微的变化——他们提到的主要收获是培训和完成创业计划。在研究的第四阶段和第五阶段(即项目完成一年和两年后),参与者对总体收获的看法似乎没有显著变化。然而,在研究的第三阶段和第五阶段,参与者对自己创业能力的看法似乎有很大的差别。项目完成时(第三阶段),52%的参与者指出:和以前相比,他们对自己的创业能力感到更加自信或相当自信。项目完成两年后(第五阶段),这个数字上升到78%。

参与者的创业理念的进展情况似乎也随时间发生了重大变化。项目完成一年后(研究的第四阶段),8名参与者已经建立了公司,共雇用16名员工。一年后,当项目最后一部分完成时,雇用员工总数增加到40。在研究的不同阶段,参与者的就业状况也发生了积极的变化,其中最显著的变化是项目完成两年后,从事个体经营的人数有所增加,而未就业人数有所减少。

历时研究的结果显示(参见第八章),实验组中大多数的受访者(15人或65%的受访者)没有在接受创业培训后创建企业,这也并不完全是个消极的结果。如果创业项目有助于参与者意识到他(她)的商业提案不可行,那么他(她)得到的收获便是避免为很可能失败的理念浪费时间和金钱。这也可以使政府、银行和其他扶持机构避免为成功概率很小的商业提案提供资金。而在项目开始之前进行的筛选工作有助于避免这种情况的发生。

在某种程度上,控制组和对照组之间的对比分析进一步证实了历时研究得出的结论。很显然,控制组(有创业理念但没有获得参与创业培训机会的人)的"表现"不如其他两组。控制组中很少有人在申请创业项目失败后仍继续致力于自己的创业理念。因此,从整体来看,和其他两组相比,这组人中很少有人被雇用,也很少有人创建新企业和创造新的就业机会。如果我们把他们最初的就业情况考虑进去,就能更好地证明上述结论。尽管我们意识到控制组和对照组存在着显著差异,对照组(裁员组)的进步再次说明创业培训为参与者带来了收获。这些研究结果也进一步证实了亚当斯和威尔逊(Adams & Wilson,1995)的观点,即创业项目参与者比没有参加项目的人更容易获得有偿工作。

事实上,从我们逐步积累的研究结果可以看出:就扶持和培养有抱负的创业者而言,创业项目确实非常有效;同时,参与者获得的收获在本质上既是定性的也是定量的。

设计创业培训项目的启示

研究结果有助于我们为典型的创业项目提供"背景资料"或了解项目参与者的期望。同时,它也是我们衡量项目效果的标准。"背景资料"里包含有关创业项目的成本和结果的信息,这有助于项目投资者了解他们通过资助创业项目能够达成的目标。

而且,对102名来自四个不同创业项目的参与者的分析结果有助于为大家提供有价值的信息,这些信息是大家急需的、关于有抱负的创业者而不是知名创业者的资料。提供这些资料对项目提供者大有裨益,因为这使得他们从一开始就能够了解项目参与者的需求,并据此为项目做好准备。项目管理者也能更好地了解在项目中与自己打交道的参与者属于什么类型、这些参与者期望什么以及他们为什么参与创业项目。事实上,不是所有的项目参与者都会继续创建企业,意识到这一点使项目提供者能够摆脱对项目结果不切实际的期望。简而言之,有关有抱负的创业者的资料有助于我们了解项目参与者的需求,这对设计任何一个创业扶持项目都至关重要。

也许本研究最有价值的成果是创业培训框架的开发,它是案例研究分析、对项目提供者和投资者的访谈以及五部分历时研究相结合的产物。对参与创业项目的个体类型(即有抱负的创业者)的了解,对这类框架的开发而言也很重要。

尽管文献资料指出了创业培训的几种不同结构，但我们提出的框架的与众不同之处在于它很全面，并且是基于理论与实践相结合的调查。与此同时，这也是一个高度定性并充分考虑项目参与者观点的框架。尽管我们仍需不断测试本章提出的框架的全面性，但它是基于研究中最成功的项目的核心部分建立起来的。例如，框架第二阶段提到的许多实际的项目内容已经在我们研究的不同项目中得到了测试，并且通过对项目提供者、投资者和参与者观点的整合得到进一步的补充和完善。

这类创业培训项目的框架对创业项目的设计者、提供者和投资者而言都十分有益。比如，初次涉足该领域的项目提供者可以依照该框架补充自己框架中不具备的要素。而有经验的项目提供者能将我们提出的框架与自己的作比较，并做出相应的调整。我们推荐的这个框架比较全面，它在项目评估基础上，融合了项目开始前、项目进行期间以及项目完成后的诸多要素。例如，添加了项目开始前的"热身"工作坊有助于提高项目提供者获得的申请的质量，并且能帮助项目申请者了解如何才能从项目中获益。此外，项目开始前对参与者的测试有助于确定其具体的培训需求。这一培训需求的分析不仅能帮助项目提供者据此调整他们的项目内容，也对某些特定行业或高科技项目的提供者有益，因为后者需要确定专业的培训和咨询要求。

本研究开发的框架的新颖之处在于项目结束后的后续扶持，这是大家特别需要的。尽管由于预算限制，绝大多数项目通常没有包含这一项，但这类后续扶持其实不必耗资巨大。本研究指出，即使是提供一些社交机会，使项目参与者可以在完成项目后继续见面和交流，都是大有裨益的。

如果考虑具体的经济环境，那么这个框架似乎可以在全欧洲范围内应用。总的来说，我们开发的框架，再加上有关对有抱负的创业者的描述，以及对典型创业培训项目的产出和成本的预期，为全欧洲的创业项目设计者、提供者和投资者提供了一系列有价值的支持。

评估需求

本研究的侧重点在于创业培训项目的效果分析。研究的结果表明这类项目是有效的,并且有抱负的创业者从中受益良多。本研究也证实,创业培训项目的效果可以提高项目提供者、投资者和参与者的收益。然而,我们需要牢记的是:大量的公共资金投入到了创业项目,并且进行效果研究时会遇到很多困难。因此,我们认为有必要使用控制组和采用历时研究的方法进一步在该领域进行效果研究。因为只有这样,这类研究结果才能具有外部效度。此外,我们也需要考虑使用不同的教学方法对创业项目效果产生的影响,以及参与项目的培训者的创业经验等问题。

本研究的一个主要目标是进一步补充目前各种赞同对创业过程进行干预的观点,并证实我们可以并且应该根据需要完善结构化的干预。尽管我们已经设计了该框架以实现这种完善,我们仍需继续进行项目的效果评估工作。

参考文献

Adams, A. V. and Wilson, S. (1995), 'Do Self Employment Programs Work?', *Finance & Development*, September, 23:3, pp. 16-19.

Aitken, H, G. (1965). *Exploration in Enterprise*, Harvard University Press: Cambridge, Mass.

Ajzen, I. (1991). 'The Theory of Planned Behaviour', *Organisation Behaviour and Human Decision Processes*, 50, pp. 1791-2211.

Ajzen, I. and Fishbein, M, (1980). *Understanding Attitudes and Predicting Social Behaviour*, Prentice-Hall: Englewood Cliffs, N, J.

Aldrich, H. (1999). *Organizations Evolving*, Sage Publications: London.

Aldrich, H. and Martinez, M. A. (2001). 'Many are Called, but Few are Chosen: an Evolutionary Perspective for the Study of Entrepreneurship', *Entrepreneurship Theory and Practice*, 25:4, pp. 41-56.

Arzeni, S. (1992). 'Encouraging the Entrepreneur', *OECD Observer (Organisation for Economic Co-operation and Development countries)*, Feb-March, 174, pp. 19-22.

Atherton, A., Gibb, A. and Sear, L. (1997) 'Reviewing the Case for Supporting Business Start-ups: A Policy Overview of Current Thinking on Business Start-ups', Durham University Business School, Durham.

Atherton, A. and Hannon, P. D. (1996). 'Competitiveness and Success: How the Owner-managers of Small Firms Perceive Success in a Turbulent External Environment', *Proceedings of the 19th Institute of Small Business Affairs-National Small Firms Conference*, Birmingham, pp. 400-416.

Audit, Commission. (1989). 'Urban Regeneration and Economic Development: the Government Dimension', HMSO: LONDON.

Autio, E., Keeley, R., Klofsten, M. and Ulfstedt, T. (1997). 'Entrepreneurial Internet Among Students: Testing an intent model in Asia, Scandinavia and the USA', Helsinki University of Technology, Helsinki.

Babbie, E. (1995). *The Practice of Social Research*, Wadsworth Publishing Company: California.

Bannock, G. and Daly, M. (1990). 'Size Distribution of UK Firms', *Employment Gazette*, May, pp. 255-258.

Bannock, G. and Peacock, A. (1989). as cited in Story, D. J. (1994), *Understanding the Small Business Sector*, Routledge: London.

Barclays Bank. (1995). 'Start-ups Head Towards Half-a-Million Landmark', *Barclays Small Business Bulletin*, 4.

Barkham, Richard J. (1989). 'Entrepreneurship, New Firms and Regional Development', PhD Thesis, University of Reading.

Barnes, L. B. and Hershon, S. A. (1976), 'Transferring Power in the Family Business', *Harvard Business Review*, July-August, 54:4: pp. 105-114.

Baron, R. A. and Markham, G. D. (2000). 'Beyond Social Capital: How Social Skills can Enhance Entrepreneurs' Success', The *Academy of Management Executive*, 14:1, pp. 106-116.

Barrow, C. and Brown, R. (1996). 'Training to Help Small Business Grow', *Proceedings of the 19th Institute of Small Business Affairs-National Small Firms Conference*, Birmingham, pp. 1062-1078.

Baumol, W. J. (1968). 'Entrepreneurship in Economic Theory', America Economic Review, 58:2, pp. 58-60.

Beaver, G. and Jennings, P. (1987). 'Managerial Competence and Competitive Advantage in the Small Business: An Alternative Perspective', *Proceedings of the 26th European Small Business Semiar*, Vaasa, pp. 181-196.

Begley, T. M. and Boyd, D. P. (1987). 'Psychological Characteristics associated with Performance in Entrepreneurial Firms and Smaller Business', Journal of Business Venturing, 2, pp. 79-93, cited in Lee, D. Y. and Tsang, E. W. K. (2001). 'The Effects of Entrepreneurial Personality, Background and Network Activities on Venture Growth', *Journal of Management Studies*, 38:4, pp. 583-602.

Bell, J. (1991). Doing Your Research Project: a guide for first-time researchers in education and social science, Arrowsmith: Bristol.

Bennett, R. (1977). 'SMEs and Public Policy: Present Dilemmas, Future Priorities and the Case of Business Links', *Proceedings of the National Small Firms Policy and Research Conference*, Belfast. (Copy available from the author, Department of Geography, University of Cambridge).

Bennis, W. G. and Nanus, B. (1985). Leaders: The Strategies for Taking Charge, Harper and Row: New York.

Bhide, A. (1994). 'How Entrepreneurs Craft Strategies That Work', *Havard Business Review*, March-April, 72:2, pp. 150-161.

Bhide, A. (1996). 'The Questions Every Entrepreneur Must Answer', *Havard Business Review*, Nov-Dec, 74:6, pp. 120-130.

Binks, M. and Vale, P. (1990). *Entrepreneurship and Economic Change*, McGraw-Hill: London.

Birch, D. (1994). Cited in Storey, D. F. (1994). *Understanding the Small Business Sect* or, Routledge: London.

Bied, B. (1988). 'Implementing Entrepreneurial Ideas: the Case for Invention', *Academy of Management Review*, 13:3, pp. 442-453.

Birley, S. and Westhead, P. (1994). 'A Comparison of New Business Established by Novice and Habitual Founders in Great Britain', *International Small Business Journal*, 12:1, pp. 38-60.

Blair, A. (1997). 'Owners in the Driving Seat (common qualities of company founders)', *Management Today*, September, pp. 44-48.

Block, Z. and Stumpf, S. A. (1992). 'Entrepreneurship Education Research: Experience and Challenge', in Sexon, D. L. and Kasarda, J. D. (eds), *The State of the Art of Entreneurship*, PWS-Kent Publishing Company, USA, pp. 17-42.

Bolton, B. and Thompson, J. (2000a). *Entrepreneurs: Talent, Temperament, Technique*, Butterworth-Heinemann: Oxford.

Bolton, B. and Thompson, J. (2000b). 'A Breed Apart', *Director*, 53:10, pp. 54-57.

Bolton Committee. (1971). 'Report of the Committee of Inquiry on Small Firms (Bolton Report)', HMSO: London.

Boussouara, M. and Deakins, D. (1998). 'Learning, Entrepreneurship and the High Technology Small Firm', *proceedings of the Enterprise and Learning Conference*, University of Aberdeen.

Boyd, N. G. and Vozikis, G. S. (1994). 'The Influence of Self-efficacy on the Development of Entrepreneurial Intentions and Actions', *Entrepreneurship Theory and Practice*, 18: 4, pp. 63-77.

Braden, P. (1977). *Technical Entrepreneurship*, Ann Arbor: University of Michigan.

Brazeal, D. and Herbert, T. T. (1999). 'The Genesis of Entrepreneurship', Entrepreneurship Theory and Practice, 23:3, pp. 29-45.

Brennan, Z. and Waterhouse, R. (1999). 'Escape to Dot. Com', *Sunday Times*, (Focus section), 19th December, p. 14.

Bridge, S., O'Neill, K. and Cromie, S. (1998). *Understanding Enterprise, Entrepreneurship & Small Business*, Macmillan Publishing: London.

British-Irish Agreement Act. (1999). www.irlgov.ie/bill28/acts/1999.

Brockhaus, R. H. (1975). 'I-E Locus of Control Scores as Predictors of Entrepreneurial Intentions', *proceedings of the Academy of Management Conference*, pp. 433-435.

Brockhaus, R. H. (1980). 'Risk Taking Propensity of Entrepreneurs', *Academy of Management Journal*, 23: 3, pp. 509-525.

Bruyat, C. and Julien, P. A. (2000). 'Defining the field of research in entrepreneurship', *Journal of Business Venturing*, 16: 2, pp. 165-180.

Burke, A. E. (1995). 'Enterprise and Employment Creation in Ireland: Data Regularities and Issues for Research', paper presented at the *First Irish Entrepreneurship Research Conference*, University College Dublin.

Bygrave, W. D. (1989). 'The Entrepreneurship Paradigm (Ⅱ): chaos and catastrophes among quantum jumps', *Entrepreneurship Theory and Practice*, 14: 2, pp. 7-30.

Bygrave, W. D. and Hofer, C. W. (1991). 'Theorising about Entrepreneurship', *Entrepreneurship Theory and Practice*, 16: 2, pp. 3-22.

Caird, S. (1989). 'Self Assessment of Participants on Enterprise Training Courses', *British Journal of Education and Work*, 4:3, pp. 63-80.

Caird, S. (1991). 'Testing Enterprising Tendency in Occupational Groups', *British Journal of Management*, 2, pp. 177-186.

Caird, S. (1992). 'What Support is Needed by Innovative Small Business?', *Journal of General Management*, 18:2, pp. 45-68.

Cantillion, R. (1755). *Essai sur la Nature du Commerce en Général*, H. Higgs(ed.), (1931), Macmillan, London.

Carland, J. W., Hoy, F., Boulton, W. R. and Carland, J. A. (1984). 'Differentiating Entrepreneurs from Small Business Owners: A Conceptualization', *Academy of Management Review*, 9, pp. 354-359.

Carney, M. and Turner, D. (1987). 'Education for Enterprise', Counselling and Career Development Unit, University of Leeds, Osmosis Publishing.

Carson, D., Cromie, S., McGowan, P. and Hill, J. (1995), *Marketing and Entrepreneurship in SMEs—An Innovative Approach*, Prentice Hall: London.

Carter, S. and Jones-Evans, D. (2000). 'Enterprise and Small Business—Principles, Practice and Policy', *Financial Times*, Prentice Hall: Essex.

Cassidy, J. (2002). 'After the Gold Rush', *The Times*, 23rd January, pp. 4-5.

Casson, M. (1982). *The Entrepreneur, An Economic Theory*, Martin Robertson: Oxford.

Chell, E. (1985). 'The Entrepreneurial Personality: A Few Ghosts Laid to Rest', *International Small Business Journal*, 3:3, pp. 43-54.

Chell, E., Haworth, J. and Brearley, S. (1991). *The Entrepreneurial Personality*—

Concepts, Cases and Categories, Routledge: London.

Churchill, N. C. and Lewis, V. L. (1986). 'Entrepreneurship Research', in Sexton, D. L. and Smilor, R. W. (eds), *The Art of Entrepreneurship*, Ballinger: Cambridge, MA, pp. 333-365.

Clark, R. W., Davis, C. H. and Harnish, V. C. (1984). 'Do courses in Entrepreneurship aid in New Venture Creation?' *Journal of small Business Mangement*, 22: 2, pp. 26-31.

Cole, A. H. (1965). 'An Approach to the Study of Entrepreneurship', in Aitken, H. G. (ed.), *Explorations in Enterprise*, Harvard University Press, Cambridge, Mass, pp. 30-44.

Collins, O., Moore, D. and Unwalla, D. (1964). *The Enterprising Man*, Ann Arbor: University of Michigan.

Collins, O. and Moore, D. G. (1970). *The Organization Makers*, Appleton: New York, cited in Sharma, P. and Chrisman, J. J. (1990), 'Toward a Reconciliation of the Definitional Issues in the Field of Corporate Entrepreneurship', *Entrepreneurship Theory and Practice*, 23: 3, pp. 11-27.

Connor, J., Dawes, F., and Haydock, W. (1996). 'Management Learning Frameworks and Small Business Growth: A Challenging Role for Business Schools', *proceedings of the 19th Institute of Small Business Affairs-National Small Firms' Conference*, Birmingham, pp. 1289-1300.

Cooney, T. and O'Connor, A. (1995). 'Perceived Barriers to Innovation of SMEs in Ireland', paper presented at the *First Irish Entrepreneurship Research Conference*, University College Dublin.

Cooper, A. C. (1971). 'The Founding of Technological-Based Firms', Centre for Venture Management: Milwaukee, WI.

Cox, L. W. (1996). 'The Goals and Impact of Educational Interventions in the Early Stages of Entrepreneur Career Development', *proceedings of the Internationalising Entrepreneurship Education and Training Conference*, Arnhem.

Cramer, J. J. (1999). 'The Top 10 Internet Myths', paper presented at the *Goldmans Sachs International Tech Conference*, London, 23rd September.

Crane, D. (2001). '*People are new economy's biggest resource*', *The Toronto Star*, 12th May.

Cromie, S. (1994). 'Entrepreneurship: The Role of the Individual in Small Business Development', *IBAR-Business and Administrative Research*, 15, pp. 62-75.

Cromie, S. and Johns, S. (1983). 'Irish Entrepreneurs: Some Personal Characteristics', *Journal of Occupational Behaviour*, 4, pp. 317-324.

Cromie, S. and O'Donaghue, J. (1992). 'Assessing Entrepreneurial Inclinations', *In-

ternational Small Business Journal, 10:2, pp. 66-71.
Culliton Committee. (1992). 'A Time for Change: Industrial Policy for the 1990s—Report of the Industrial Policy Review Group (Culliton Report)', Government Stationery Office, Dublin.
Culson-Thomas, C. (1990). *Individuals and Enterprise—Creating Entrepreneurs for the New Millennium through Personal Transformation*, Blackhall Publishing: Dublin.
Curran, J. (2000). 'What is small business policy in the UK for ? Evaluation and assessing small business policies', *International Small Business Journal*, 18:3, pp. 36-50.
Curran, J. and Stanworth, J. (1989). 'Education and Training for Enterprise: Some Problems of Classification, Evaluation, Policy and Research', *International Small Business Journal*, 7:2, pp. 11-23.
Curran, J. and Storey, D. J. (2002). 'Small Business Policy in the United Kingdom: the inheritance of the Small Business Service and Implications for its Future Effectiveness', *Environment and Planning C: Government and Policy*, 20, pp. 163-177.
Dalton, G. W. and Holdaway, F. (1989). 'Preliminary Findings-Entrepreneur Study', working paper, Brigham Young University.
Daly, M. (1991). 'Job Creation 1987-1989: The Contribution of Small and Large Firms', *Employment Gazette*, 99:11, pp. 589-594.
Davids, L. E. (1963). 'Characteristics of Small Business Founders in Texas and Georgia', The United States Small Business Administration: Washington D. C.
Davidsson, P. (1995). 'Determinants of Entrepreneurial Intentions', *Proceedings of the 9th RENT Workshop in Entrepreneurship Research*, Piacenza, Italy.
Davies, L. G. and Gibb, A. A. (1991). 'Recent Research in Entrepreneurship', *Proceedings of the 3rd International EIASM Workshop*, Gower: London.
Deakins, D. (1996). *Entrepreneurship and Small Firms*, (1st edition), McGraw-Hill: London.
Deakins, D. (1999). *Enerepreneurship and Small Firms*, (2nd edition), McGraw-Hill: London.
DeCarlo, J. F. and Lyons, P. R. (1979). 'A comparison of selected personal characteristics of minority and non-minority female entrepreneurs', *Journal of Small Business Management*, 17:4, pp. 22-29, cited in Lee, D. Y. and Tsang, E. W. K. (2001). 'The Effects of Entreprreneurial Personality, Background and Network Activities on Venture Growth', *Journal of Management Studies*, 38:4, pp. 583-602.

De Faoite, D. , Van der Sijde, P. and Henry, C. (2002). 'Traning and Finance for Small Firms, a Comparative Study between Irenland and the Netherlands', *Proceedings of the High Technology-Small Firms Conference*, Enschede, June.

Dermer, B. (1997). *Management Planning and Control Systems: Advanced Concerns and Cases*, Richard Irwin: Homewood IL.

DfEE-Department for Enterprise and Employment. (2001). 'Oppprtunity for All in a World of Change', White Paper, DTI Publications/The Stationery Office, Publications Centre, London.

Diesling, P. (1971). *Patterns of Discovery in the Social Sciences*, Aldine-Atherton: Chicago.

Domegan, C. and Fleming, D. (1999). *Marketing Research in Ireland*, *Theory and Practice*, Gill and MacMillan: Dublin.

Douglass, M. (1976). 'Relating Education to Enterpreneurial Success', *Business Horizons*, 19:6, pp. 40-44.

Drucker, P. (1985). *Innovation and Entrepreneurship*, Pan Books Ltd: London.

DTI. (2002). dti. gov. uk/enterpriseact.

Dunsby, B. L. (1996). 'Small Firms Policy Proposals—Meeting the Needs of Start-ups and Micro-Business', *Proceedings of the 19th Institute of Small Business Affairs -Nationalal Small Firms' Conference*, Birmingham, pp. 51-72.

During, W. E. , Kerhof, M. , Woolthuis, R. J. A. and Smitt, J. M. J. (1997). 'Entrepreneurship and Small Business Management in a Dutch Environment', in H. Landstrom, H. Frank and J. M. Veciana (eds), *Entrepreneurship and Small Business Reseach in Europe*, Avebury: Aldershot, pp. 200-225.

Dyer, W. G. and Handler, W. (1994). 'Entrepreneurship and Family Business: Exploring the Connections' , *Entrepreneurship: Theory and Practice*, 19:1, pp. 71-83.

Economist. (1998). 'Entrepreneurs to Order', The Economist, 14th March, 346: 8059, pp. 29-33.

Eisenhardt, K. M. (1989). 'Building Theories From Case Study Research', *Academy of Management Review*, 14:4: pp. 223-244.

Enterprise Bill. (2002). dti. gov. uk/enterpriseact.

European Commission and Eurostat. (1994). 'Enterprise in Europe: The Third Report', Office for Official Publications of the EC, Luxembourg.

European Commission. (1995). 'Small and Medium Sized Enterprises—A Dynamic Source of Employment, Growth and Competitiveness in the European Union', Reportpresented by the European Commission for the Madrid European Council, Brussels.

European Commission. (1996). *Journal of the European Communities*, No. 107/6, Brussels
European Commission. (2001). 'Creating an Entrepreneurial European—the Activities of the European Union for SMEs', March, Brussels.
European Observatory for SMEs. (1993). 'First Annual Report', EIM Small Business Consultancy, The Netherlands.
European Observatory for SMEs. (1994). 'Second Annual Report', EIM Small Business Consultancy, The Netherlands.
European Observatory for SMEs. (1995). 'Third Annual Report', EIM Small Business Consultancy, The Netherlands.
European Observatory for SMEs. (1997). 'Fifth Annual Report', EIM Small Business Consultancy, The Netherlands.
Fiet, J. O. (2000a). 'The Pedagogical Side of Teaching Entrepreneurship Theory', *Journal of Business Venturing*, 16:1, pp. 1-24.
Fiet, J. O. (2000b). 'The Pedagogical Side of Teaching Entrepreneurship Theory', *Journal of Business Venturing*, 16:2, pp. 101-117.
Filley, A. C. and Aldag, R. J. (1978). 'Characteristics and Measurement of an Entrepreneurship Typology', *Academy of Management Journal*, 21:4, pp. 578-591.
Fleming, P. (1994). 'The Role of Structured Interventions in Shaping Graduate Entrepreneurship', *IBAR-Irish Business and Administrative Research*, 15, pp. 146-164.
Fleming, P. (1996). 'Enterpreneurial Education in Ireland: a Longitudinal Study', *Academy of Entrepreneurship Journal*, (European edition), 2:1, pp. 95-119.
Florida, R. (2000). 'Place and the New Economy', paper presented at the *Champions of Sustainability Lecture Series*, 27th August, Pittsburgh.
Florida, R. (2001). 'The Entrepreneurial Society', paper presented at the *Conference on Entrepreneurship and Public Policy*, Kennedy School of Government, Harvard University, 10th April.
Flynn, A. and Hynes, B. (1999). 'High-Tech Entrepreneurial Teams-Managing the Challenges of Growth', *Proceedings of the Institute of Business Advisers' Cross-Border Conference*, May, Enniskillen.
Forfás. (2000), 'Enterprise 2010—A New Strategy for the Promotion of Enterprise in Ireland in the 21th century', Forfas: Dublin.
Fothergill, S. and Gudgin, G. (1979). 'The Job Generation Process in Britain', Centre for Environmental Studies, Leicester University.
Fowler, A. (1997). 'How to Select and Use Psychometric Tests', *People Manage-*

ment,3:20, 25th September, pp. 45-46.

Frank,H. and Landström,H. (1997). 'Entrepreneurship and Small Business in Europe-economic Background and Academic Infrastructure', in H. Landsröm, H. Frank and J. M. Veciana(eds.), *Entrepreneurship and Small Business Research in Europe*: an ECSB Survey,Aldershot:Avebury,pp. 1-13.

Gable,C. G. (1994). 'Integrating Case Study and Survey Methods : An Example in Information Systems',*European Journal of Information Systems*,3:2,pp. 112-126.

Gallagher,C. and Miller, P. (1991). 'New Fast Growing Companies Create Jobs', *Journal of Long Range Planning*,24:1,pp. 96-101.

Gallagher,C. and Robson, G. (1996). 'The Identification of High Growth SME Firms', *Proceedings of the 19th Institute of Small Business Affairs-National Small Firms Conference*, Birmingham,pp. 18-28.

Garavan,T. N. and Ó Cinnéide,B. (1994). 'Entrepreneurship Education and Training Programmes:a Review and Evaluation',*Journal of European Industrial Training*, part I -18:8,pp. 3-12, part II-18:11,pp. 13-21.

Garavan,T. N. ,Ó Cinnéide,B. and Fleming,P. (1997). *Entrepreneurship & Business Start-Ups in Ireland*,Oak Tree Press:Dublin.

Gartner,W. B. (1989). 'Who Is an Entrepreneur? Is the wrong question?',*Entrepreneurship Theory and Practice*,13:4,pp. 47-68.

Gartner,W. B. (2001),'Is there an elephant in entrepreneurship? Blind assumptions in theory development',*Entrepreneurship Theory and Practice*,25:4,pp. 27-39.

Gartner,W. B. , Mitchell,T. M. and Vesper,K. H. (1989). 'A Taxonomy of New Business Ventures',*Journal of Business Venturing*,4:3,pp. 169-186.

Gasse , Y. (1990). 'An Experience in Training in the Area of Entrepreneurship and Starting a Business in Quebec: the Project Become an Entreprenuer'. In Donckels, R. and Miettinen, (eds.), *New Findings and Perspectives in Entrepreneurship*, Avebury: Aldershot, pp. 99-114.

Gasse. Y. and Théoret, A. (1980) 'L' innovation dans les PME au Québec et en Belgique: une étude empirique',*Ensenement et Gestion*,15.

Gibb, A. A. (1987a). 'Education for Enterprise: Training for Small Business Initiation-Some Contrasts', *Journal of Small Business and Entrepreneurship*, 4:3, pp. 42-47.

Gibb, A. A. (1987b). 'Enterprise Culture—Its Meaning and Implications for Education and Training', *Journal of European Industrial Training*, 11:2, pp. 1-38.

Gibb, A. A. (1993a). 'Do We Really Teach Small Business in the Way We Should?', *Proceedings of the Internationalising Entreprenueurship Education and Training Conference*, Vienna.

Gibb, A. A. (1993b). 'The Enterprise Culture and Education: Understanding Enterprise Education and its Links with Small Business Entrepreneurship and Wider Educational Goals', *International Small Journal*, 11:3, pp. 11-34.

Gibb, A. A. (1997). 'Small Firms' Training and Competitiveness. Building Upon the Small Business as a Learning Organisation'. *International Small Business Journal*, 15:3, pp. 13-29.

Gibb, A. A. (2000). 'SME Policy, Academic Research and the Growth of Ignorance, Mythical Concepts, Myths, Assumptions, Rituals and Confusions', *International Small Business Journal*, 18:3, pp. 13-35.

Gibb, A. A. and Cotton, J. (1998). 'Entrepreneurship in Schools and College Education—Creating the Leading Edge', background paper to the conference on *Work Futures and the Role of Entrepreneurship and Enterprise in schools and Further Education*, December, London.

Gibb, A. A. and Ritchie, J. (1981). 'Influences on Entrepreneurship: A Study over time'. in *Bolton Ten Years on*, *Proceedings of the UK Small Business Research Conference*, Polytechnic of Central of London, pp. 20-21.

Gibb, Y. K. and Nelson, E. G. (1996). 'Personal Competences, Training and Assessment: A Challenge for Small Business Trainers', *Proceedings of the European Small Business Seminar*, Finland, pp. 97-107.

Glaser, B. and Strauss, A. L. (1967). The Discovery of Grounded Theory: strategies of qualitative research, Wiedenfeld and Nicholson: London.

Global Entrepreneurship Monitor (GEM) Report. (2001). Reynolds, P. D., Camp, S. M., Bygrave, W. D., Autio, E., Hay, M., Babson College, MA.

Gorman, G., Hanlon, D. and King, W. (1997). 'Some Research Perspectives on Entrepreneurship Education, Enterprise Education and Education for Small Business Management: A Ten Year Literature Review', *International Small Business Journal*, 15:3, pp. 56-78.

Gould, L. C. (1969). 'Juvenile Entrepreneurs', American Journal of Sociology, 74: 6, pp. 710-719.

Greenberg, J. and Baron, R. A. (2000). Behavior in Organizations, 7th edition, Prentice-Hall: New Jersey.

Greenfield, S. M. and Strickon, A. (1986). *Entrepreneurship and Social Changes*, pp. 4-18, University Press of America: Los Angels.

Greiner, L. (1972). 'Evolution and Revolution as Organisations Grow', *Harvard Business Review*, 50:4, pp. 37-46.

Griffith, V. (2001). 'How the fittest survived the dotcom meltdown', FT. Com, 27th August.

Groot, W., Hartog, J. and Oosterbeek, H. (1994). 'Costs and Revenues of Investment in Enterprise-related Schooling', Oxford Economic Papers, October, 46: 4, pp. 658-675.

Guest, D. (1992). 'Right Enough to Be Dangerously Wrong: An Analysis of the In Search of Exellence Phenomenon', in Graeme Salaman(ed.), *Human Resource Strategies*, (Open University Course Reader), Sage Publications: London, pp. 5-19.

Hagen, E. (1962). *On the Theory of Social Change*, The Dorsey Press: Homewood, IL.

Hammersley, M. (1985). 'From Ethnography to Theory: a programme and paradigm for case study research in the sociology of education', *Sociology*, 19:2, pp. 187-211.

Harré, R. (1979). *Social Being*, Basil Blackwell: Oxford.

Harrison, R. and Leitch, C. (1995). 'Entrepreneurship and the Learning Company: from Concepts to Practice', paper presented at *the First Irish Entrepreneurship Research Conference*, University College Dublin.

Hatch, J. and Zweig, J. (2000). 'What is the Stuff of an Entrepreneurship?' *Ivey Business Journal*, 65:2, pp. 68-72.

Hay, M., Verdin, P., and Williamson, P. (1993). 'Successful New Ventures: Lessons for Entrepreneurs and Investors', *Journal of Long Range Planning*, 26: 5, pp. 31-43.

Henry, C. (1998). 'The Effects of Enterprise Training—a comparative practical study', *Proceedings of the Research Conference*, Dundalk Institute of Technology, May.

Henry, C. and Titterington, A. (1996). 'The Effects of Enterprise Support Programmes on the Success of Small Business Start-ups: the experiences of the Technology Enterprise Programme', *Proccedings of the Internationlisting Entrepreneurship Education and Training Conference*, Arnhem, The Netherlands, June.

Henry, C. and Titterington, A. (1997). 'The Use of Enterprise Training Programmes as a Mechanism for Determining Entrepreneurial Suitability', *Proceeding of the 20th Institute of Small Business Affairs-National Small Firms Conference*, Belfast, pp. 1395-1413.

Henry, C. and Titterington, A. (2001). 'The Use of Enterprise Training Programmes as a Mechanism for Assessing Entrepreneurial Suitability', in *Entrepreneurship Education—A Global View*, Brockhaus, R. H., Hills, G. E., Klandt, H. and Welsch, H. (eds.), Ashgate: Aldershot.

Henry, C., Titterington, A., and Wiseman, K. (1997). 'Encouraging Innovative Enterprise-The Role of Enterprise Training', *Proceedings of the Dublin City University Innovation Conference*, Dublin, September.

Henry, C., Hill, S. and De Faoite, D. (2001). 'Encouraging Innovative Start-ups: in Search of the Technology Based Entrepreneur', *Proceedings of the European Small Business Seminar*, Dublin, September.

Herron, L., Sapienza, H. J. and Smith-Cooke, D. (1991). 'Entrepreneurship Theory from an Interdisciplinary Perspective: volume 1', *Entrepreneurship Theory and Practice*, 16:2, pp. 7-12.

Hill, S. and Ó Cinnéide, B. (1998). 'Entrepreneurship Education-Case Studies from The Celtic Tiger', *Proceedings of the Enterprise and Learning Conference*, University of Aberdeen, September.

Hills, G. E. (1988), 'Variations in University Entrepreneurship Education: An Empirical Study of An Evolving Field', *Journal of Business Venturing*, 3:1, pp. 109-122.

Hills, G. E., Romaguera, J. M., Fernandez, L., Gonzalez, C., Hamilton, L. C., Perez, C. And Rollman, R. J. (1996). 'Entrepreneurship Curriculum Innovation: The University of Puerto Rico Case', *Proceedings of the Internationalisting Entrepreneurship Education and Training Conference*, Arnhem.

Hirschmeyer, J. (1964). *The Origin of Entrepreneurship in Meiji, Japan*, Harvard University Press: Cambridge, MA.

Hisrich, R. D. (1988). 'The Entrepreneur in N. Ireland: Characteristics, Problems, and Recommendations for the Future', *Journal of Small Business Management*, 26:3, pp. 32-39.

Hisrich, R. D. and Brush, C. G. (1994). 'The Woman Entrepreneur: Management Skills and Business Problems', *Journal of Small Business Management*, 32:1, pp. 30-37.

Hisrich, R. D. and Ó Cinnéide, B. (1985). 'The Irish Entrepreneur; Characteristics, Problems and Future Success', University of Limerick.

Hirich, R. D. and Peters, M. P. (1985). *Entrepreneurship* (1st edition), Irwin McGraw-Hill: Boston, MA.

Hirich, R. D. and Peters, M. P. (1985). *Entrepreneurship* (3rd edition), Irwin McGraw-Hill: Boston, MA.

Hirich, R. D. and Peters, M. P. (1985). *Entrepreneurship* (4th edition), Irwin McGraw-Hill: Boston, MA.

Hornaday, J. A. and Aboud, J. (1971). 'Characteristics of Successful Entrepreneurs', *Journal of Personnel Psychology*, 24:1, pp. 141-153.

Hornaday, J. A. and Bunker, CS. (1970). 'The Nature of the Entrepreneur', Journal of *Personnel Psychology*, 23:1, pp. 45-54.

Howell, R. P. (1972). 'Comparative Profiles: Entrepreneurs Versus the Hired Executive: San Francisco Peninsula Semiconductor Industry', in A. C. Cooper and J. L. Komives (eds.), *Technical Entrepreneurship: A Symposium*, Center for Venture Management: Milwaukee, pp. 47-62.

Hull, D. , Bosley, J. and Udel, G. (1980). 'Reviewing the Hunt for the Heffalump: Identifying Potential Entrepreneurs by Personality Characteristics', *Journal of Small Business Management*, 18:1, pp. 11-18.

Hunt, D. (1995). 'Telematic SMEs and the Ephemeral Economy', paper presented at *the First Irish Entrepreneurship Research Conference*, University College Dublin.

Investni-Invest Northern Ireland. (2002). www. investni. com.

IPPR-Institute of Public Policy Research. (1998). Gavron, R. , Cowling, M. , Holtham, G. and Westhall, A. 'The Entrepreneurial Society', London.

Jack, S. L. and Anderson, A. R. (1998). 'Entrepreneurship Education within the Condition of Entreprenology', *Proceedings of the Conference on Enterprise and Learning*, Aberdeen.

Jamieson, I. (1984). 'Schools and Enterprise', in A. G. Watts and P. Moran, (eds.), *Education for Enterprise*, publised by CRAC, Ballinger, Cambridge, UK, pp. 19-27.

Jennings, P. L. and Hawley, D. (1996). 'Designing Effective Training Programmes', *proceedings of the 19th Institute of Small Business Affairs-Small Firms' National Conference*, Birmingham, pp. 1301-1326.

Johannisson, B. (1991). 'University training for entrepreneurship: Swedish approaches', *Entrepreneurship and Regional Development*, 3, pp. 67-82.

Johannisson, B. and Landstrom, H. (1997). 'Research in Entrepreneurship and Small Business—State of the Art in Sweden', in H. Landstrom, H. Frank and J. M. Veciana (eds.), *Entrepreneurship and Small Business Research in Europe—An ESCB Survey*, Aldershot: A vebury, pp. 276-295.

Johnson, A. T. and Sack, A. (1996). 'Assessing the Value of Sports Facilities: The Importance of Non-economic Factors', *Economic Development and Quarterly*, 10:4, pp. 369-381.

Johnson, S. , Sear, L. and Jenkins, A. (2000). 'Small Business Policy, Support and Governance', in S. Carter and D. Jones-Evans (eds.), *Enterprise and Small Business*, Pearson Education Limited: Essex.

Jones, F. F. , Morris, M. H. and Rockmore, W. (1995). 'HR Practices that Promote Entrepreneurship', Human Resources Magazine(US), 40:5, pp. 86-90.

Jones-Evans, D. (1987). 'Entrepreneurship Research and the Emerald Isle—A Review of Small Business Studies in the Republic of Ireland' in, H. Landstrom, H. Frank and J. M. Veciana (eds), *Entrepreneurship and Small Business Research in Europe—An ECSB Survey*, Avebury: Aldershot, pp. 152-174.

Kailer, N. (1990). 'Further Training in Small and Medium-sized Enterprises (Austria)', *Journal of Small Business Management*, 28:1, pp. 60-63.

Kantor, J. (1988). 'Can Entrepreneurship be Taught? —A Canadian Experiment', *Journal of Small Business and Entrepreneurship*, 5:4, pp. 12-19.

Kaufmann, P. J. and Daut, R. P. (1999). 'Franchising and the Domain of Entrepreneurship Research', *Journal of Business Venturing*, 14:1, pp. 5-16.

Keats, R. , and Abercrombie, N. (eds.). (1991). Enterprise Culture, Routledge: London.

Kets de Vries, M. F. (1970). 'The Entrepreneur as a Catalyst of Economic and Cultural Change', unpublished doctoral dissertation, Harvard University, Graduate School of Business Administration.

Kets de Vries, M. F. (1996). 'The Anatomy of the Entrepreneur: Clinical Observations', *Journal of Human Relations*, 49:7, pp. 853-884.

Kilby, P. (1971). 'Hunting the Heffalump', in P. Kilby (ed.), *Entrepreneurship and Economic Development*, Free Press: New York; Collier-MacMillan: London, pp. 27-35.

Kinnear, T. C. and Tayor, J. (1996). *Marketing Research: An Applied Approach*, McGraw-Hill: New York.

Kinni, T. B. (1994). 'Leadership up Close: Effective Leaders Share Four Major Characteristics', *Industry Week*, 20th June, 243:12, pp. 21-23.

Kinsella, R. , Clarke, W. , Storey, D. J. , Mulvenna, D. and Coyne, D. (1994). 'Fast Growth, Small Firms: An Irish Perspective', Irish Management Institute, Dublin.

Kirby, D. A. and Mullen, D. C. (1990). 'Developing Enterprise in Graduates: The Results of an Experiment', in Frontiers of Entrepreneurship Research, Babson College: Wesley, MA, pp. 603-604.

Kirzner, I. M. (1978). *Competition and Entrepreneurship*, University of Chicago Press:Chicago, IL.

Klofsten, M. (1998). *The Business Platform: Entrepreneurship & Management in the Early Stages of a Firm's Development*, published by TII(Technology Innovation Innformation): Luxembourg.

Knight, F. H. (1940). *Risk Uncertainty and Profit*, Houghton-Mifflin: Boston.

Kolb, D. (1984). *Experiential Learning*, Prentice Hall: Englewood Cliffs, N. J.

Kruegel, N. F. and Brazeal, D. V. (1994). 'Entrepreneurial Potential and Potential Entrepreneurs', *Entrepreneurship: Theory and Practice*, 18:3, pp. 91-105.

Kurder, F. (1968). 'General Manual, Occupational Interest Survey', Science Research Associates: Chicago.

Laut, T. and Chan, K. F. (1994). 'The Incident Method—An Alternative Way of Studying Entrepreneurial Behaviour', *IBAR-Irish Business and Administrative Research*, 15, pp. 48-61.

Laukkanen, M. (2000). 'Exploring alternative approaches in high-level entrepreneurship education: creating micro-mechanisms for endogenous regional growth', *Entrepreneurship and Regional Development*, 12, pp. 25-47.

Lee, D. Y. and Tsang, E. W. K. (2001). 'The Effects of Entrepreneurial Personality, Background and Network Activities on Venture Growth', *Journal of Management Studies*, 38:4, pp. 583-602.

Leibenstein, H. (1968). 'Entrepreneurship and Development', *American Economic Review*, 58, pp. 72-83.

Le Roux, E. and Nieuwenhuizen, C. (1996). 'Small Business Management Education and Training: An Innovative Approach to the Reconstruction and Development of the New South Africa', *Proceedings of the Internatonalising Entreprenurship Education and Training Conference*, Arnhem.

Levinson, H. (1971). 'Conflicts that Plague Family Business', Harvard Business Review, 49: 2, pp. 90-98.

Levenson, H. (1974). 'Activism and Powerful Others: Distinctions within the concept of internal-external control', *Journal of Personality Assessment*, 38: 4, pp. 377-383.

Lightfoot, G. (1998). 'Financial Mangement and Small Firm Owner-Managers', unpublished PhD thesis, Kingston University.

Litzinger, W. D. (1965). 'The Motel Entrepreneur and the Motel Manager', *Academy of Management Journal*, 8:4, pp. 268-281.

Low, M. and MacMillan I. (1998). 'Entrepreneurship: Past Research and Future Challenges', *Journal of Management*, 35, pp. 139-161.

Lumpkin, G. T. and Dess, G. G. (1996). 'Clarifying the Entrepreneurial Orientation Construct and Linking it to Performance', *Academy of Management Review*, 21: 1, pp. 135-172, cited in Sharma, P. and Chrisman, J. J. (1999), 'Toward a Reciliation of the Definitional Issues in the Field of Corporate Entrepreneurship', *Entrepreneurship Theory and Practice*, 23: 3, pp. 11-27.

Lussier, R. N. (1995). 'Start-up Business Advice from Business Owners to Would-be Entrepreneurs', *SAM Advance Management Journal*, 60: 1, pp. 10-13.

Macrae, N. (1976). 'The Coming Entrepreneurial Revolution', *The Economist*, Christmas edition, London.

Mahlberg, T. (1996). 'Evaluating Secondary School and College Level Entrepreneurial Education—Pilot Testing a Questionaire', *Proceedings of the Internationalisng Entrepreneurship Education and Training Conference*, Arnhem.

Mahoney, M. (2001). 'New Economy—The End or just the Beginning?', *E-Commerce Times*, 16th May.

Malinen, P. and Paasio, A. (1997). 'Entrepreneurship and Small Business Research in Finland', in H. Landstrom, H. Frank and J. M. Veciana (eds.), *Entrepreneurship and Small Business Research in Europe—an ECSB survey*, Avebury: Aldershot, pp. 69-85.

Mazzarol, T., Volery, T., Doss, N. and Thein, V. (1999). 'Factors influencing small business start-ups', *International Journal of Entrepreneurial Behaviour and Research*, 5: 2, pp. 48-63.

McCabe, D. (1998). 'Building an Enterprise Culture in Northern Ireland and the Border Counties-the Framework', Centre for Innovation and Entrepreneurship, N. Ireland.

McCarthy, B. (2000). 'Researching the Dynamics of Risk-Taking and Social Learning: An Exploratory Study of Irish Entrepreneurs', *Irish Marketing Review*, 13: 1, pp. 46-60.

McClelland, D. C. (1961). *The Achieving Society*, D. vanv Norstrand Company: Princeton.

McClelland, D. C. (1965). 'Achievement Motivation Can Be Developed', *Harvard Business Review*, 43: 6, pp. 6-24 and 178.

McClelland, D. C. (1987). 'Characteristics of Successful Entrepreneurs', *Journal of Creative Behaviour*, 21: 3, pp. 219-233.

McClelland, D. C. and Winter, D. G. (1969 and 1971). *Motivating Economic Achievement*, The Free Press: New York.

McGovern, G. (2001). 'Always Make Mistakes'. Paper presented at the *Web Intellect-Advantage Seminar Series Online Survival Conference*, Dublin, 17th October.

McMullan, C. A. and Boberg, A. L. (1991). 'The Relative Effectiveness of Projects in Teaching Entrepreneurship', *Journal of Small Buiness and Entrepreneurship*, 9, pp. 14-24.

McMullan, E., Chrisman, J. J. and Vesper, K. (2001). 'Some problems in using subjective measures of effectiveness to evaluate entrepreneurial assistance programs', *Entrepreneurship Theory and Practice*, 26: 1, pp. 37-54.

McMullan, W. E. and Long, W. A. (1987). 'Entrepreneurship Education in the Nineties', *Journal of Business Venturing*, 2: 3, pp. 61- 275.

McNabb, A. (1996). 'What does Entreprenuerial Mean to the Small Business Owner?', *Proceedings of the 19th Institute of Small Business Affairs-National Small Firms Conference*, Birmingham, pp. 301- 318.

Menger, C. (1950). *Principles of Economics*, translated by J Dingwall, B. F., Hoselitz, Free Press, Glencoe.

Meredith, G. G., Nelson, R. E., and Neck, P. A. (1982). 'The Practice of Entrepreneurship', International Labour Office, Geneva.

Miller, A. (1987). 'New Ventures: A Fresh Emphasis on Entrepreneurship Education', *Survey of Business*, 23:1, pp. 4-9.

Mintzberg, H. (1973). 'Strategy Making in Three Modes', *California Management Review*, 16: 2, pp. 44-53.

Mintzberg, H. (1973). *The Nature of Managerial Work*, Harper Row: New York.

Mischel, W. (1973). 'Toward a Cognitive Social Learning and Reconceptualisation of Personality', *Psychology Review*, 80:4, pp. 252-283.

Mohr, L. B. (1985). 'Causation and Case Study', cited in H. E. Klein (ed.), *Case Method Research and Application*, 1.5, WACRA: Boston.

Monroy, T. G. (1995). 'Getting Closer to a Descriptive Model of Entrepreneurship Education', in T. G. Monroy, J. Reichert and F. Hoy (eds.), *The Art and Science of Entrepreneurship Education*, 3, Ballinger: Cambridge, Mass., pp. 205-217.

Morrison, A. (1997). *Entrepreneurship—An Introduction*, The Scottish Hotel School, University of Strathclyde.

Moss Kanter, R. (1983). *The Change Masters*, Thomas Publishing Inc: Boston, MA.

Mueller, S. L. and Thomas, A. S. (2001). 'Culture and Entrepreneurial Potential: A Nine Country Study of Locus of Control and Innovativeness', *Journal of Business Venturing*, 16: 1, pp. 51-57.

Mukthar, S. M., Oakey, R. P. and Kipling, M. (1998). 'Utilisation of Science and Technology Graduates by the Small and Medium Sized Enterprises Sector', *Proceedings of the 6th Annual High Technology Small Firms Conference*, University of Twente.

Murray, J. and O'Donnel, N. (1982). 'Explorations in the Entrepreneurial Process', The Enterprise Centre, University College Dublin, Ireland.

Musson, G. and Cohen, L. (1996). 'Making Sense of Enterprise: Identity, Power and the Enterprise Culture'. *Proceedings of the 19th Institute of Small Business Affairs-National Small Firms Conference*, Birmingham, pp. 285-300.

Nahavandi, A. and Chesteen, S. (1988). 'The Impact of Consulting on Small Business: a further examination'. *Entrepreneurship Theory and Practice*, Fall, pp. 29-40.

National Audit Office, Department of Employment/Training Commission. (1988). 'Assistance to Small Firms', Report to the Comptroller and Auditor General, HMSO: London.

Nulty, P. (1995). 'Serial Entrepreneur: tips from a man who started 28 businesses', (Courtland L. Louge), *Fortune Magazine*, 10th July, 132:1, p. 182.

Nunnally, J. Jr. (1959). *Tests and Measurements: Assessment and Prediction*, McGraw-Hill: New York.

Oakey, R., Mukhtar, S. M. and Kipling, M. (1998). 'Student Perspectives on Entrepreneurship: observations on the propensity for entrepreneurial behaviour', *Proceedings of the Enterprise and Learning Conference*, University of Aberdeen.

O'Farrell, P. (1986). 'Entrepreneurs and Industrial Change', Irish Management Institute, Dublin.

O'Gorman, C. and Cunningham, J. (1997). *Enterprise in Action—An Introduction to Entrepreneurship in an Irish Context*, Oak Tree Press: Dublin.

Oldfield, C. (1999). 'Age Improves Entrepreneurs', *Sunday Times*, Business Supplement (UK), 24th January, p. 12.

Olson, P. (1985). 'Entrepreneurship: Opportunistic decision—Makers', *Journal of Small Business Manegement*, 11: 2, pp. 25-31.

O'Neill B. (2001). 'Chasing the Rainbow—the elusive consumer content value chain', Paper presented at the *Web Intellect-Advantage Seminar Series Online Survival Conference*, Dublin, 17th October.

Orser, B., Hogarth-Scott, S. and Wright, P. (1996). 'Enterprising Intention and Likelihood of Growth: a predictive model of firm performance', *Proceedings of the 19th Institute of Small Business Affairs-National Small Firms Conference*, Birmingham, pp. 728-747.

Osborne, R. L. (1995). 'The Essence of Entrepreneurial Success', *Management Decision*, 33:7, pp. 4-9.

Ostermann, D. (2001). 'New Economy New Leadership', *Decision*, October/November issue, pp. 30-33.

Paul, P. C. & Joyner, T. (2000). 'New economy sprouting grey hair', *Atlanta Journal-Constitution*, 23rd November, p. G1.

Pelhamn, A. (1985). 'Should the SDBC Program be Dismantled?', *American Journal of Small Business*, 10: 2, pp. 41-51.

Peters, T. and Waterman, R. (1982). *In Search of Excellence*, Harper & Row: New York.

Pettigrew, A and Whipp, R. (1991). *Managing Change for Competitive Success*, Blackwell Business: Oxford.

Pinchot, G. III. (1986). *Intrapreneuring: Why You Don't Have to Leave the Organisation to Become an Entrepreneur*, Harper & Row: New York.

Ramachandran, K., Vyakarnam, S. and Handelberg, J. (1996). 'Entrepreneurial Types at the Start-up Stage'. *Proceedings of the 26th European Small Business Seminar*, Vaasa, Finland, pp. 393-406.

Roberts, E. B. (1968). 'A Basic Study of Innovators: how to keep and capitalise on their talents', *Research Management*, 11: 4, pp. 249-266.

Roberts, E. B. (1991). *Entrepreneurs in High Technology*, Oxford University Press: Oxford.

Roberts, E. B. and Wainer, H. A. (1968). 'New Enterprise on Route 128', *Science Journal*, 4: 12, pp. 78-83.

Roberts, E. B. and Wainer, H. A. (1996). 'Some Characteristics of Technical Entrepreneurs', *Research Programme on the Management of Science and Technology*. Massachusetts Institute of Technology, pp. 145-166.

Robichaud, Y., McGraw, E. and Roger, A. (2001). 'Toward the Development of a Measuring Instrument for Entrepreneurial Motivation', *Journal of Developmental Entrepreneurship*, 6: 2, pp. 189-201.

Ronstadt, R. (1984). *Entrepreneurship: Text, Cases and Notes*, Lord: Dover, MA.

Rotter, J. B. (1966). 'Generalised Expectancies for Internal versus External Control of Reinforcement', *Psychological Monographs*, 80: 609.

Saee, J. (1996). 'A Critical Evaluation of Australian Entrepreneurship Education and Training', *Proceedings of the Internationalising Entrepreneurship Education and Training Conference*, Arnhem.

Say, J. B. (1803). *A Treatise on Political Economy, or, the Production, Distribution and Consumption of Wealth*, Imprint, (1964), Sherwood, Neeley and Jones.: London.

SBA-Small Business Administration. (2001 and 2002). Background to the Small Business Administration, www.sba.gov.

Scaife, D. (2001). 'Online Survival', Paper presented at the *Web Intellect-Advantage Seminar Series Online Survival Conference*, Dublin, 17th October.

Scanlan, T. J. (1979). 'Self-employment as a Career Option: an investigation of entrepreneurs from the perspective of Hollands' theory of career development and Levenson's measures of locus of control', PhD Dissertation, University of Illinois.

Scanlan, T. J. (1984). 'Teaching Entrepreneurship at the Secondary Level', *Education Ireland*, 1:3.

Scasse, R. (2000). 'The Enterprise Culture: the socio-economic context of small firms', in S. Carter and D. Jones-Evans (eds.), *Enterprise and Small Business*, Pearson Education Limited: Essex.

Schollhammer, H. and Kuriloff, A. (1979). *Entreprenership and Small Business Management*, Wiley & Sons: Chichester.

Schrage, H. (1965). 'The R & D Entrepreneur: Profile of Success', *Harvard Business Review*, 43:6, pp. 56-69.

Schumpeter, J. A. (1931). *Theorie der wirtschaftlichen entwicklung*, Duncker und Humblat: Munchen Und Leipzig.

Schumpeter, J. A. (1934). *The Theory of Economic Development*, Cambridge, Harvard University: MA.

Schumpeter, J. A. (1965). 'Economic Theory and Entrepreneurial History', in Aitken, J. G. (ed.), *Exploration in Enterprise*, Harvard University Press: Cambridge, Mass.

Scottish Enterprise. (1993). 'Improving the Business Birth Rate: a strategy for Scotland', Scottish Enterprise, Glasgow.

Searchwebmanagement.com. (2001). 'Dotcom', 27th July.

Sexton, D. L. (1988). 'The Field of Entrepreneurship: Is it Growing or Just Getting Bigger?', *Journal of Small Business Management*, 1:1, pp. 4-8.

Sexton, D. L. and Bowman-Upton, N. B. (1985). 'The Entrepreneur: a capable executive and more', *Journal of Business Venturing*, 1:1, pp. 129-140.

Sexton, D. L. and Bowman-Upton, N. B. (1991). *Entrepreneurship: Creativity and Growth*, Macmillan: New York.

Sexton, D. L., Upton, N. B., Wacholtz, L. E. and McDougall, P. P. (1997). 'Learning Needs of Growth-Oriented Entrepreneurs', *Journal of Business Venturing*, 12, pp. 1-8.

Shapero, A. (1971). 'An Action Programme for Entrepreneurship', Multi-Disciplinary Research Inc; Austin, Texas.

Shapero, A. (1982). 'Social Dimensions of Entrepreneurship', in C. Kent, D. Sexton and K. Vesper (eds), *The Encyclopedia of Entrepreneurship*, pp. 72-90, Prentice Hall: Englewood Cliffs, N. J.

Sharma, P. and Chrisman, J. J. (1999). 'Toward a Reconciliation of the Definitional Issues in the Field of Corporate Entrepreneurship', Entrepreneurship Theory and Practice, 23: 3, pp. 11-27.

Shepherd, D. A. and Douglas, E. J. (1996). 'Is Management Education Developing or Killing the Entrepreneurial Spirit?', *Proceedings of the Internationalising Entrepreneurship Education and Training Conference*, Arnhem, June.

Simon, M., Houghton, S. M. and Aquino, K. (2000). 'Cognitive Biases, Risk Perception and Venture Formation: how individuals decide to start companies', *Journal of Business Venturing*, 15: 2, pp. 113-134.

Small Firms Enterprise Deveopment Initiative. (1999). 'Building a Better Business', SFEDI, London.

Small Firms Lead Body. (1996). 'National Vocational Qualifications Standards: Owner-Management Planning/Business Management', Levels 3 and 4, Small Firms Lead Body/Small Firms Enterprise Initiative, London.

Smith, N. R. (1967). 'The Entrepreneur and his Firm: the relationship between type of man and type of company'. Michigan State University, Graduate School of Business Administration: East Lansing.

Sonnenfeld, J. (1988). *The Hero's Farewell*, Oxford University Press: New York.

Specht, P. H. (1993). 'Munificence and carrying capacity of the environment and organization formation', *Entrepreneurship Theory and Practice*, 17: 2, pp. 77-86.

Stake, R. E. (1980). 'Programme Evaluation, Particularly Responsive Evaluation', in Dockwell and Hamilton (eds.), *Rethinking Educational Research*, Hodder and Stoughton: London, pp. 72-87.

Stanworth, J. and Curran, J. (1971). *Management Motivation in the Small Business*, Gower Press: London.

Stanworth, J. and Gray, C. (1991). *Bolton 20 years on: the small firm in the 1990s*, Chapman: London.

Stewart, W. H., Watson, W. E., Carland, J. C. and Carland, J. W. (1999). 'A Proclivity for Entrepreneurship: A Comparison of entrepreneurs, small business owners and corporate managers', *Journal of Business Venturing*, 14: 2, pp. 189-214.

Stigler, G. (1971). 'The Economic Theory of Regulation', *Bell Journal of Economics*, 2, pp. 3-21.

Storey, D. J. (1992). 'Should We Abandon the Support to Start-up Business?', paper no. 11, Warwick Business School, SME Centre.

Storey, D. J. (1994). *Understanding the Small Business Sector*, Routledge: London.

Storey, D. J. (2000). 'Six steps to heaven: evaluating the impact of public policies to support small business in developed economies', in D. Sexton and H. Landstrom (eds.) *The Blackwell Handbook of Entrepreneurship*, pp. 176-193, Blackwell: Oxford.

Storey, D. J. and Johnson, S. (1986). 'Job Generation in Britain: A Review of Recent Studies'. *International Small Business Journal*, 4:4, pp. 29-46.

Storey, D. J. and Johnson, S. (1987). 'Are Small Firms the Answer to Unemployment?', Employment Insititute, London.

Storey, D. J. (2000). 'Public Policies to Assist Small and Medium Sized Enterprises in Developed Countries: rationales for intervention and a review of effectiveness', Warwick SME Centre, University of Warwick, Coventry.

Stumpf, S. S., Dunker, R. L. M. and Mullen, T. P. (1991). 'Developing Entrepreneurial Skills through the use of Behavioural Simulations', *Journal of Management Development*. 10: 5, pp. 32-45.

Smithson, S. (1991). 'Combining Different Approaches: discussant's comments', in H. E. Nissen, H. K. Klein and R. H. Hirscheim (eds), *Information Systems Research: contemporary approaches & emergent traditions*, pp. 365-369, Elsevier: Amsterdam.

Task Force on Small Business. (1994). 'Task Force on Small Business', Government Stationery Office, Dublin.

TechEncyclopedia.com. (2002). 'dot-com company', 20th March,

Telesis Consulting Group. (1982). 'The Telesis Report', Government Stationery Office, Dublin.

Terpstra, R., Ralston, D. and Bazen, S. (1993). 'Cultural Influences on the Risk-Taking Propensity of United States and Hong Kong Managers', *International Journal of Management*, 10: 2, pp. 183-193.

Tiernan, S. D., Morley, M. J. and Foley, E. (1996). *Modern Management: Theory and Practice for Irish Students*, Gill & MacMillan: Dublin.

Timmons, J. A. (1978). 'Characteristics and Role Demands of Entrepreneurship'. *American Journal of Small Business*, 3: 1, pp. 5-17.

Timmons, J. A. (1985). *New Venture Creation*, (2nd edition), Irwin: Homewood, Illinois.

Timmons, J. A. (1990). *New Venture Creation: Entrepreneurship in the 1990s*, 3rd edition, Irwin: Boston MA, cited in Stewart, W. H., Watson, Carland, J. C. and Carland, J. W. (1999), 'A Proclivity for Entrepreneurship: A comparison of entrepreneurs, small business owners and corporate managers', *Journal of*

Business Venturing, 14: 2, pp. 189-214.

Timmons, J. A. (1994). *New Venture Creation*, (4th edition), Irwin: Homewood, Illinois.

Timmons, J. A., Smollen, L. E. and Dingee, A. L. (1997). *New Venture Creation*, (1st edition), Irwin: Homewood, Illinois.

Timmons, J. A. and Stevenson, H. H. (1985). 'Entrepreneurship Education in the 1980s—What Entrepreneurs Say', in Kao. J. and Stevenson, H. H. (eds.), *Entrepreneurship-What it is and How to Teach it*, Harvard Business School: Cambridge, Mass., pp. 115-134.

Timmons, J. A., Muzyka, D. F., Stevenson, H. M. and Bygrave, W. D. (1987). 'Opportunity Recognition: the core of Entrepreneurship', in Neill Churchill (ed.), *Frontiers of Entrepreneurial Research*, pp. 42-49, Babson College: Babson Park, Mass.

Ucbasaran, D. and Westhead, P. (2001). 'The focus of entrepreneurial research: contextual and process issues', *Entrepreneurship Theory and Practice*, 25:4, pp. 57-80.

Van der Sijde, P., Van Tilburg, J., Henry, C., Sygne, J., Asplund, R. (1997). *UNISPIN Workbook*, UNISPIN Project Team, University of Twente, The Netherlands.

Van Slambrouck, P. (2000). 'Facing red ink, dotcoms temper their idealism', *The Christian Science Monitor*, 12th April, p. 3.

Van Voorhis, K. R. W., Stenhorn, G. and Hofer, M. (1996). 'B-17 Educational Plan-for new business start-ups', *Proceedings of the 26th European Small Business Seminar*, Finland, pp. 433-438.

Veciana, J. M. and Genesca, E. (1997). 'Entrepreneurship and Small Business Research in Spain', in H. Landstrom, H. Frank and J. M. Veciana (eds.), *Entrepreneurship and Small Business Research in Europe—an ECSB survey*, Avebury: Aldershot, pp. 263-275.

Venkatraman (1996), as cited in Fiet (2000b), cited as personal correspondence.

Vento, I. (1998). 'Promoting Enterprise Culture Though Education', *Proceedings of the Enterprise and Learing Conference*, Aberdeen.

Vesper, K. H. (1982). 'Rresearch on Education for Entrepreneurship', in Kent, C. A., Sexton, D. L. and Vesper, K. H. (eds), *Encyclopedia of Entrepreneurship*, pp. 321-343, Prentice Hall: Englewood Cliffs, NJ.

Wainer, H. A. and Rubin, I. M. (1969). 'Motivation for R& D Entrepreneurs: determinants of company success', *Journal of Applied Psychology*, 53: 3, pp. 178-184.

Walsham, G. (1995). 'Interpretative Case Studies in IS Research', *European Journal of Information Systems*, 4: 2, pp. 74-81.

Wan, V. (1989). 'The Enterprise Workshop Programme in Australia', *International Small Business Journal*, 7: 2, pp. 23-34.

Watkins, D. S. (1983). 'Development Training and Education for the Small Firm: a European Perspective', *European Small Business Journal*, 1:3, pp. 29-44.

Watkins, D. S. (1976). 'Entry into Indepndent Entrepreneurship—Toward a Model of the Business Initiation Process', *Proceedings of the EIASM Joint Seminar on Entrepreneurship and Institution Building*, Copenhagen, May.

Watts, A. G. (1984). 'Education for Enterprise: the concept and the context', in A. G. Watts and Paul Moran (eds.), *Education for Enterprise*, published by CRAC: Ballinger, Cambridge, UK:, pp. 3-6.

Weber, M. (1930). The Protestant Work Ethic and the Spirit of Capitalism, Allen and Unwin: London. Weber, M. (1958). *The Protestant Work Ethic and the Spirit of Capitalism*, translated by T. Parsons, C. Scribners and Sons: New York.

Weinreich, P. (1980). 'A Manual for Identity Exploration using Personal Constructs', Social Science Research Council (Economic and Social Research Council).

Westhead, P. and Birley, S. (1994). 'Environment for Business De-registrations in the UK, 1987-1990', *Entrepreneurship and Regional Development*, 6: 1, pp. 29-62.

Westhead, P., Storey, D. J. and Martin, F. (2001). 'Outcomes reported by students who participated in the 1994 Shell technology Enterprise Programme', *Entrepreneurship and Regional Development*, 13, pp. 163-185.

White Paper. (1994). 'White Paper: Competitiveness and Growth', HMSO: London.

White Paper. (1994). 'White Paper: Competitiveness, Forging Ahead', HMSO: London.

White Paper. (1999). 'Learning to Succeed', Department for Education and Employment, HMSO: London.

Wickham, P. A. (1998). *Strategic Entrepreneurship*, (1st edition), Pitman Publishing: London.

Wickham, P. A. (2001). *Strategic Entrepreneurship*, (2nd edition), Pitman Publishing: London.

Wiesner, F. von. (1927). *Social Economics*, translated by A. F. Hindrichs, Adelphi: New York.

Wright, P. (1996). 'Simulating Reality: the role of case incident in higher education', *Journal of Education and Training*, 38: 6, pp. 20-24.

Wyckham, R. G. (1989). 'Ventures Launched by Participants of an Entrepreneurial Education Program', *Journal of Small Business Management*, 27: 2, pp. 54-61.

Yin, R. K. (1981). 'The Case Study Crisis: some answers', *Administrative Science Quarterly*, 26: 1, pp. 28-65.

Yin, R. K. (1994). *Case Study Research—Design and Methods* (second edition), Applied Social Research Methods Series, 5, Sage Publication: London.

Yoffie, D. B. & Kwak, M. (2001). 'Lessons from dotcom days', *The Financial Times*, 2nd October.

Young, J. E. (1997). 'Entrepreneurship Education and Learning for University Students and Practicing Entrepreneurs', in Sexton, D. L. and Simlor, R. W., *Entrepreneurship 2000*, Upstart Publishing: Chicago.

译后记

  创业伴随着人的一生,创业的触角遍及生活的每一个角落。追寻古今中外成功创业者的足迹,我们不难发现,卓越的创业素质是奠定其人生辉煌的基石。"创业遗传代码"的提出者杰弗里·蒂蒙斯曾说:"在过去的 30 年里,美国已经培养出了自 1776 年建国以来最具革命性的一代人。新一代的企业家彻底改变了美国和世界的经济和社会结构,并为未来的几代人设定了'创业遗传代码'。它将比其他任何一种推动力量更能决定美国和整个世界的生活、工作和学习的方式,并将继续成为下一世纪或几个世纪的领导力量。"

  创业教育被联合国教科文组织称为教育的"第三本护照",被赋予了与学术教育、职业教育同等重要的地位。创业教育是使受教育者能够在社会经济、文化、政治领域内进行行为创新、开辟或拓展新的发展空间,并为他人和社会提供机遇的探索性行为的教育活动。根据《创业教育在中国:试点与实践》研究报告我们可以看出,"创业教育是一种新的教育观念,在高等学校中开展创业教育是知识经济时代培养学生创新精神和创造能力的需要,是社会和经济结构调整时期人才需求变化的需要"。

  然而在我国,由于受到社会文化传统的影响,当前中国 70% 以上的高校学生毕业时的首选仍然是就业和继续深造。清华大学创业中心的一项调查报告显示,我国大学生创业比例不到毕业生总数的 1%。事实充分说明传统的"象牙塔"式的教育,已经不能适应当今时代的需要。教育同经济、科技、社会实践越来越紧密的结合,正在成为推动科技进步和经济、社会发展的重要力量。而通过教育培养创新型国家建设所需的创新型人才已经成为全社会的普遍共识。在知识经济时代，标志一个国家国际竞争力的将是其创造力，而确定一个国家整体创造力大小的是其创新人才的数量、质量与结构。因此，高等教育必须转变办学理念，确立创业型人才培养的教育理念，把培养学生的创业技能和创业精神作为高等教育的基本目标，将被动的就业观转变为主动的创业观，培养学生既要有从业的本领，也要有创业的意识与能力。我们深知，接受了创业教育培养的毕业生其主动性和创新精神都会得到提高，这对于他们成功就业并在就业岗位上获得健康的发展奠定了基础；同时，经过创业精神的洗礼，我们已经在毕业生的心中种下了创业的种子，在他们就业几年之后，遇到了合适的创业机会，这颗创业的火种就会燃烧起来，以使一部分毕业生"经由就业走向创业"。而和其他国家相比，我国的创业教育与培训的发展远不能满足社会的需求；与此同时，高校的创业教育也没能满足大学生强烈的创业意愿及其对创业技能培养的需求。为此，我们迫切需要高校提供更多更好的创业教育与培训，探索和研究创业教育与其他学科的交叉与融合。

本书面向创业教育、创新教育和高等教育等领域的研究者，帮助大家开阔研究视野，了解欧洲一些国家创业教育和培训的发展现状及培训效果。本书从干预的视角探索了创业教育与培训项目的性质和有效性，旨在为创业教育培训领域做出贡献。本书首先探讨了创业教育和新企业的创立对经济良性发展的重要性。同时，作者们也介绍了一些有关创业教育的研究方法，作为理论框架，从而进一步丰富现有的创业教育领域的研究。其次，作者们比较和分析了多个欧洲创业教育培训项目在目标、结构、内容和输出等方面的不同。作者们采用历时研究的方法，用三年的时间跟踪研究了一些项目的参与者，分析他们的观点和经历，进一步探讨培训的效果。最后，作者们根据研究结果提出建议和指导，使创业教育培训项目的设计者、提供者和资助者能够了解在此过程中需要考虑的一些主要因素，为今后的创业教育研究及培训项目设计，奠定基础。

本书的第一作者科莱特·亨利是爱尔兰唐道克理工学院人文商学院的院长,同时她也是特罗姆瑟大学—挪威北极圈大学创业教育领域的客座教授。她也是英国皇家协会的会员和小型企业与创业研究所所长。她先后获得了现代语言学士学位、工商管理硕士学位以及创业教育博士学位。她的主要研究兴趣涉及女性创业、创业教育与培训、创意产业及社会企业等领域。本书的另外两位作者弗朗西斯·希尔和克莱尔·利奇都来自贝尔法斯特女王大学管理与经济学院。弗朗西斯·希尔是女王大学高管工商管理硕士(MBA)项目的课程主管。而克莱尔·利奇的主要研究兴趣在于创业教育。此外,她还承担了有关创业教育学习过程方面的项目。此前,她还负责管理一个行政领导发展项目,旨在培养大小企业的管理人员。在学校里,她为管理专业的学生讲授创业教育课程,目前是这个学科领域四名博士生的导师。在北爱尔兰创业教育研究中心的赞助下,她负责监督贝尔法斯特女王大学工程、物理、医学、健康和生命科学等专业领域的创业教育模块的发展。

在本书的翻译过程中,我们曾多次和科莱特·亨利教授联系,进一步咨询和探讨一些创业教育领域专业术语的含义以及一些数据和表格的详细信息。在此过程中,我们互通邮件十余次,每次她都耐心地为我们解答问题和困惑,给了我们最强有力的支持,使我们最终得以顺利地完成翻译工作。

我们特别感谢东北师范大学思想政治教育研究中心杨晓慧教授和王占仁教授,他们的指导、鼓励与信任,给了我们机会和勇气去完成本书的翻译工作。此外,东北师范大学外国语学院的学生于鑫淼、田园和李强为本书的翻译做了很多工作,他们为保证如期交稿做出了重要贡献。感谢东北师范大学学生处的张靖宁、曾艳、李思逸和赵兴野四位老师,他们为本书的翻译工作得以顺利进行也付出了很多努力。感谢《创新创业教育译丛》团队的汪溢、武晓哲和常飒飒三位老师,我们共同进行的无数次翻译研讨和校对,为本书翻译工作的完成奠定了基础。最后,感谢商务印书馆的编辑们在审校过程中给予的意见和帮助,他们严谨的工作态度和良好的专业素养使我们受益匪浅且深受感动。

  本书的翻译工作虽已完成,但由于我们的水平有限,书中一定存在疏漏之处,敬请读者原谅并不吝赐教,我们将感激不尽!

吴瑕 汪溢

2016 年 10 月

图书在版编目(CIP)数据

创业教育与培训/(爱尔兰)科莱特·亨利等著；吴瑕，汪溢译.—北京：商务印书馆，2017
（创新创业教育译丛）
ISBN 978-7-100-12803-2

Ⅰ.①创… Ⅱ.①科… ②吴… ③汪… Ⅲ.①创造教育 Ⅳ.①G40-012

中国版本图书馆 CIP 数据核字(2016)第291999号

权利保留，侵权必究。

创新创业教育译丛
创业教育与培训
〔爱尔兰〕科莱特·亨利
〔英〕弗朗西斯·希尔 著
〔英〕克莱尔·利奇
吴瑕 汪溢 译
王占仁 常飒飒 校

商 务 印 书 馆 出 版
（北京王府井大街36号 邮政编码100710）
商 务 印 书 馆 发 行
北京市艺辉印刷有限公司印刷
ISBN 978-7-100-12803-2

2017年3月第1版　　开本787×960　1/16
2017年3月北京第1次印刷　印张 16
定价：45.00元